LADY ALMINA
E A VERDADEIRA
DOWNTON ABBEY

O LEGADO PERDIDO
DO CASTELO DE HIGHCLERE

A CONDESSA DE CARNARVON

LADY ALMINA
E A VERDADEIRA
DOWNTON ABBEY

O LEGADO PERDIDO
DO CASTELO DE HIGHCLERE

Tradução de
Marta Mendonça

Editorial PRESENÇA

FICHA TÉCNICA

Título original: *Lady Almina and the Real Downton Abbey*
Autora: *The Countess of Carnarvon*
Copyright © 8th Countess of Carnarvon, 2011
Edição original publicada por Hodder & Stoughton Ltd.
Tradução © Editorial Presença, Lisboa, 2012
Tradução: *Marta Mendonça*
Capa: *Arquivo Highclere Castle (Lady Almina), Jeff Gilbert/Alamy*
Contracapa: *Arquivo Highclere Castle (Lady Almina), Lafayette/V&A Images*
Composição, impressão e acabamento: *Multitipo — Artes Gráficas, Lda.*
1.ª edição, Lisboa, janeiro, 2013
Depósito legal n.º 352 500/12

Reservados todos os direitos
para a língua portuguesa (exceto Brasil) à
EDITORIAL PRESENÇA
Estrada das Palmeiras, 59
Queluz de Baixo
2730-132 BARCARENA
info@presenca.pt
www.presenca.pt

ÍNDICE

Prólogo 11
Capítulo 1: Pompa e Circunstância 13
Capítulo 2: Bem-Vindos a Highclere 24
Capítulo 3: Almina, Debutante 34
Capítulo 4: Um Sucesso para Sua Senhoria 46
Capítulo 5: A Vida no Piso Inferior 54
Capítulo 6: Vestidos para Jantar 69
Capítulo 7: Egito Eduardiano 83
Capítulo 8: O Fim da Era Dourada 95
Capítulo 9: O Verão de 1914 109
Capítulo 10: Apelo às Armas 116
Capítulo 11: O Paraíso Perdido 127
Capítulo 12: Heróis de Guerra 137
Capítulo 13: Hospital Ambulante 147
Capítulo 14: Morte nas Trincheiras 156
Capítulo 15: Os Tempos Negros 171
Capítulo 16: O Final Prometido 180
Capítulo 17: Da Guerra à Paz 193

Capítulo 18: Mais Uma Temporada Brilhante 204

Capítulo 19: «Coisas Maravilhosas» 216

Capítulo 20: O Apagar das Luzes 225

Capítulo 21: Herança 238

Epílogo: O Legado de Almina 249

Agradecimentos 254

Transcrição das Cartas 256

Agradecimentos pelas Fotografias 259

Bibliografia 260

*Para o meu marido e o meu filho, que eu adoro,
e para as minhas queridas irmãs*

PRÓLOGO

Este é um livro sobre uma mulher extraordinária chamada Almina Carnarvon, sobre a sua família por afinidade, sobre o castelo que se tornou o seu lar, sobre as pessoas que lá trabalharam e sobre a transformação desse castelo quando passou a ser um hospital reservado aos soldados feridos durante a Primeira Guerra Mundial.

Não se trata exatamente de uma história, embora tenha como pano de fundo a exuberância da época eduardiana, a seriedade tenebrosa da Grande Guerra e os primórdios da recuperação após o conflito.

Não é uma biografia ou um trabalho de ficção, mas localiza as personagens em vários contextos históricos, identificados por meio de cartas, diários, livros de visitas e os livros de registo das despesas gerais que eram utilizados na altura.

Almina Carnarvon era uma herdeira incrivelmente abastada, filha ilegítima de Alfred de Rothschild. Contraiu matrimónio com o quinto conde de Carnarvon, um elemento importante na sociedade eduardiana da Grã-Bretanha. Os interesses dele eram variados e ecléticos. Adorava livros, gostava imenso de viajar e aproveitava todas as oportunidades para explorar as tecnologias que estavam a transformar a sua época. Ficou famoso por ter descoberto o túmulo de Tutankhamon juntamente com Howard Carter.

Almina era uma mulher incrivelmente generosa, tanto de espírito como também em termos monetários. Foi convidada para alguns dos mais importantes desfiles reais até a Primeira Guerra Mundial ter transformado a sua vida, e a vida de muitas pessoas, envolvendo-a na coordenação de hospitais ao invés da organização de grandes festas em sua casa e revelando-a como uma enfermeira competente e uma curandeira talentosa.

O Castelo de Highclere continua a ser lar dos condes de Carnarvon. Graças ao seu *alter ego* televisivo, Downton Abbey, é conhecido por milhões de pessoas como sendo palco de um drama que faz as delícias de telespetadores em mais de cem países.

Tendo vivido aqui nos últimos doze anos, fiquei a conhecer cada canto e recanto do castelo. A minha pesquisa revelou algumas histórias sobre as pessoas fascinantes que aqui moraram, mas há muitas mais. A minha viagem ainda agora começou.

Condessa de Carnarvon

1
POMPA E CIRCUNSTÂNCIA

No dia 26 de junho de 1895, uma quarta-feira, Miss Almina Victoria Marie Alexandra Wombwell, uma jovem de dezanove anos surpreendentemente bonita, e com uma posição social algo ambígua, casou com George Edward Stanhope Molyneux Herbert, o quinto conde de Carnarvon, na igreja de St. Margaret, em Westminster.

O dia estava muito agradável, e a igreja milenar, feita de pedra branca, encontrava-se repleta de gente e a transbordar de flores lindíssimas. Alguns dos convidados do noivo talvez tenham comentado que a decoração estava algo pomposa. A nave fora decorada com palmeiras altas envasadas e fetos brotavam dos inúmeros nichos. A capela-mor e o santuário estavam enfeitados com pequenos lírios brancos, orquídeas, peónias e rosas. Notava-se um toque distintamente exótico, combinado com os odores inebriantes das flores de verão inglesas. Tratava-se de um espetáculo pouco vulgar, mas na verdade tudo naquele casamento era invulgar. O nome de Almina, as circunstâncias do seu nascimento e, acima de tudo, a sua riqueza excecional haviam contribuído para que não se tratasse de um típico casamento da alta sociedade.

O Conde estava a casar no dia do seu vigésimo nono aniversário. A sua família e título eram bastante distintos e ele era um homem elegante e encantador, ainda que algo reservado. Possuía casas em Londres, Hampshire, Somerset, Nottinghamshire e Derbyshire. As suas propriedades eram imensas; as casas encontravam-se repletas de pinturas da autoria dos grandes mestres, de objetos trazidos das viagens ao Oriente e de lindíssimas peças de mobiliário francês. Naturalmente, ele era recebido em todas as salas de visitas do país e era convidado para todas as festas em Londres, em especial quando havia uma filha, ou uma sobrinha, para ele conhecer. Embora decerto se tivessem comportado de uma maneira educada numa ocasião tão especial como aquela, entre os convidados do casamento devia haver algumas senhoras intimamente desiludidas.

O Conde chegou acompanhado do padrinho de casamento, o príncipe Victor Duleep Singh, um amigo dos tempos de Eton e posteriormente de Cambridge. O príncipe era filho do antigo marajá do Penjabe, proprietário do diamante Koh-i-Noor antes de este ter sido confiscado pelos britânicos para o incluírem nas joias da Coroa da rainha Vitória, imperatriz da Índia.

A luz do Sol trespassava as janelas de vitral novas, que ilustravam heróis ingleses ao longo dos séculos. A igreja antiga, que fica situada ao lado da Abadia de Westminster, fora recentemente restaurada por Sir George Gilbert Scott, o distinto arquiteto vitoriano. A igreja era, aliás, uma mistura vitoriana quintessencial do tradicional com o moderno. Era o local perfeito para o casamento entre duas pessoas que provinham de sectores tão distintos da sociedade, mas em que cada um possuía algo de que o outro necessitava.

Assim que o organista, Sr. Baines, tocou as primeiras notas do hino *The Voice That Breathed o'er Eden*, Almina, que esperava na entrada, deu os primeiros passos. Caminhou lentamente e com o máximo de calma e dignidade que conseguiu reunir debaixo de tantos olhares, com a mão enluvada pousada delicadamente em cima da mão do tio, Sir George Wombwell. Devia estar uma pilha de nervos, mas também bastante empolgada. O cunhado do seu futuro marido, Lorde Burghclere, comentara que ela era uma espécie de «donzela ingénua», mas também que parecia estar «perdidamente apaixonada», pelo que mal se conseguira conter durante as semanas e os dias que precederam a data do seu casamento.

Talvez ela tenha encontrado algum conforto na perceção de que estava deslumbrante. Tinha uma estatura pequena, pouco mais de metro e meio, os olhos azuis e o nariz direito emoldurados pelo cabelo castanho e brilhante, apanhado elegantemente no alto da cabeça. A sua futura cunhada, Winifred Burghclere, descreveu-a como sendo «muito bonita, com um corpo perfeito e a cintura minúscula». Na linguagem da época, ela era uma verdadeira «*pocket Venus*».

Segurava um pequeno *bouquet* feito com flores de laranjeira sob um véu de seda fina. O vestido fora confecionado pela House of Worth, em Paris. Charles Worth era o costureiro mais moderno da altura, bastante famoso pelos seus tecidos e acabamentos luxuosos. O vestido de Almina era feito do mais rico cetim *duchesse*, com uma longa cauda e coberto por um véu de renda preso num dos ombros. As saias haviam sido bordadas com flores de laranjeira verdadeiras e Almina envergava um presente oferecido pelo noivo: um pedaço de renda francesa, muito antiga e extremamente rara, que havia sido incorporado no próprio vestido.

Todo o conjunto anunciava de forma arrebatadora a chegada de Almina a figura pública. Na verdade, ela fora apresentada formalmente na corte pela tia, Lady Julia Wombwell, em maio de 1893, pelo que já fizera a sua primeira aparição pública, mas não fora convidada para as ocasiões sociais altamente exclusivas e cuidadosamente supervisionadas que se seguiram. A paternidade de Almina fora alvo de imensos rumores, não havendo assim vestimenta elegante ou postura imaculada que lhe valesse o acesso aos salões das grandes senhoras que governavam discretamente a alta sociedade. Como tal, Almina não comparecera aos principais bailes que marcaram o seu período de debutante, ocasiões que eram criadas propositadamente para uma jovem atrair as atenções de um bom partido. Não obstante, Almina conseguiu agarrar um noivo do mais alto nível e estava vestida como uma mulher prestes a entrar para uma das posições mais elevadas da aristocracia.

Oito damas de honor e dois pajens seguiam atrás de Almina: a sua prima, Miss Wombwell, as duas irmãs mais novas do noivo, Lady Margaret e Lady Victoria Herbert; Lady Kathleen Cuffe, a princesa Kathleen Singh e a princesa Sophie Singh, Miss Evelyn Jenkins e Miss Davies. Todas as damas de honor envergavam musselina de seda bege, sobre saias de cetim branco debruadas com uma faixa azul-pálido. O honorável Mervyn Herbert e Lorde Arthur Hay seguiam atrás, vestidos com indumentárias da corte de Luís XV, branco e prateado, com chapéus a combinar.

Almina já conhecia o noivo há quase ano e meio. Nunca tinham estado a sós, mas haviam-se encontrado meia dúzia de vezes em reuniões sociais. Não fora decerto tempo suficiente para Almina se aperceber de que a sobrecasaca que o conde havia sido convencido a envergar no dia do casamento era bastante diferente do seu habitual estilo descontraído.

Enquanto o jovem casal estava parado em frente ao altar, a multidão de família e amigos atrás deles representava a resplandecência dos importantes e poderosos, assim como a ideia vaga dos algo suspeitos. Do lado direito estava sentada a família do noivo: a madrasta, condessa viúva de Carnarvon, e o seu meio-irmão, o honorável Aubrey Herbert; os Howard; o conde de Pembroke; os condes e condessas de Portsmouth, de Bathurst e de Cadogan; e amigos como Lorde Ashburton, Lorde de Grey e o marquês e a marquesa de Bristol. Os duques de Marlborough e de Devonshire também estavam presentes, assim como Lorde e Lady Charteris e grande parte da alta sociedade londrina.

Lorde Rosebery, antigo primeiro-ministro, era um dos convidados. Quatro dias antes deslocara-se ao Castelo de Windsor para apresentar a sua demissão à rainha, que por sua vez pedira a Lorde Salisbury para formar governo. A rainha Vitória, que fora uma reclusa durante vários anos, não se encontrava presente, mas tinha enviado as suas felicitações ao jovem casal. A sua ligação aos Carnarvon era bastante antiga: era madrinha da irmã mais nova do Conde.

A família e os amigos da noiva eram bastante diferentes. A mãe de Almina, Marie Wombwell, francesa, nascera Marie Boyer, filha de um banqueiro parisiense. Ao examinarmos as duas, seria fácil concluirmos que Almina herdara a vivacidade e o estilo de Marie. Sir George Wombwell, irmão do falecido marido de Marie, assumira a tarefa de entregar a noiva. Os Wombwell encontravam-se sentados ao lado de vários representantes bastante influentes, e fabulosamente abastados, das classes mercantis recentemente enobrecidas. Entre eles Sir Alfred de Rothschild, o barão e a baronesa de Worms, o barão Ferdinand de Rothschild, o barão Adolphe de Rothschild, Lady de Rothschild, o Sr. Reuben Sassoon, quatro outros primos Sassoon, o Sr. Wertheimer, o Sr. e a Sr.ª Ephrusi, e o barão e a baronesa de Hirsch. Tanto Marie como Sir Alfred tinham imensos amigos no teatro e a famosa *prima donna* Adelina Patti, na altura conhecida como Madame Nicolini, também era uma das convidadas.

Ao contemplar o seu destino, parada à frente do grupo de ilustres eclesiásticos que haviam sido selecionados para oficializar o casamento, Almina pôde muito bem ter-se sentido intimidada ou nervosa com a ideia de uma vida conjugal. Talvez tenha trocado um olhar com a mãe e tenha recordado o quão longe conseguira chegar. Mas, por outro lado, também devia estar consciente do facto de que, graças ao contrato matrimonial que o conde de Carnarvon assinara com Alfred de Rothschild, estava protegida por um nível de riqueza absolutamente extraordinário, capaz de comprar respeitabilidade, aceitação social e acesso a uma das famílias mais importantes e mais bem relacionadas da Inglaterra de finais da época vitoriana. Almina entrou em St. Margaret como a filha ilegítima de um banqueiro judeu e da sua amante francesa, mas emergiu, ao som da marcha nupcial de Wagner *Lohengrin*, a quinta condessa de Carnarvon. A sua transformação estava completa.

Essa incrível ascensão na escadaria social não foi totalmente isenta de problemas. Nem mesmo o dinheiro de Rothschild conseguiu reparar o facto de a Sr.ª Marie Wombwell (viúva do alcoólico inveterado, e jogador compulsivo, Frederick Wombwell e, mais importante ainda, confidente de longa data de Sir Alfred) não ter sido aceite na alta sociedade.

A infância de Almina foi passada entre Paris e Londres e a sua adolescência no n.º 20 da Bruton Street, W1, no coração de Mayfair. Houve também visitas ocasionais aos Wombwell em Yorkshire.

Sir George e Lady Julia continuaram a ser muito amáveis para com Marie e os filhos dela mesmo depois de o marido ter falecido. A morada em Mayfair era excelente, mas as credenciais de Marie Wombwell não.

Ela fora uma mulher casada, ainda que estivesse separada do marido na altura em que conheceu Sir Alfred. Este era uma figura proeminente da vida pública; fora diretor do Banco de Inglaterra durante vinte anos, além de também ser solteiro, um esteta e um homem com uma vida social reputadamente muito agitada. Adorava esbanjar a imensa fortuna da família num estilo de vida opulento que incluía «jantares de bajulação» e serões artísticos para deleite dos seus amigos cavalheiros, nos quais conheciam as cantoras e atrizes mais famosas na altura.

Marie deve ter sido apresentada a Sir Alfred pelo pai, que o conhecia por intermédio dos contactos que tinha no mundo bancário, ou por Sir George e Lady Julia, que costumavam passar os fins de semana em Halton House, no condado de Buckinghamshire. Alfred e Marie partilhavam uma paixão pelo teatro e pela ópera, pelo que se tornaram amigos próximos e, mais tarde, amantes. Alfred era um companheiro generoso que zelava substancialmente por Marie e pela filha dela. Uma vez que Alfred estava disposto a investir uma soma considerável nela, Almina era uma candidata de peso no mercado matrimonial. Mas nem mesmo Marie alguma vez imaginara que a filha daria o salto para o coração da elite governante.

Aparentemente, esse sucesso subiu à cabeça de Marie. Ela insistiu para que o pequeno-almoço matrimonial se realizasse num espaço suficientemente grande para fazer jus à ocasião, mas isso apresentava alguns problemas de etiqueta. Era tradição a festa ser realizada na casa dos pais da noiva, mas tal era impossível uma vez que a mãe dela era *persona non grata* e o pai, por uma questão de formalidade, era referido como sendo somente o padrinho. Ou seja, eram os Rothschild que suportavam a despesa imensa das festividades, mas não podiam ser realizadas na casa deles.

Elsie, a madrasta do quinto conde e principal responsável pela planificação do casamento, andava a matutar nesse assunto há várias semanas. Tal como escreveu numa carta dirigida à condessa de Portsmouth, a tia dedicada do Conde: «Temos uma complicação familiar. Ainda não a visitámos [à Sr.ª Wombwell] nem a recebemos em nossa casa, embora a Almina esteja constantemente connosco.» Com uma delicadeza imensa, Elsie, uma mulher instintivamente meiga e que acolhera Almina sob a sua asa, investigara junto de amigos da família, tais como Lorde e Lady Stanhope, na esperança de conseguir a utilização de um espaço que fosse neutro, mas suficientemente impressionante para o pequeno--almoço matrimonial. Foram sugeridas várias casas que não foram aceites, até que, por fim, o Sr. Astor se ofereceu para ceder Lansdowne House, na zona sul de Berkeley Square, e Marie aceitou de bom grado.

Assim, após a cerimónia da igreja, os convidados dirigiram--se para a mansão de Mayfair. Tratava-se de uma casa senhorial, desenhada por Robert Adam e construída em 1763, com inúmeros salões elegantes. O átrio achava-se repleto de hortênsias e cada divisão encontrava-se decorada com um tipo de flor diferente. À semelhança da Igreja St. Margaret, as palmeiras e os fetos predominavam no salão oficial, onde a conhecida orquestra de Gottlieb, trazida propositadamente de Viena, tocava as mais recentes valsas da época. As bebidas foram servidas numa sala e o pequeno-almoço matrimonial, completo com um bolo de casamento com três andares, foi servido noutra. A Sr.ª Wombwell recebeu os convidados envergando um vestido roxo-escuro, enquanto Elsie, a condessa viúva de Carnarvon cuja posição ditava naturalmente que fosse a primeira pessoa a receber os convidados, envergava um vestido de seda furta-cores em tons verde e rosa.

As prendas de casamento dos noivos foram cuidadosamente catalogadas e expostas durante a festa. Da parte de Sir Alfred, Almina recebeu um conjunto magnífico de colar e tiara feitos de esmeraldas, joias que se adequavam à sua nova posição social e que seriam usadas sempre que recebesse pessoas em Highclere ou visitasse a cidade. Recebeu uma quantidade imensa de coisas bonitas, desde jarras de cristal a frascos de perfume feitos de ouro, e inúmeros *objets de virtu*. O noivo foi presenteado com joias e adornos igualmente fantásticos, desde anéis a cigarreiras.

Após tanto sofrimento por antecipação, o dia decorreu sem percalços. Se houve burburinho aquando da bênção de Miss Wombwell, foi certamente insignificante. A Sr.ª Wombwell comportou-se impecavelmente e toda a gente manteve um silêncio discreto em relação ao papel de Alfred de Rothschild. Aliás, o espetacular casamento foi considerado um dos mais bem-sucedidos eventos da altura.

O verdadeiro momento de ansiedade para Almina talvez não tenha sido quando entrou na igreja, ou quando estava em Lansdowne House, rodeada de rostos familiares, mas quando deixou para trás a sua vida anterior, a sua mocidade, e começou a viagem até Highclere. Deve ter ouvido umas palavras encorajadoras por parte da mãe e deve certamente ter recebido um beijo, e bênção, do pai. Mas agora estava a dar os seus primeiros passos como esposa, na companhia de um homem que lhe era praticamente estranho e que até ao momento não revelara grande interesse em conhecê-la melhor.

Deixando os convidados na parte da tarde, o casal recém-casado foi conduzido pelo cocheiro principal de Lorde Carnarvon, Henry Brickell, pelo meio de Londres e até à estação de Paddington, a fim de apanharem um comboio especial rumo ao campo. Iriam passar a primeira parte da lua de mel no Castelo de Highclere, em Hampshire, a mais grandiosa propriedade dos Carnarvon. Ambos haviam mudado de roupa. O Conde despira o casaco comprido e formal na primeira oportunidade e envergava o seu casaco azul, bastante coçado, favorito. Assim que deixaram a cidade, ele adicionou um chapéu de palha à indumentária. Almina envergava um encantador vestido de gaze que arrastava pelo chão, um colar de diamantes e um chapéu *Verrot*, de Paris.

O comboio partiria de Paddington e chegaria à Estação de Highclere por volta das 18h30. Lorde e Lady Carnarvon apearam-se e ocuparam os seus lugares num landó descapotável puxado por dois cavalos baios e conduzido pelo cocheiro-mor. Cerca de dois quilómetros depois, a carruagem transpôs o portão de entrada da propriedade, serpenteando por entre árvores abobadadas e rododendros escuros. Ao passarem pelo Templo de Diana, por cima do lago Dunsmere, soou o disparo de uma arma proveniente da torre do castelo. Dez minutos mais tarde, o landó chegou ao cruzamento do parque e o casal desceu da carruagem. Uma arcada de procissão, enfeitada com flores, fora montada por cima do caminho de entrada. Os cavalos foram desatrelados pelos responsáveis dos vários serviços da propriedade: o Sr. Hall, o Sr. Storie, o Sr. Lawrence e o Sr. Weigall. O encarregado da quinta e o encarregado florestal amarraram umas cordas e o casal tornou a ocupar o seu lugar na carruagem. Vinte homens pegaram então nas cordas e puxaram o landó ao longo da arcada de procissão, subindo a colina até à entrada principal do castelo, ao som de uma bela marcha tocada pela Newbury Town Band, que recebera sete guinéus pelos seus serviços.

O presidente da Câmara de Newbury estava presente e ofereceu a Sua Senhoria uma prenda de casamento em nome dos habitantes da localidade: um álbum expressando votos de felicidades para o casamento, repleto de lindas iluminuras ao estilo de um manuscrito medieval. Estava ilustrado com imagens do Corn Exchange, em Newbury, e do próprio Castelo de Highclere, e a encadernação era feita de pele de vitelo bege, com a inicial C, de Carnarvon, gravada na capa.

Alguns dos arrendatários da propriedade encontravam-se nos jardins a observar o protocolo. Haviam sido recebidos pela banda numa tenda e fora também servido um lanche para as 330 crianças locais. As previsões de mau tempo tinham ameaçado o evento, mas felizmente o céu limpara a tempo, tanto do lanche como também da chegada dos noivos. Era quase o dia mais longo do ano e o Sol continuava a brilhar com força.

Para além do pagamento à banda, pagara-se também uma libra, dois xelins e seis *pennies* pela presença de cinco polícias e fora feito um donativo de duas libras aos tocadores de sinos de Burghclere, que faziam ressoar os sinos da igreja local desde que o conde e a condessa haviam saído do comboio.

A bandeira vermelha e azul esvoaçava orgulhosamente, exibindo as cores do brasão da família no cimo da torre, cujas ameias delicadas e construção de pedra se encontravam alternadas com todo o tipo de símbolos heráldicos e gárgulas que pareciam observar a cena.

Perto da pesada porta de madeira do castelo, o conde e a sua nova condessa apearam-se novamente da carruagem e foram recebidos pelo Sr. Albert Streatfield, o supervisor da casa (uma posição vulgarmente conhecida como mordomo) e pelo major James Rutherford (administrador da propriedade) e a respetiva esposa.

O que terá pensado Almina, ao observar os homens de Highclere a trabalharem para a levarem até ao seu destino? O que lhe terá passado pela cabeça, ao contemplar a casa agora na qualidade de senhora do castelo? Não era a primeira vez que a via. Visitara-a anteriormente em duas ocasiões, ao fim de semana, na companhia da mãe. Porém, agora era a condessa de Carnarvon e era esperado que ela gerisse a casa e que levasse a cabo as suas inúmeras tarefas. Toda a gente em Highclere, quer trabalhasse no piso superior quer no piso inferior, na quinta ou na cozinha, tinha um papel a desempenhar, e Almina não era exceção.

Deve ter sido uma sensação empolgante. Almina era uma rapariga cheia de vivacidade e muito animada, e o casamento, a maternidade e agora o serviço para a dinastia Carnarvon deviam parecer um destino bastante agradável à maioria das raparigas capazes de se imaginarem no lugar dela. Almina estava acostumada a uma vida boa e não tinha motivo para pensar que alguma vez passaria necessidades. Ela já estava bastante apaixonada pelo recente marido. Porém, também deve ter sentido alguma apreensão.

Se ela tinha dúvidas antes do casamento, bastou-lhe dar uma vista de olhos pela imprensa, no sábado logo a seguir ao casamento, para ficar a saber que, dali em diante, a sua vida seria vivida sob o olhar público. Naquela época, tal como nos dias de hoje, os casamentos dos aristocratas, bem como dos ricos e famosos, eram avidamente publicitados na imprensa. A coluna «Mundo das Mulheres», no jornal *Penny Illustrated*, trazia um retrato de corpo inteiro de Almina (apesar de, por lapso, na legenda estar identificada como sendo Miss Alice Wombwell), com uma descrição pormenorizada do seu vestido de noiva. Almina passara do anonimato completo a objeto do escrutínio da imprensa num ápice. Com o seu novo estatuto viera todo o tipo de pressões.

Almina não teve muito tempo para se perder em deambulações sobre o que a vida lhe reservaria. Lorde Carnarvon passou os dias que se seguiram a levar a esposa a visitar os jardins e as aldeias vizinhas para lhe apresentar as famílias locais, com o objetivo de Almina começar a explorar sozinha e a familiarizar-se com o seu novo lar. No primeiro domingo após o casamento, foram à missa na igreja de Highclere. Sir Gilbert Scott fora responsável pela sua edificação, tal como em Westminster. Desenhara e construíra a igreja cerca de vinte anos antes, a pedido do pai de Lorde Carnarvon, o quarto conde. Logo que as questões formais ficaram resolvidas, o casal partiu para o continente, para a segunda parte da sua lua de mel. Era uma oportunidade para se conhecerem melhor e finalmente em privado. Passaram duas semanas fora antes de regressarem a Highclere, altura em que retomaram a sua vida normal. Só que para Almina nada voltaria a ser o mesmo.

2
BEM-VINDOS A HIGHCLERE

Quando Almina desceu da carruagem à porta da sua nova casa, naquela manhã de verão bem cedo, a sua chegada era antecipada há vários meses. Uma rede de boatos fizera circular todo o tipo de informações e especulações relativamente à jovem noiva do Conde, entre as pessoas que moravam em Highclere.

A vida nas grandes casas em finais do século XIX continuava a ser marcada por sistemas e modelos que permaneciam imutáveis ao longo dos séculos. Famílias inteiras serviam durante várias gerações. O Castelo de Highclere era a casa de família dos condes de Carnarvon, mas o castelo era também o castelo dos criados, e a família era a família deles. Highclere era um exemplo de eficiência liderado por Streatfield, o mordomo da casa. A realidade era que, como toda a gente sabia, condessas havia muitas. Não que Almina não tivesse a sua influência ou importância, mas tinha de aprender rapidamente que era apenas uma parte de um mecanismo que continuaria a funcionar muito depois dela. Parte da sua tarefa à chegada era compreender a história e a comunidade em que ia inserir-se.

O Castelo de Highclere fica no cruzamento entre Winchester, Oxford, Londres e Bristol, foi construído no cume de greda branca de uma área montanhosa e encontra-se resguardado por um caminho antigo entre Beacon Hill e Ladle Hill. A sul de Highclere fica Sidown Hill, coroado por um edifício extravagante do século XVIII, Heaven's Gate. A vista a norte estende-se para lá de Newbury, em direção aos pináculos de Oxford.

É uma zona há muito elogiada pela sua beleza natural. Em 1792, pouco mais de cem anos antes de Almina chegar a Highclere, Archibald Robertson escreveu no seu estudo topográfico: «Highclere Park fica situado em Hampshire; como se isso não bastasse, o seu aspeto audacioso, atenuado por uma série de relvados verdejantes aninhados em vales agradáveis, com uma diversidade de madeira e água, reclama a admiração do viajante e pode ser considerado um dos lugares mais elegantes do país.»

Há uma disputa sobre Highclere que dura há milhares de anos. Existe um monte da Idade do Ferro em Beacon Hill e o terreno foi propriedade dos bispos de Winchester durante oitocentos anos, até passar para mãos seculares e, por fim, em finais do século XVII, para a família Herbert, condes de Pembroke e antepassados dos condes de Carnarvon.

O parque é uma mistura harmoniosa de características naturais e paisagísticas, desenhado por Capability Brown para o primeiro conde de Carnarvon, no século XVIII. Os diferentes acessos serpenteiam por entre os contornos do terreno, por forma a esconderem e revelarem os primeiros vislumbres do castelo. Foram criados miradouros curtos e outros compridos, com a ajuda de uma plantação inteligente; para onde quer que olhemos vemos árvores exóticas importadas, graciosas avenidas e construções ornamentais que direcionam o nosso olhar ao longo de uma linha particularmente gloriosa. É um mundo em si mesmo e ainda hoje os visitantes ficam impressionados com o ambiente intenso do local, com a união entre a terra, o castelo e as pessoas que moram e trabalham lá.

A casa na sua atual configuração foi construída para o terceiro conde por Sir Charles Barry, o mesmo arquiteto das Casas do Parlamento. Tratava-se de um projeto colossal. A velha herdade isabelina feita de tijolo fora remodelada numa mansão georgiana em finais do século XVIII e início do século XIX, mas tudo isso viria a ser totalmente transformado. A primeira pedra da nova casa foi lançada em 1842. A obra demorou doze anos a completar e, no fim, o Castelo de Highclere, tal como agora é conhecido, dominou por completo os seus arredores. Trata-se de uma casa que marca uma posição, determinada e confiante; não parece ser um espaço que cresceu ao longo do tempo, que foi aumentado e remendado. É muito mais do que o produto da visão de um único arquiteto. As torres góticas estavam nos píncaros da moda quando o início da arquitetura vitoriana se voltou para as influências medievais, numa revolta contra os *designs* clássicos do século XVIII. A casa pretendia impressionar os visitantes com o estatuto e o bom gosto dos seus construtores. Possui um ar peculiarmente masculino, uma estética que antepõe um estilo robusto e altaneiro à beleza.

Almina e a mãe já haviam visitado frequentemente a casa de campo de Alfred de Rothschild, Halton House, em Buckinghamshire, que foi terminada em 1888. Halton tinha também um estilo diferente: tudo fantasia barroca e tão exagerado que personificava o que era apelidado, de uma forma algo desdenhosa, de «*le style* Rothschild». Ao contemplar Highclere, ela deve ter tido consciência de que, embora fosse apenas cinquenta anos mais velha do que Halton House, as suas terras, a localização e a maravilhosa torre cor de mel em pedra de Bath representavam um conceito de tradição inglesa que era totalmente distinto de tudo o que ela vira antes.

Em outubro de 1866, um visitante particularmente ilustre ficou totalmente encantado ao atravessar os jardins de carruagem, tendo gritado «Quão pitoresco, quão pitoresco!» ao aproximar-se do castelo.

Benjamin Disraeli, que na altura dessa visita era ministro das Finanças, mas que viria a ser primeiro-ministro por duas vezes, apanhara um comboio especialmente equipado para o efeito de Paddington até Highclere. Foi recebido e conduzido numa carruagem, passando pelo London Lodge, com o seu arco de entrada suspenso por pilares clássicos e coroado com o brasão dos Carnarvon.

Por entre arbustos de rododendros, passando por uma extensão imensa de cedros-do-líbano, agora com cento e cinquenta anos, Disraeli, confortavelmente embrulhado nas mantas da carruagem para se proteger do frio de outono, pôde olhar à sua volta, cheio de admiração. Todas as vistas eram encantadoras. À medida que a estrada passava pelo Templo de Diana, construído por cima do lago Dunsmere, os pontos mais elevados das torres do castelo, ainda a mais de dois quilómetros de distância, eram visíveis por cima da copa das árvores. Disraeli observou o talude medieval encurvado do parque dos veados, antes de dar a volta em direção ao caminho de entrada do castelo. Capability Brown construíra a zona de acesso com imenso cuidado. O castelo emerge obliquamente à frente do visitante, como tal parecendo ainda maior e mais impressionante do que é realmente. A paisagem estimulava o pensamento criativo de uma forma tão romântica que, no dia seguinte, Disraeli e o seu anfitrião, o quarto conde de Carnarvon, deram um belo passeio pela propriedade debaixo de um sol radiante e conversaram sobre assuntos de Estado.

O quarto conde, pai do marido de Almina, servira na política durante cerca de quarenta anos. Por altura da visita de Disraeli, ele era ministro das Colónias, um cargo que satisfazia a sua grande paixão pelas viagens, levando-o até Austrália, África do Sul, Canadá, Egito e Nova Guiné. A maior parte do tempo viajava no seu iate pessoal, mas houve também inúmeras missões mais curtas em assuntos de Estado por toda a Europa. Possuía uma curiosidade intelectual considerável e foi um dos primeiros estudiosos clássicos da sua geração, tendo traduzido Homero, Ésquilo e Dante. Ao todo, serviu em três governos conservadores. Foi nomeado secretário de Estado das Colónias, primeiro por Lorde Derby e depois por Disraeli, e mais tarde foi designado vice-rei da Irlanda por Lorde Salisbury. Era conhecido por ser trabalhador, incansável e por ser um homem de princípios que por duas vezes se demitiu do seu cargo, uma vez devido à forma como Disraeli geriu a Questão Oriental e, mais tarde, por causa da questão delicada do Governo Regional da Irlanda.

O quarto conde e a sua condessa foram pioneiros na prática, que mais tarde se viria a tornar moda, de realizar festas de fim de semana nas suas residências grandiosas. Não só eram eventos sociais como também oportunidades para o estabelecimento de contactos e, graças ao papel proeminente do Conde na vida pública, Highclere tornou-se um centro de poder.

O quarto conde teve a sorte de haver casado com uma mulher que revelou ser a esposa política perfeita. Lady Evelyn era filha do conde de Chesterfield e o casal contraiu matrimónio na Abadia de Westminster, em setembro de 1861, a primeira vez em vários séculos que essa honra era extensível a uma união fora da realeza. Sincera, bondosa e detentora de uma enorme astúcia e uma compreensão instintiva, Lady Evelyn era um elemento valioso para o marido. Os convites para Highclere eram livremente oferecidos a políticos, funcionários públicos, intelectuais e viajantes. A proficiência podia ser explorada e os problemas mais complicados podiam encontrar facilmente a sua solução durante um passeio pelos jardins, ou mesmo na Sala de Fumo, com um bom brande e charutos, em oposição ao ambiente febril de Westminster.

O casal teve quatro filhos: Winifred, que nasceu em 1864, George Edward, o filho e herdeiro que mais tarde casaria com Almina e que nascera quatro meses antes da visita de Disraeli em 1866, e mais duas filhas. Margaret nasceu em 1870 e no dia 30 de dezembro de 1874 nasceu a bebé que seria batizada de Victoria.

Lady Carnarvon nunca recuperou do parto da sua última filha. Aguentou durante uns dias, durante os quais a rainha Vitória fez inúmeras indagações sobre o estado de saúde dela e da bebé. Vitória vivia praticamente em isolamento total desde o falecimento do seu adorado marido, o príncipe Alberto, catorze anos antes, mas mantinha-se informada sobre a vida dos seus amigos e, quando soube que Lady Carnarvon tinha poucas probabilidades de sobreviver, manifestou o seu desejo de ser madrinha da criança.

Evelyn recuperou momentaneamente, mas viria a falecer no dia 25 de janeiro de 1875. O marido ficou devastado, assim como a mãe dela, que estivera à sua cabeceira durante a enfermidade. Os diários da sua cunhada, Lady Portsmouth, contêm o relato doloroso da coragem e da serenidade demonstradas por Evelyn à medida que ia desfalecendo. «Quão magoado está o meu coração», escreveu ela. Lady Carnarvon foi velada na Biblioteca de Highclere e foi sepultada na capela da família, num bonito recanto dos jardins.

Foi uma perda cruel para toda a família. Um parto era um processo deveras delicado e ninguém estava imune ao risco, por muito acesso que tivesse aos melhores cuidados médicos disponíveis na altura. Winifred tinha dez anos, George (então conhecido como «Porchy», alcunha derivada do seu título de cortesia, Lorde Porchester) tinha oito, Margaret tinha quatro e a pequena Victoria tinha apenas três semanas quando a mãe faleceu. Embora nas famílias aristocratas as crianças fossem essencialmente criadas por amas, Lady Carnarvon fora muito amada e os filhos ficaram destroçados. Após a sua morte, eles foram educados por duas tias carinhosas mas idosas, um arranjo algo caótico que deu origem a uma ligação particularmente forte entre as duas crianças mais velhas. A perda da mãe em tão tenra idade pode muito bem ter contribuído para o refreamento emocional do quinto Conde, algo que o seu próprio filho comentaria mais tarde.

Durante algum tempo, as festas cessaram e Highclere e os Carnarvon mergulharam no luto formal. Na Inglaterra do século XIX seguia-se uma etiqueta muito rigorosa no que dizia respeito ao luto, em especial depois da decisão da rainha de se afastar da vida pública após o falecimento do príncipe Alberto, em dezembro de 1861. Era obrigatório envergar uma indumentária especial e os enlutados deviam isolar-se totalmente da vida social. Os viúvos eram obrigados a usar uma sobrecasaca preta durante pelo menos seis meses, por forma a assinalar a morte de um familiar. Inclusivamente, os criados envergavam braçadeiras pretas. Nenhuma senhora ou cavalheiro podia participar (e muito menos organizar) num baile durante pelo menos um ano após a morte de um familiar próximo.

Contudo, o quarto conde decidiu finalmente que estava na altura de seguir em frente. Em 1878 visitou familiares no Castelo de Greystoke, na Região dos Lagos, e deparou-se com uma casa cheia de alegria e conversação. Deve ter sentido que estava a regressar à vida e a verdade é que essa ocasião conduziu à proposta de casamento feita à sua prima Elizabeth (Elsie) Howard, que, com vinte e dois anos, tinha menos vinte e cinco anos do que ele. Tiveram dois filhos, Aubrey e Mervyn, durante os doze anos de um casamento bastante feliz. Lady Phillimore, amiga de Lorde Carnarvon, escreveu numa carta dirigida ao marido: «Aqueles dois são muito felizes juntos e contagiam os outros com a sua alegria.»

Não restam dúvidas de que a infância e a adolescência das crianças foram consideravelmente facilitadas com a chegada da madrasta, com quem mantiveram uma relação bastante próxima até ao final da vida dela. Elsie era uma figura maternal e a sua presença em Highclere significava que Porchy, que sempre fora uma criança frágil em termos de saúde física, voltava a ter um lugar a que chamar lar. A casa pôde então retomar o seu papel enquanto centro social e político.

Embora Elsie fosse bastante condescendente, o pai de Porchy deixava bastante claro que a disciplina e a diligência eram características altamente desejáveis num jovem destinado a herdar uma série de responsabilidades importantes. O quarto conde adorava pregar partidas, mas possuía também um forte sentido de serviço público, tanto em Highclere como no trabalho. Como tal, esperava que o filho se aplicasse. «Uma boa educação é a melhor herança que podemos deixar aos nossos filhos», declarara ele.

No entanto, embora Porchy tivesse descoberto uma paixão pela literatura, o seu «maior consolo», não herdara a diligência académica do pai. Desistiu de Eton muito cedo e considerou brevemente uma carreira no Exército, mas, depois de chumbar no exame médico, partiu para uma viagem à volta do mundo. Tinha a sorte de o pai ser um homem generoso, liberal e que compreendia perfeitamente o espírito inquieto do filho, uma vez que ele próprio fora um ávido viajante. O quarto conde sentia-se ocasionalmente frustrado com a veia imprudente do filho, mas compreendia a inteligência inata e a mente curiosa do seu herdeiro; fosse como fosse, Porchy continuou a estudar, uma vez que viajava constantemente na companhia de um tutor. Era relativamente fluente em francês e alemão, assim como nas línguas clássicas, e também estudou matemática, música e história.

Dois anos mais tarde entrou para o Trinity College, em Cambridge, onde a primeira coisa que fez foi oferecer-se para raspar a tinta das paredes do seu quarto, revelando o revestimento de madeira original por baixo. Adorava as lojas de antiguidades da cidade e era mais fácil encontrá-lo no hipódromo de Newmarket que numa biblioteca. Ainda assim, conseguiu estudar durante dois anos, até comprar um iate com trinta e três metros, o *Aphrodite*, e velejar de Vigo até às ilhas de Cabo Verde e depois das Índias Ocidentais até ao Rio de Janeiro. Assistiu a óperas italianas em Buenos Aires e foi convencido a não regressar pelo estreito de Magalhães, uma vez que era demasiado perigoso naquela altura do ano. A sua viagem seguinte foi à África do Sul, onde participou numa caçada de elefantes e apanhou um susto tremendo quando um elefante virou as mesas e o perseguiu, obrigando-o a trepar a uma árvore.

Lia tudo o que podia sobre os países que visitava e aprendeu a praticar a paciência, a autoconfiança e a serenidade. As exigências da vida no mar obrigavam-no a trabalhar em equipa, quer a assumir o comando do leme quando o capitão tinha febre, quer a ajudar a realizar operações cirúrgicas a bordo. Regra geral, passava os verões na cidade, a assistir a óperas, e depois praticava caça em Bretby, Nottinghamshire, outra propriedade dos Carnarvon, ou em Highclere, onde permanecia durante o outono, antes de partir a toda a velocidade para as suas viagens. Colecionava livros, pinturas e amigos, tudo em doses iguais. Ele era, não obstante a convicção da família de que deveria começar a dedicar-se, verdadeiramente dado aos prazeres da vida.

Essa rotina maravilhosa foi interrompida pela morte do quarto conde, em junho de 1890, na sua casa em Portman Square, Londres. Porchy conseguira regressar da sua viagem à Austrália e ao Japão mesmo a tempo de estar à cabeceira do pai. A saúde do Conde deteriorara-se desde 1889 e os amigos dele, de todas as posições sociais e profissões, estavam sensibilizados com a sua tolerância. Dizia-se que possuía o dom da amizade. O general Sir Arthur Hardinge, velho amigo e veterano da Guerra da Crimeia, escreveu sobre ele: «Foi um dos cavalheiros mais fantásticos que já conheci e, embora não confiasse nas pessoas à primeira, quando o fazia, entregava-se por completo.»

O seu caixão foi trazido de Londres para ficar em câmara-ardente na Biblioteca, tal como acontecera com a sua primeira mulher. Lady Portsmouth recordou: «Um comboio especial, vindo de Londres, levou a Rainha (Vitória) e o Príncipe (de Gales) até à capela mortuária. O serviço fúnebre foi muito bonito, conduzido pelo cónego Lydonn... Por vezes penso que devo ter sonhado, mas acho que as últimas palavras dele foram: "Muito feliz".»

Quando ele morreu deixou seis filhos. O seu herdeiro, George, Lorde Porchester, era agora o quinto conde de Carnarvon.

A sucessão ao título não significava forçosamente uma mudança de estilo de vida. Após o funeral do pai e a leitura do testamento, o novo conde de Carnarvon tornou a viajar, deixando Elsie com Aubrey, Mervyn e as duas irmãs mais novas, Margaret e Victoria (que era conhecida como Vera). Viviam entre Highclere; Bretby, em Nottinghamshire; Londres; a própria propriedade de Elsie, Teversal; e uma vila em Portofino, na Itália, que o quarto conde deixara à viúva.

Winifred, a irmã mais velha de Lorde Carnarvon, acabara de se casar com o futuro Lorde Burghclere. Lady Portsmouth escreveu no seu diário: «A querida Winifred está noiva do Sr. Herbert Gardner (pouca sorte), filho legítimo do falecido Lorde Gardner, mas se ele gostar dela, se for um homem de princípios e tiver bom feitio, o que mais se poderia desejar? Ela é uma rapariga amorosa e desejo-lhe toda a felicidade.»

O pai de Lorde Carnarvon fora um homem prudente e bem-sucedido, e salvaguardara as fortunas financeiras da família. As propriedades eram bem geridas por pessoal de confiança; nada obrigava o novo conde a ficar em casa contra a sua vontade e tendências.

Lorde Carnarvon amava incontestavelmente o pai, toda a vida se referira a ele com imenso carinho e respeito, mas assim que as coisas ficaram resolvidas, e os pormenores foram acertados, estava pronto para pegar na herança e melhorar o seu estilo de vida já de si bastante luxuoso: ainda mais viagens, a aquisição de mais antiguidades, em suma, mais de tudo. A sua viagem ao Egito, em 1889, foi um passeio particularmente importante porque desencadeou uma obsessão contínua que provaria ser bastante dispendiosa.

Três anos mais tarde, encontrava-se cheio de dívidas, senão mesmo falido. Iates, livros raros e valores artísticos não são propriamente baratos, e os custos de manutenção de uma residência como Highclere e a casa de Londres, situada em Berkeley Square, para além das restantes propriedades, eram consideráveis. Ele devia cento e cinquenta mil libras: uma quantia avultada, mas de modo algum invulgar para um jovem da sua classe social, naquela época. O príncipe de Gales era o mais impecunioso, não obstante a extravagância, de todos, conferindo legitimidade a que a classe alta vivesse muito acima das suas possibilidades. Lorde Carnarvon era pouco cuidadoso, mas não era imprudente. Afinal de contas, era filho do pai dele e sabia que tinha a obrigação de proteger o modo de vida patriarcal (essencialmente feudal) que ainda existia em Highclere. Famílias inteiras dependiam dele; e, fosse como fosse, não queria perder a sua adorada casa. Estava na altura de arranjar uma forma de assegurar o seu futuro financeiro.

3
ALMINA, DEBUTANTE

Em agosto de 1893, três meses após a apresentação de Almina à corte, ela cruzou-se com Lorde Carnarvon quando ambos foram convidados para uma das festas de fim de semana de Alfred, em Halton House. Sir Alfred tinha o hábito de dar festas absolutamente espetaculares. Certamente terá ficado encantado por receber Lorde Carnarvon, que era um caçador de excelência e possuía um vasto repertório de histórias divertidas sobre as suas viagens, para além de ser detentor de uma das maiores propriedades e de um dos mais importantes títulos do país.

Tendo em conta que o quinto conde estava também sob a pressão de dívidas significativas, ele chegara aparentemente à conclusão de que seria imprudente casar sem dinheiro. E Almina, com a sua suposta ligação aos Rothschild, captara a atenção dele.

Devem ter-se visto pela primeira vez no Baile da Corte, no Palácio de Buckingham, no dia 10 de julho, ao qual Almina compareceu acompanhada da tia, Lady Julia, e da prima. Tratava-se do evento que assinalava a abertura da Temporada das Debutantes e todos os que eram convidados compareciam, assim como praticamente todos os duques, marqueses e condes do país. Uma vez que havia poucas probabilidades de Almina ser convidada para qualquer outro evento social grandioso por parte de qualquer pessoa importante, aquela era possivelmente a sua única oportunidade para atrair a atenção de um pretendente dos escalões mais elevados da alta sociedade. E ela não a desperdiçou.

O seu guarda-roupa para a temporada fora cuidadosamente selecionado após consulta atenta com a mãe e a tia. Almina adorava moda e tinha a sorte de ter os meios financeiros para adquirir as mais requintadas peças de roupa, joias e chapéus. Cada ocasião obedecia a regras muito rigorosas, em termos de indumentária, pelo que o vestido que ela terá levado ao baile era decerto branco e levemente adornado, com poucas joias, e as luvas brancas até ao ombro. Consuelo Vanderbilt, herdeira norte-americana que viria a casar com o duque de Marlborough seis meses após o casamento de Almina, ficara chocada ao chegar a Londres como debutante, depois de ter sido formalmente apresentada em Paris. Em França, as raparigas usavam vestidos muito clássicos, mas em Inglaterra parecia que a moda eram os grandes decotes, o que expunha os ombros das raparigas incrivelmente.

Havia centenas de debutantes no palácio, todas nervosamente conscientes de que estavam em exposição e ansiosas por conhecerem um jovem que fosse não só um bom partido como também encantador. Estavam sentadas ao lado das respetivas damas de companhia, com os cartões de dança na mão, um livrinho onde os jovens assentavam os seus nomes para marcarem uma valsa ou uma polca. Tratava-se de um negócio subtil, ainda que altamente competitivo, que podia decidir o futuro de uma jovem.

Almina era muito bonita e tinha uma postura fantástica; era uma autêntica boneca de porcelana. E possuía um encanto vivaz que provinha do facto de ter sido educada em Paris, a conhecida capital da elegância refinada e da decadência luxuosa. Lorde Carnarvon deve tê-la avistado, talvez enquanto ela dançava, e foi direito a ela. Almina acabaria por revelar ser uma pessoa muito controlada, de todo dada a histerismos, mas o seu coração devia estar a bater furiosamente quando fez a vénia ao Conde. Devem ter conversado por breves instantes, dançado uma vez ou talvez duas, mas nada mais. Foi o suficiente para os dois jovens ficarem encantados um com o outro. Quando ela deixou o Palácio de Buckingham, nessa noite, Almina estava entusiasmadíssima com o jovem que acabara de conhecer. Mas, como é óbvio, não tinha outro remédio senão esperar para ver o que sairia dali. Era possível que jamais tornasse a ter notícias do conde de Carnarvon. Porém, o Conde ficara embeiçado com a linda rapariga e sabia que, para além de ser encantadora, bonita e divertida, Almina tinha amigos nos círculos mais abastados de Londres.

Se um jovem com boas referências quisesse ficar na posse de uns valores consideráveis, era normal que a sua atenção estivesse concentrada em alguns dos financeiros fabulosamente abastados que haviam amealhado fortunas incríveis durante os anos de especulação da década de 1860. O período vitoriano é por vezes considerado uma época de costumes austeros e modos afetados em todos os aspetos, mas foi também uma era de materialismo e excesso de confiança. O império encontrava-se em franca expansão e os interesses comerciais da Grã-Bretanha cresciam com ele. Faziam-se quantidades assombrosas de dinheiro na cidade de Londres, por homens que estavam dispostos a intervir para oferecerem empréstimos ao governo, à Companhia das Índias Orientais ou até mesmo a empresários individuais. Sir Alfred de Rothschild era um desses empresários e provinha de uma família que fizera parte da fundação do projeto do Império Britânico durante duas gerações.

O pai de Alfred era o barão Lionel de Rothschild, que herdara a fortuna acumulada num extraordinário curto espaço de tempo pelo pai, Nathan Mayer de Rothschild. Nathan chegara à Grã--Bretanha proveniente da Alemanha em 1798; e, nos trinta anos que se seguiram, transformou os Rothschild nos maiores investidores da Europa. O barão Lionel continuou o trabalho do pai, tendo concedido empréstimos no valor de cento e sessenta milhões de libras ao governo britânico, ao longo da sua vida, incluindo, em 1876, o adiantamento de quatro milhões de libras para a compra de 44% das ações do canal de Suez ao quediva do Egito. Da sua parte, teve um lucro de cem mil libras nesse negócio. O seu legado presta tributo ao seu discernimento extraordinário e à sua tremenda influência: foi o primeiro judeu a ser aceite na Câmara dos Comuns sem ser obrigado a renunciar à sua fé, em 1858.

Alfred foi o segundo dos três filhos de Lionel. O seu irmão mais velho, Natty, foi elevado ao pariato pela rainha Vitória, em 1885. O primeiro judeu membro da Câmara dos Lordes, o seu irmão mais novo, Leopold, estava mais interessado no hipódromo e era um membro proeminente do Clube de Jóqueis. Alfred era laborioso, mas também gostava da vida de luxo. Trabalhou no banco da família durante toda a sua vida, embora raramente chegasse antes da hora de almoço, fosse a que dia fosse. Aos vinte e seis anos tornou-se diretor do Banco de Inglaterra, uma posição que manteve nos vinte anos que se seguiram. Quando o governo britânico o enviou a uma conferência monetária internacional, em 1892, foi o único financeiro a aparecer com quatro valetes, uma quantidade imensa de bagagem e uma flor na lapela impecável.

Por volta da altura em que Lorde Carnarvon visitou Halton House pela primeira vez, em dezembro de 1892, possivelmente para participar numa caçada, os Rothschild não eram, de todo, figuras sem importância. A disponibilidade para investirem grandes quantidades de dinheiro ao serviço da Coroa, complementada com o generoso interesse da família em causas filantrópicas, significava que eram figuras aceites na alta sociedade. Sir Alfred personificava a mobilidade social da era vitoriana.

O selo de aprovação final, por parte de Alfred, fora proporcionado pela sua amizade com Sua Alteza Real, Edward, príncipe de Gales. Alfred recebera a educação de um cavalheiro inglês e tornara-se grande amigo do príncipe de Gales no Trinity College, em Cambridge. Tinham uma quantidade extraordinária de coisas em comum. Ambos possuíam uma ascendência alemã recente, falavam essa língua e também o francês e, no entanto, faziam parte da estrutura social inglesa. Partilhavam também uma paixão por boa comida e bom vinho, assim como por uma vida de deleites. A diferença era que Alfred, ao contrário do príncipe de Gales, tinha posses para tal.

Bertie, como era tratado pela mãe mesmo quando estava na casa dos cinquenta, vivia com um orçamento muito limitado, imposto pela reclusa e cumpridora Vitória. De tempos a tempos, ele recorria à Câmara dos Comuns para fazer frente às suas despesas diárias, em troca de assumir algumas das tarefas que Vitória já não tinha interesse em desempenhar. Era constantemente contrariado pela mãe, que não confiava minimamente nele, não obstante o apoio de vários primeiros-ministros, incluindo Gladstone. Assim sendo, o príncipe de Gales não tinha trabalho suficiente e também não tinha dinheiro que chegasse para custear os seus interesses prazerosos. Estava sempre a necessitar de amigos abastados e Alfred era não só muito rico, e muito generoso, como também letrado, um esteta, solteiro, inteligente e apaixonado pela confeção de vestuário. A amizade de ambos durou toda a vida de Edward.

Na verdade, Alfred era desacreditado mais pela sua própria família que pela sociedade em geral, em particular pela mulher do irmão mais velho, Emma, que o achava leviano, egoísta e excêntrico. Quando Alfred, que nunca chegou a casar, iniciou uma relação com Marie Wombwell, uma mulher que não só tinha sido casada com outro homem como também esse homem fora detido por roubar os próprios sogros, o descontentamento foi geral. O facto de ele sustentar Marie com um estilo de vida luxuoso, numa das moradas mais elegantes de Mayfair, e mais tarde oferecer um dote à filha de Marie, Almina, foi visto como sendo mais uma prova do seu total desrespeito pela dignidade da família.

A questão da paternidade de Almina é impossível de determinar com alguma certeza. Marie estava separada de Fred Wombwell há vários anos quando Almina nasceu, mas a verdade é que ele aparecia de tempos a tempos. Além disso, ela e Alfred eram decididamente confidentes e amantes, mas não eram um casal assumido, de todo.

As origens de Marie eram bastante respeitáveis. O pai era um financeiro parisiense e a mãe provinha de uma família espanhola abastada. Ela crescera em Paris, mas passara muito tempo em Inglaterra. As suas duas irmãs tinham feito bons casamentos, com cavalheiros ingleses detentores de títulos, mas o casamento de Marie fora menos bem-sucedido. Frederick Wombwell era o filho mais novo de um baronete e ao casamento haviam comparecido inúmeros membros proeminentes da aristocracia. Porém, Frederick provou ser um homem perverso, alcoólico e ladrão; apesar de o casal ter tido um filho, também chamado Fred, separaram-se quando o mau comportamento de Fred pai se tornou demasiado para Marie. (O desgraçado Wombwell acabaria por falecer seis anos antes do casamento de Almina, evitando assim mais embaraços e permitindo ao irmão, Sir George Wombwell, intervir por ocasião do casamento e entregar a noiva.)

Marie era uma mulher solitária quando conheceu Alfred de Rothschild. Ainda jovem e atraente, era marginalizada pelo facto de o marido ter caído em desgraça e por ela ter muito pouco dinheiro. Marie deve ter ficado encantada com a companhia de um homem que gostava de a mimar abundantemente. Ao que parece, Alfred e Marie tiveram uma boa relação juntos, mas nunca se pôs a hipótese de casarem, nem mesmo depois do falecimento de Fred Wombwell, uma vez que Alfred não tinha intenção de abdicar da sua liberdade de solteiro ou desposar uma católica romana. Quando a filha de Marie nasceu, Alfred perfilhou-a, embora nunca tenha assumido formalmente a paternidade, e o nome invulgar de Almina, formado a partir da combinação dos nomes dos pais, era uma referência, ainda que codificada, à realidade da sua ascendência. A mãe dela fora sempre conhecida como Mina, ao qual foram simplesmente adicionadas as duas primeiras letras do nome do pai.

Em finais do século XIX, as atitudes para com as aventuras amorosas, pelo menos entre a classe alta, eram geralmente tolerantes, desde que fossem mantidas com discrição. O adultério era um mal menor quando comparado com o divórcio. A desonra estava no escândalo e não no ato em si, inclusivamente para as mulheres. Embora alguns dos Rothschild se tivessem sentido ultrajados (prova, talvez, da sua posição menos bem instituída), e Marie não fosse recebida pelos escalões mais elevados da alta sociedade (não só por causa do caso amoroso como também, e essencialmente, devido à desonra do marido), a relação floresceu num contexto algo obscuro, em que toda a gente fazia vista grossa e concordava educadamente em fingir não reparar.

Almina foi educada em casa por uma governanta, como era costume para as raparigas que provinham de famílias da classe média alta e da aristocracia. O objetivo era garantir que ela fosse instruída e obtivesse as competências sociais necessárias para saber «conviver», o que implicava ter conhecimentos de música, de dança, de canto e de desenho. Regra geral, compreendia também aulas de francês, mas Almina já falava fluentemente a língua, tendo crescido a falá-la com a sua família francesa.

Durante toda a infância, quer em Paris quer em Londres, Almina recebia a visita do «padrinho», Sir Alfred, no dia do seu aniversário. Ele levava-lhe sempre presentes em abundância. Almina ficou a conhecer bem o seu benfeitor, em especial quando era mais velha, e gostava muito dele. Ele adorava-a; e em determinada altura Almina deve certamente ter sido posta ao corrente da verdade em relação ao seu nascimento. Tratava-se, afinal de contas, de um segredo do conhecimento geral.

Por volta dos dezassete anos, Almina visitava regularmente Halton na companhia da mãe. Sendo Alfred quem era, o ambiente era exuberante; a ideia por trás da reunião de pessoas era divertirem-se o máximo possível. Tudo era esplendorosamente excessivo. Alfred, que adorava música, gostava de conduzir as orquestras (que eram mandadas vir da Áustria para tocarem para os convidados dele) com uma batuta incrustada com diamantes. Possuía um circo privado, em que ele próprio representava o papel do diretor. Instalou luz elétrica para que os convidados pudessem apreciar devidamente a sua fantástica coleção de obras de arte. Alfred podia ser leviano, mas era também um sério colecionador de artistas como Ticiano e Rafael. Tipicamente, era também um grande benfeitor e pertencia ao conselho de administração da Coleção Wallace. Highclere possui ainda peças de porcelana de Sèvres e Meissen lindíssimas, quase de certeza oferecidas a Almina por Alfred.

Num meio em que não se olhava a despesas na conquista do prazer e na aquisição de coisas bonitas, Almina divertia-se imensamente. Toda a vida fora mimada, mas agora tinha um espaço onde se exibir. Devem ter sido encomendadas peças de roupa admiráveis, vestidos de dia e vestidos de noite, chapéus e luvas em cores condizentes. A moda na década de 1890 compreendia cinturas espartilhadas, apertadas quase até desaparecerem, ombros despidos à noite, quantidades imensas de rendas e leques enfeitados com penas. Foram tempos opulentos para a classe alta e o guarda-roupa de Almina era o seu arsenal na batalha para atrair um bom partido. Decerto foram acatadas todas as convenções sociais no que diz respeito à aparência física e à apresentação dela a pessoas do sexo oposto, mas Almina ia com toda a certeza a bailes, a jantares e a concertos, às receções frequentemente organizadas nas casas de fim de semana de Alfred, sempre acompanhada da mãe, mas em franca exposição pública. Longe do olhar crítico da sociedade londrina, Almina podia ser apresentada, sob condições rigorosas, a pessoas que ela não tinha oportunidade de conhecer na cidade. Ela desenvolveu-se e, tendo em conta o facto de ser pequena, muito bonita e encantadora, começou a atrair a atenção.

Sir Alfred fez saber, de uma forma discreta, que estava disposto a oferecer uma fortuna como dote por ocasião do casamento da sua «afilhada». Lorde Carnarvon ficara encantado com Almina no Baile da Corte, em julho; ao tomar conhecimento da boa notícia sobre o potencial dela, fez os possíveis para conseguir convite para uma festa na qual ela estaria presente, em Halton House, em agosto de 1893. Passaram o fim de semana a tentar conhecer-se um pouco melhor. Nunca ficaram a sós, mas era possível namoriscar, de uma forma discreta, na sala de estar ou durante um passeio pelos jardins. Ela deve ter ficado encantada com aquele jovem nobre bem-parecido, divertido e um bom partido. Lorde Carnarvon podia ser reservado em frente a grandes grupos de pessoas, mas era um homem com tendência para agradar a todos. Fosse como fosse, Almina era animada o suficiente por ambos e existia uma óbvia atração entre os dois. O namoro demorou imenso tempo a acontecer, contudo. Carnarvon foi convidado para uma caçada em Halton no mês de dezembro após ter conhecido Almina, mas depois disso parece ter havido um hiato. Ele partiu numa das suas viagens e deixou Inglaterra para passar o outono em climas mais amenos, como de costume, e não há registo de outro encontro senão quase um ano depois, novamente em Halton, em novembro de 1894. Aparentemente, contudo, quaisquer dúvidas por parte do Conde ou pormenores pendentes em relação à combinação tinham por essa altura sido resolvidos, porque em dezembro de 1894 Almina foi convidada, juntamente com a mãe, para passar o fim de semana em Highclere.

Tratava-se de uma festa pequena: somente Almina, Marie e mais três amigos. Almina deve ter desconfiado de que estava prestes a assegurar o seu futuro como condessa de Carnarvon. Toda a mecânica do trabalho de bastidores já fora observada pelo seu pai. O processo desencadeado pela atração de Carnarvon por ela, e pelas possibilidades de sucesso inerentes, estava a aproximar-se da sua conclusão. Ela devia estar uma pilha de nervos quando chegou ao castelo nesse fim de semana, ciente de que o seu destino estava algo em suspenso. Se estava nervosa ou não, a verdade é que a sua assinatura no livro de visitas de Highclere não o revela. As letras fluem numa caligrafia bonita e perfeita, num tom sépia desbotado, com traços graciosos. A letra de Almina é quase uma fotocópia da caligrafia da mãe, cujo nome se encontra assinado um pouco abaixo, na mesma página.

Mãe e filha devem ter-se saído bastante bem, porque essa visita foi o suficiente para selar o acordo. Durante o fim de semana, o quinto conde pediu Almina em casamento. Lorde Carnarvon não era um homem manifestamente romântico, mas era um cavalheiro, estava apaixonado e, tendo perguntado à Sr.ª Wombwell se podia pedir a mão da sua filha em casamento, estava prestes a convidar uma bela rapariga para ser sua esposa. É tentador imaginar que ele e Almina tenham ido passear até ao Templo de Diana, a deusa do amor, um trajeto de cerca de quilómetro e meio da casa principal, e que ele tenha escolhido esse momento. Porém, tendo em conta que foi em dezembro e que muito provavelmente não estava um bom dia para passear, talvez seja mais lógico presumir que ele falou com Almina na Sala de Música ou na Sala de Estar. Como era de esperar, ela aceitou.

Estranhamente, o noivado não foi anunciado no jornal *The Times*, mas Lorde Carnarvon presenteou Almina com um magnífico colar de pérolas. Estavam na família há várias gerações; há um quadro fantástico, da autoria de Van Dyck, de Anne Sophia, a primeira condessa, a usá-las ligeiramente enroladas à volta do pescoço.

O casamento foi pormenorizadamente discutido pelos advogados de ambas as partes e, ao regressar à cidade, o Conde fez uma visita a Sir Alfred.

Lorde Burghclere, cunhado de Carnarvon, escreveu à esposa, Winifred, para a tranquilizar relativamente à questão do casamento do irmão: «O Porchy teve de falar com o A. Rothschild e está tudo praticamente resolvido em relação à Almina. Estou muito satisfeito por... Porchy não ser o tipo de pessoa que casa apenas por dinheiro... Ele gosta da jovem e o resto virá por acréscimo. Receberás certamente notícias, quer seja através dele quer através de outras pessoas, pelo que não me vou alongar mais sobre este assunto, mas acho que podes ficar descansada e esperar pelo melhor.»

Com tudo resolvido a seu gosto, Lorde Carnarvon alugou de imediato um iate a vapor e partiu rumo à América do Sul, na companhia do seu grande amigo, o príncipe Victor Duleep Singh.

Marie e Almina fizeram uma segunda visita a Highclere, na ausência do noivo desta, para conhecerem melhor a sua futura casa e família. Conheceram Winifred, a irmã mais velha do Conde, e Aubrey, o meio-irmão mais novo. Já conheciam Elsie, a condessa viúva, que fora incrivelmente simpática para ambas e que voltara a ser bastante agradável por essa ocasião. Começaram a fazer-se planos para o casamento e Almina andava muito entusiasmada. Elsie convidou Almina a visitá-la na cidade, embora Marie Wombwell, muito bem recebida nas casas de campo, continuasse a não ser recebida em Londres.

Almina passava agora uma grande parte do seu tempo em Londres, com Elsie, na casa urbana dos Carnarvon, situada no número 13 da Berkeley Square, e estava tão entusiasmada como qualquer rapariga de dezoito anos prestes a casar. Lorde Burghclere, noutra carta escrita à esposa, disse: «Visitei a Elsie, que é uma ótima rapariga e uma querida em relação ao Porch, e a A., que parece viver lá. Não me parece que consiga manter segredo por muito mais tempo... Estava numa excitação tremenda! Parece estar completamente apaixonada e perguntou porque é que não se casaram e foram fazer o passeio de iate juntos? É sem dúvida uma jovem bastante ingénua!»

Contudo, Almina não estava apenas entusiasmada. Ela estava, compreensivamente, quase carente, tal era a sua persistência e entusiasmo. Depois de uma vida inteira a viver entre dois mundos, meio na sombra, estava obviamente a desfrutar a perspetiva de se tornar mais estável, não só em termos sociais como também emocionais. Marie e Almina parecem ter sido extremamente próximas; o facto de Marie ser uma visita constante em Highclere durante toda a sua vida reflete a força continuada da relação entre ambas. Todavia, não obstante a relativa tolerância concedida à situação conjugal dos pais, a ansiedade e a frustração produzidas pelo estado civil duvidoso da mãe, assim como os disparates do falecido marido de Marie, Frederick Wombwell, devem ter sido consideráveis. Era certamente óbvio o suficiente para Lorde Burghclere comentar sobre o assunto. Na mesma carta, escreveu: «A pobrezinha parece desesperada (tal como eu disse a Elsie) por uma família e um marido decentes.» E acrescentou, num tom algo carinhoso: «Espero que o Porch se dê com A. um décimo do que nós nos damos.»

O acordo já estava redigido quando eles casaram, mas só foi executado um mês depois, após o feliz evento ter tido lugar sem percalços. As três partes interessadas eram Alfred de Rothschild, Almina Wombwell, agora condessa de Carnarvon, e o quinto conde. É normal que Carnarvon tenha ficado embevecido com as inúmeras qualidades de Almina, e já nutrisse um carinho especial por ela, mas também antevira a oportunidade para fazer um bom negócio. Os condes de Carnarvon já haviam casado com herdeiras noutras ocasiões, adquirindo assim vários patrimónios, pelo que ele estava perfeitamente ciente de que o estilo de vida aristocrático necessitava frequentemente de injeções de capital para poder ser mantido.

A primeira cláusula do contrato estipulava que Alfred de Rothschild pagaria doze mil libras anuais a Lady Carnarvon, ou a Lorde Carnarvon caso ela falecesse antes dele, durante toda a sua vida. Naquela altura, um lacaio de Highclere recebia vinte e duas libras anuais, pelo que em termos da moeda atual representava um rendimento anual na ordem das 6,5 milhões de libras. Sem contar com o facto de Lorde Carnarvon ter pedido a Alfred para saldar todas as suas dívidas substanciais antes de o casamento ter lugar, de modo a poder começar a vida de casado com o nome limpo. Foi também acautelado o futuro de qualquer criança nascida do casal. Alfred concordou prontamente com todos os termos do contrato e o caminho ficou livre para os dois jovens viverem no seu mundo dourado, com todo o tipo de extravagâncias e prazeres para os agradar.

4

UM SUCESSO PARA SUA SENHORIA

Almina chegou a Highclere como uma estranha, mas com um enorme entusiasmo e cheia de confiança. O que era perfeitamente normal, uma vez que os acontecimentos recentes sugeriam que ela conseguira finalmente combinar o prestígio social conferido pelo seu casamento com a fortuna fabulosa do pai. Pela primeira vez na sua vida, sabia qual era o seu lugar e o seu papel. Tinha um título que deixava claro quem era: a partir desse momento, Almina Wombwell era a quinta condessa de Carnarvon.

Porém, ela tinha apenas dezanove anos e esse papel, esse título, era muito maior que ela. Almina era a condessa, mas era também uma adolescente e uma rapariga cheia de garra, tão depressa cheia de confiança como extremamente nervosa. A mudança para Highclere, se não foi um exercício de humildade (Almina nunca se sentira humilde em toda a sua vida), foi sem dúvida avassaladora. Lembranças do desejo de Almina se impressionar a si própria no contexto da casa (em termos literais) continuam visíveis por todo o castelo. Ela mandou gravar e esculpir as suas novas iniciais, assim como a insígnia dos Carnarvon, em inúmeros utensílios domésticos, desde os livros de visitas a cadernos de apontamentos, papel de carta e sobrescritos, malas de viagem, ementas e cartões de visita.

Almina trouxe baús cheios de roupa e arrumou os seus pertences nas cómodas e armários de Highclere. Trouxe também uma serviçal de confiança, Miss Mary Adams, a sua criada pessoal, que a ajudou a desfazer as malas e a instalar-se. De todas as criadas, era a única autorizada a dormir no mesmo andar que a sua senhora. Mary era uma aliada e uma amiga, a outra estranha em Highclere que era os olhos e os ouvidos de Almina na zona reservada aos empregados domésticos, uma ponte entre os serviçais e a nova senhora. Nessas primeiras semanas após o casamento, enquanto explorava a propriedade, Almina começou a depositar toda a sua confiança em Mary.

Almina sempre fora uma criança especial e bastante mimada, tendo sido inundada de amor por parte da mãe e de dinheiro por parte do pai. O casamento potenciara ainda mais o seu sentimento de importância. Mas, na verdade, agora que escolhera ser a condessa de Carnarvon, tinha de se adaptar à vida num mundo em que ela não era o centro das atenções. As peças de mobiliário e as fantásticas obras de arte não lhe pertenciam realmente, ou ao marido, mas à casa, a Highclere enquanto presença por direito próprio. O castelo, repleto de peças de decoração que refletiam o gosto dos seus habitantes ao longo dos anos, tinha de ser preservado durante as várias gerações. Quando Almina chegou, a Sala de Estar estava a precisar de ser modernizada. Alfred de Rothschild oferecera-lhe rolos de seda verde como parte do seu presente de casamento e ela usou-os para cobrir as paredes. Seguindo o gosto pessoal dele, Almina redecorou a sala ao estilo *ancient régime*, com portas e tetos dourados. O tecido grosso de seda verde, com desenhos em relevo, fora inspirado na sala de estar de Marie Antoinette, em Versalhes. A porcelana de Meissen encontrava-se disposta nas várias peças de mobiliário do século XVIII de que Almina tanto gostava.

Seis semanas após o casamento, Lorde Carnarvon deixou Highclere para participar numa caçada na Escócia, como era seu costume assim que abria a época da caça à galinha-brava, a 12 de agosto. Tendo em conta o seu extrato bancário recentemente melhorado,

decidiu passar um mês inteiro a caçar numa charneca de galinhas-
-bravas na propriedade de Balmoral. Almina podia acompanhá-lo
ou não, faria o que entendesse, mas de modo algum ele alteraria
a sua rotina por causa dela.

Almina tinha imensa vontade de acompanhar Carnarvon na sua
viagem de caça à Escócia. Não era habitual as senhoras acompa-
nharem os cavalheiros e, verdade seja dita, ela também não tinha
particular interesse em andar a cavalo, mas gostava de passar tempo
com o marido e começou a conhecer os amigos dele. Lorde Carnarvon, que era um caçador de renome, levou um grupo de amigos próximos com ele: Suas Altezas Reais, o príncipe Victor e o
príncipe Freddie Duleep Singh, e James Rutherford, o seu representante em Highclere, entre outros. Era uma ocasião muito viril
e Almina deve ter-se sentido mais como adorno que propriamente
como uma participante ativa, mas a paisagem era magnífica e o
sítio era bastante popular e, atendendo à sua proximidade com
Balmoral, era um lugar adorado pela rainha Vitória.

Entretanto, Alfred de Rothschild estabelecia elegantemente
contactos nos bastidores, em Londres. Esperava agendar uma
visita do príncipe de Gales ao Castelo de Highclere; serviria de
testemunho ao sucesso da chegada de Almina e concederia o aval
real. Highclere era conhecido como sendo uma das extensões de
terreno de caça mais empolgantes de Inglaterra e o príncipe sabia
que a comida seria bastante requintada e farta, e os vinhos seriam
os melhores que Alfred de Rothschild tinha para oferecer. O seu
secretário privado confirmou as datas para a visita.

A comitiva real aceitara o convite para meados de dezembro
e Almina lançou-se de corpo e alma aos preparativos. Carnarvon
continuava a viajar de propriedade em propriedade, com o mesmo
grupo de amigos. Foi até Bretby, a sua casa em Nottinghamshire,
e depois até Shelford, para mais caçadas. Na verdade, por volta do
dia 1 de dezembro, Lorde Carnarvon já havia caçado durante mais
de sessenta dias consecutivos após a abertura da época.

Em Highclere, Almina pôs mãos à obra e gastou uma quantidade exorbitante de dinheiro na redecoração, alugando carruagens
e cavalos adicionais e armazenando produtos alimentares. É pouco

provável que já conhecesse o príncipe, uma vez que, não obstante o facto de ele ser grande amigo de Alfred, ele não visitara Halton House na mesma altura que ela. Os conselhos de Alfred relativamente aos pormenores delicados que garantiriam uma visita bem-sucedida eram mais do que bem-vindos. Os dois homens conviviam um com o outro há vários anos, quer em Marlborough House quer na casa de Londres do príncipe, em Halton House ou em Seamore Place, a casa de Londres de Alfred onde o Príncipe desfrutava os jantares intimistas que Alfred se deliciava a organizar. O príncipe era um apreciador de boa mesa e, sendo ele o próximo rei e imperador, tratava-se de uma visita tremendamente importante. Almina queria certificar-se de que todas as comodidades estavam ao dispor, que tudo estava opulento e perfeitamente deslumbrante, tal como era suposto e tal como ele estava acostumado. Desembolsou imenso dinheiro com a ocasião, gastando o equivalente a trezentas e sessenta mil libras na moeda atual, na visita de três dias.

A primeira tarefa era redecorar um dos quartos para o príncipe de Gales. Foi feita a encomenda de uma cama enorme (o príncipe era conhecido por ser incapaz de conter o apetite e tinha uma cintura de cerca de 1,20 m), e peças novas de mobiliário francês, assim como jarrões e relógios, que enchiam a divisão revestida a seda em tons de vermelho-carregado. O quarto de vestir adjacente teve o mesmo tratamento.

Almina gastou oitocentas e cinquenta e seis libras, treze xelins e nove *pennies* na W. Turner Lord & Co., especialistas em decoração de interiores com sede em Mount Street, Mayfair. Os tapetes foram comprados na Turbeville Smith & Co., pelo valor de trezentas e doze libras, treze xelins e dois *pennies*. A louça de porcelana, os candeeiros e as cortinas foram comprados e alugados. A mesa de bilhar levou um forro novo; adquiriram-se centenas de velas da melhor cera de abelha.

Foram alugadas carruagens e cavalos adicionais, e foram requisitadas carruagens de comboio especiais para transportar tudo, e todos, até Highclere. Os registos dos inúmeros donativos oferecidos dão uma ideia da extensão dos preparativos. Houve donativos, feitos em novembro, para quatro inspetores da estação ferroviária de Paddington, e todos os chefes de estação, desde Reading a Whitchurch, Newbury, Highclere e Burghclere, beneficiaram da determinação de Almina em não descurar nenhum detalhe e em garantir que tudo correria na perfeição. Donativos foram também feitos a chefes de correios, inspetores da Polícia e a todos os caseiros da propriedade.

No que diz respeito à alimentação, que seria o aspeto fulcral de todo o processo, não se pouparam a despesas, nem nos mantimentos nem no pessoal de cozinha. Todas as refeições foram rigorosamente planeadas com antecedência e depois Almina mandou Streatfield para Londres, a fim de contratar chefes de cozinha e empregados do Savoy, encomendar molhos de flores na Veitch, em Chelsea, e comprar uma quantidade exorbitante de mantimentos, vinhos e champanhes. Streatfield gastou duzentas e quinze libras, quatro xelins e quatro *pennies* (aproximadamente vinte e duas mil libras na moeda atual) em carnes vermelhas, frangos, ovos, fruta e chocolates de Charbonnel.

O estoico Streatfield era um velho e leal servidor da família, habituado a cumprir ordens sem pestanejar. Em privado, contudo, é possível que não tenha visto com bons olhos tamanha despesa. Era mordomo em Highclere há oito anos e assistira a uma boa percentagem de festas dadas em honra de gente ilustre, mas em termos de organização de festas o gosto do quarto conde não se encontrava no mesmo patamar que o de Almina. E, claro, a conta das compras de Streatfield para o dito fim de semana perfazia um total quatro vezes superior ao seu salário anual, um facto que decerto não lhe terá passado despercebido.

Quando chegou finalmente o dia da visita, a própria Almina escreveu as ementas para essa noite, como de costume em francês. A disposição de lugares à mesa do jantar levara algum tempo a organizar e a indumentária de Almina fora planeada com antecedência com o apoio de Adams. Podiam ser necessários cinco ou seis conjuntos diferentes para cada dia. O mínimo exigido para uma ocasião como aquela era um vestido para a manhã, outro para dar um passeio durante a tarde, um vestido para a hora do lanche e depois um vestido de noite.

Almina estava parada ao lado do marido, junto à porta de nogueira guarnecida a ferro do Castelo de Highclere, para receber o príncipe de Gales quando ele descesse da carruagem. Ao fazer a vénia da praxe, Almina decerto esperava ter feito tudo o que estava ao seu alcance para providenciar divertimento e entretenimento ao príncipe. O castelo elevava-se atrás deles, na ténue luz de inverno. No interior, a residência achava-se iluminada por mais de cento e cinquenta lamparinas de óleo e as velas conferiam um brilho quente às várias divisões e à nova Sala de Estar.

O conde e a condessa de Carnarvon haviam sido criteriosos na escolha dos outros convidados. Era habitual convidar tanto amigos locais do príncipe de Gales como também alguns dos seus amigos de Marlborough, de cuja companhia ele gostava imenso. No final, tratou-se de uma grande festa, que incluiu a família: Lorde e Lady Burghclere e amigos, entre eles o conde e a condessa de Westmoreland; Lorde Ashburton; Lorde e Lady Chelsea; os Neville e os Colebrooke. Também convidaram o embaixador da Rússia, que era amigo do príncipe. Essas pessoas estavam presentes para se divertirem, como é óbvio, mas também tinham sido convidadas com o objetivo de entreterem o príncipe e haviam sido selecionadas com os interesses dele em mente.

Nessa noite, o jantar foi um festim epicurista e o príncipe estava bastante agradecido. Almina já recebera inúmeros elogios ao seu excelente bom gosto, relativamente ao esplendor da Sala de Estar, que ela decorara, e também ao quarto encantador e confortável que colocara à disposição dele. O príncipe estava encantado com tudo e o jantar também não foi uma desilusão. Começou com uma sopa, um caldo de carne, seguido de um prato de peixe: rodovalho grelhado Dugléré (batizado segundo Adolphe Dugléré, que foi um dos mais famosos chefes de cozinha do século XIX, de Paris, e que cozinhava para a família Rothschild há vários anos). Seguiram-se as entradas: patês e um prato de galinha. Depois, as carnes assadas, uma grande variedade de aves de caça recheadas com *foie gras*, tudo servido com inúmeros legumes como acompanhamento. A sobremesa foi *soufflé d'orange* e a refeição foi terminada com sorvetes.

Depois do entretenimento (nessa ocasião, os relatos indicam que uma banda tocou para os convidados na Sala de Música), seguiu-se uma ceia composta por carnes frias, como faisão e carne assada. Previsivelmente, o príncipe recolheu ao seu quarto saciado e muito bem-disposto. Almina deve ter suspirado de alívio.

A caçada teve lugar no dia seguinte, em território Carnarvon. Foi composta por dois levantamentos na propriedade Highclere: Biggs e Warren. O planalto de greda branca mais elevado era essencialmente um viveiro de coelhos e não estava cultivado propositadamente para proporcionar uma excelente experiência de caça. Eram oito caçadores: Sua Alteza Real, o príncipe de Gales; Lorde Westmoreland; Lorde Burghclere; Lorde Chelsea; o honorável Seymour Fortescue; Sir Edward Colebrook; M. Boulatsell, e Lorde Carnarvon. Entre eles caçaram uma quantidade imensa de pássaros e coelhos; tratava-se da era da quantidade e não da qualidade, em termos de caça.

O livro de caçadas do Castelo de Highclere revela o que acontecia a toda a caça apanhada; nada era desperdiçado. O livro era compilado com base nos valores dados à governanta pelo couteiro, que, por altura da visita do príncipe de Gales, era um homem chamado Cross, que em breve seria substituído por Henry Maber, que esteve muitos anos ao serviço. Ao folhearmos as páginas do livro, é possível percebermos a vida social do castelo de ano para ano, mas, na sua maioria, encontramos listas relativamente modestas de aves de caça oferecidas aos convidados das festas de fim de semana. Contudo, nas páginas que registam a caçada em que participou o príncipe de Gales, as colunas estão cheias; a lista é interminável. Tal como tudo o que está relacionado com essa visita de três dias, a extravagância é assombrosa.

Regra geral, cada caçador recebia seis faisões, mas o príncipe recebeu doze. A longa lista de recetores é reveladora da vasta rede social do príncipe: foram enviadas aves ao embaixador da Rússia e a Nellie Melba, assim como ao Sr. Horace Voules, editor da revista *Truth*, uma conhecida publicação periódica de investigação. (Neste ponto é tentador imaginarmos um delicado suborno ao precursor dos *paparazzi*. O príncipe era frequentemente alvo de intrigas na imprensa, o que não é de admirar, uma vez que foi um *playboy* entusiástico durante toda a vida.) Marie Wombwell, mãe de Almina, recebeu um par de aves, outras foram enviadas ao hospital de Newbury e até os empregados de mesa, a banda e os valetes contratados receberam faisões. Os responsáveis pela iluminação, contudo, receberam coelhos.

A visita foi um tremendo sucesso. Não podia ter corrido melhor, e Carnarvon deve ter ficado encantado com a forma como a sua nova esposa organizara o evento. Ela encantara os convidados e supervisionara uma série de jantares e entretenimentos cheios de elegância. Era por demais evidente que «a educação de Almina vocacionada para a Sala de Estar» servira de garantia para que ela fosse uma administradora excelente e uma anfitriã talentosa: já estava a causar boa impressão no seu papel de condessa de Carnarvon.

A pequena jovem de dezanove anos já não era a donzela ingénua que Lorde Burghclere conhecera seis meses antes, desesperada por uma família decente e entusiasmadíssima em relação ao futuro. Era esposa e anfitriã da alta sociedade. Era um sucesso.

5
A VIDA NO PISO INFERIOR

O facto era que, obviamente, o sucesso de Almina estava totalmente dependente de um pequeno exército de pessoas. Ela ocupava o primeiro plano quando os olhos do mundo estavam postos nela, mas na verdade foi Streatfield quem geriu o Castelo e continuou a fazê-lo o resto da sua vida. Ele tinha a perfeita noção de que era mais importante que a nova condessa. Afinal de contas, conhecia Lorde Carnarvon há bastante mais tempo que ela. O pequeno reino de Highclere continuaria como antes e o pessoal limitar-se-ia a levar a cabo as suas tarefas e a esperar para ver no que aquilo iria dar.

Por ocasião da sua dispendiosa visita de compras a Londres, Streatfield tinha trinta e nove anos. Uma vez que era solteiro, morava sozinho no castelo, em vez de habitar uma das casas reservadas aos empregados casados e com família. Como era o mordomo, tinha uma ampla sala de estar no piso inferior, ao lado da sala de estar da governanta, idêntica à sua. Esse era o território de Streatfield, onde ele passava os seus momentos de lazer, por muito poucos que fossem, e de onde geria a vida no piso inferior de Highclere. A sala encontrava-se confortavelmente mobilada com um tapete indiano e uma poltrona. Num dos cantos havia um antigo relógio de sala inglês e a divisão estava cheia de secretárias e mesas de mogno. Tinha um aspeto formal, adequado a um homem com tamanha responsabilidade.

Streatfield supervisionava o livro de despesas da casa, encomendava os mantimentos e era o responsável pelas adegas e pelo cofre das pratas, onde a baixela da família se encontrava guardada a sete chaves. O cofre era imenso, com as dimensões de um quarto de vestir, e continha peças famosas colecionadas pelo grande *connoisseur*, o conde de Chesterfield, assim como joias e outros bens móveis. As peças encontravam-se cuidadosamente embrulhadas e guardadas em musselina, dispostas em prateleiras forradas de tecido.

Streatfield usava suíças e tinha o hábito de não aspirar a letra «h» quando devia e aspirá-la quando não era suposto. O sexto conde recordava-o como sendo um homem imperturbável, totalmente dedicado a Lorde Carnarvon e ainda mais a Highclere, um homem que mantinha sempre uma postura profissional, mas que gostava imenso de crianças. Tinha por hábito desgrenhar o cabelo de Porchy quando ele era miúdo, um gesto de familiaridade que Streatfield, com a sua noção perfeita de *timing*, abandonou assim que o jovem lorde entrou para a escola primária de Eton. Só em 1897 é que se casou com uma professora de Essex chamada Edith Andrews e se mudou para uma das habitações cedidas aos empregados, nos jardins da propriedade.

O quarto de Streatfield era um dos maiores da ala dos serviçais, no primeiro piso. Os criados e o encarregado do guarda-roupa, Roberts, tinham quartos mais pequenos, todos ao alcance da vista de Streatfield para ele poder mantê-los debaixo de olho. Os quartos dos criados davam para o pátio e os lacaios e os cocheiros viviam por cima dos estábulos, que compunham os outros três lados do pátio.

A posição do Sr. Roberts era relativamente invulgar; era sinal de grande luxo possuir um encarregado do guarda-roupa. Alfred tinha essa pessoa na sua residência, e Almina, como Alfred, via imensa utilidade em ter alguém a exercer esse cargo. Roberts era uma espécie de criado pessoal «com inúmeras funções». Estava encarregado de uma série de pequenas tarefas, desde garantir que papel e tinta jamais acabassem nos quartos de Lorde e Lady Carnarvon até ser responsável pelos cartões de visita dos visitantes, anunciando os convidados e estabelecendo uma ligação com Fearnside, o criado ferozmente leal do Conde, e Miss Adams. A sua área de responsabilidade estendia-se ao supervisionamento aquando das festas da casa, sempre que havia convidados. A responsabilidade geral de Roberts era garantir que a estada de todos corria sem percalços.

Quando Almina começou a morar em Highclere, a governanta da altura era a Sr.ª Emily Bridgland. O título fora-lhe dado por delicadeza, uma vez que era solteira. A sala de estar da Sr.ª Bridgland ficava ao lado da sala de Streatfield, mas enquanto a dele era escura e tinha uma mobília pesada, a sala dela tinha um ar mais leve e era mais confortável. Tinha dois sofás revestidos a brocado e um enorme divã em pau-rosa, assim como uma secretária e uma máquina de costura. Ela sabia onde estavam as chaves de todas as divisões da casa e guardava a chave dos armários da louça de porcelana, que não ficavam muito longe da sua sala de estar, numa corrente que usava à volta da cintura. Tal como Streatfield e a sua baixela de prata, ela guardava ciosamente a louça de porcelana.

Todos os dias, às dez da manhã, a Sr.ª Bridgland subia as escadas de serviço que iam do piso inferior até ao rés do chão do castelo. A sala de estar de Lady Carnarvon ficava diretamente por baixo do quarto dela e podia ser discretamente acedida por meio de umas escadas privadas. Almina acabara de a redecorar. Agora exibia uma alcatifa grossa cor-de-rosa-escura, e o teto georgiano, delicadamente esculpido, achava-se complementado com paredes num tom rosa-claro, nas quais se podia observar uma coleção encantadora de pinturas a óleo e miniaturas. Tratava-se de uma divisão tranquila e cheia de luz, onde ela podia discutir assuntos domésticos em privado com a Sr.ª Bridgland. Como tudo em Highclere, a estrutura do piso inferior era um espelho da vida no piso superior, pelo que da mesma forma que a Sr.ª Bridgland e Streatfield possuíam salas de estar adjacentes, o mesmo acontecia com Lorde e Lady Carnarvon. A Sr.ª Bridgland recebia as instruções de Lady Carnarvon e discutia os planos para esse dia: a que horas chegariam e partiriam os convidados, quais os entretenimentos delineados para a tarde e o conteúdo das ementas para o almoço e para o jantar. Assim que terminavam, a Sr.ª Bridgland regressava ao piso inferior pelo mesmo caminho e delegava tarefas por intermédio da responsável pelas criadas e da cozinheira.

Na parede do corredor que percorria todo o comprimento da casa, desde a porta das traseiras até às adegas, havia o painel de campainhas que a família utilizava para chamar os serviçais. Encontrava-se posicionado entre as salas de estar do mordomo e da governanta e havia sessenta e seis campainhas no total, uma para cada divisão oficial e também para os quartos da família e dos hóspedes. Streatfield contratou um ajudante para chamar uma criada, ou um criado, sempre que soava uma campainha.

Membros específicos do pessoal atendiam cada uma das campainhas. Streatfield, Fearnside e os criados certificavam-se de que a família e todos os hóspedes eram devidamente recebidos e anunciados, e que não lhes faltava nada. As criadas mais velhas estavam a postos para se ocuparem dos hóspedes de sexo feminino. Porém, muito do pessoal raramente se cruzava com os hóspedes da casa, uma vez que somente os lacaios serviam os almoços e os jantares. Uma criada de cozinha podia estar vários meses sem ver um único membro da família, pois não havia motivo para ela ir ao andar de cima e Almina raramente se deslocava ao piso inferior.

As criadas solteiras moravam na parte principal do castelo, no segundo piso e nos quartos da torre acessíveis por uma escadaria em caracol. Cada quarto tinha a sua própria cama e lareira, onde a água podia ser aquecida para efeitos de higiene pessoal, mas algumas das criadas dormiam duas por quarto. Os quartos serviam apenas para dormir, uma vez que existia uma sala de jantar e uma sala de estar para os criados descontraírem e não havia um espaço que fosse verdadeiramente privado. Os quartos podiam ser inspecionados a qualquer hora e, embora a Sr.ª Bridgland não fosse uma tirana, levava as suas funções muito a sério, abrindo armários e espreitando debaixo das camas, à procura de indícios de infrações. O policiamento da moral e a observação dos bons costumes faziam parte das funções do mordomo e da governanta, tanto como a organização da adega, a guarda da chave que abria o cofre das pratas, a encomenda das provisões ou o supervisionamento das criadas. Regra geral, as criadas tinham dezassete ou dezoito anos quando começavam a servir e era frequentemente a primeira vez que viviam longe das suas famílias. Os membros mais velhos do pessoal tinham um papel de aconselhamento, visto terem de evitar que qualquer tipo de problema perturbasse o funcionamento normal da casa.

As raparigas encontravam-se bastante afastadas dos homens que também trabalhavam na casa, o que era propositado, como é evidente, mas também estavam demasiado afastadas do piso térreo, caso houvesse um incêndio. Os procedimentos de evasão para o caso de tal acontecimento eram, só por si, bastante aterradores. Do lado de fora dos quartos havia uns letreiros pintados que anunciavam, num estilo prosaico: «Em caso de incêndio, utilizar a conduta.» As condutas feitas de lona pesada estavam agarradas a ganchos de ferro que podiam ser enganchadas nas molduras das janelas. A outra extremidade era agarrada por dois homens posicionados no relvado lá em baixo. Deviam funcionar, pois as gerações posteriores recordavam os exercícios de simulação de incêndio. As criadas sabiam que o mais importante era usarem camisolas grossas e manterem os braços encostados ao corpo, para não prenderem os cotovelos nos aros de metal da conduta.

As regras que regiam a interação no piso inferior eram tão elaboradas como as regras que prevaleciam no piso superior. Streatfield jantava todas as noites com a Sr.ª Bridgland e o Sr. Fearnside, o criado particular, na sala do mordomo. Eram servidos por um criado subalterno. O Sr. Roberts, encarregado do guarda-roupa, e Miss Adams jantavam com as criadas e os criados na sala dos serviçais, as mulheres de um lado da mesa e os homens do outro. A hierarquia era cuidadosamente observada: a criada mais velha sentava-se do lado direito de Roberts, enquanto o mordomo e o seu ajudante se sentavam de cada lado da criada pessoal de Lady Carnarvon. Os chefes dos serviços jantavam à parte. Os criados e as criadas pessoais dos hóspedes do castelo sentavam-se de acordo com a precedência: o título da família e o estatuto social eram cuidadosamente estudados tanto pela Sr.ª Bridgland, consultando o *Debrett* na sua sala de estar, como também por Almina, que decidia a disposição dos lugares na Sala de Estar oficial.

No tempo de Almina havia pelo menos dezoito empregados do sexo masculino que prestavam contas ao Sr. Streatfield, numa rigorosa estrutura hierárquica. Inclusivamente, a indumentária refletia o estatuto de cada um. Streatfield usava uma gravata branca sempre que Lorde Carnarvon se vestia para a refeição da noite, uma vez que iria servir à mesa na Sala de Jantar. Do mesmo modo, os criados tinham de despir as suas librés e vestir calças brancas com casacos azul-escuros e perucas empoadas. Os elementos femininos envergavam vestidos azuis com aventais brancos e umas toucas brancas, pequenas e com folhos: quanto mais tempo de casa tivessem, mais elaborada seria a touca que elas envergavam. No topo dessa hierarquia, a Sr.ª Bridgland podia dispensar o avental e, no posto mais baixo, a criada de copa tinha apenas um vestido de trabalho e uma grande quantidade de aventais que estava constantemente a mudar.

O castelo funcionava com a precisão de um relógio, com os novos criados a serem destacados para os cargos mais baixos, por forma a aprenderem como é que se faziam as coisas. Cada empregado do castelo tinha tarefas para cumprir a variadas horas do dia. A criada de copa, por exemplo, o posto mais baixo da hierarquia das serviçais, levantava-se às seis da manhã para acender a lareira da cozinha, para que o pessoal acima dela pudesse tomar o chá. Durante as horas de preparação das refeições, e logo a seguir às mesmas, ela andava numa grande azáfama, tratando da louça, pelo que estava sempre coberta de sabão e de gordura até aos cotovelos desde a hora do pequeno-almoço até muito depois de a família ter terminado o jantar. Uma criada normal podia fazer uma pausa de uma hora durante a tarde. Por outro lado, as criadas também se levantavam ao raiar do dia para darem início à importante e imensa tarefa de acender as dezenas de lareiras da casa. Uma criada com menos experiência começaria por limpar a grelha da lareira da governanta e fá-lo-ia todos os dias, logo pela manhã, até lhe tomar o jeito e haver a certeza de que não sujaria os tapetes das divisões principais.

As lareiras tinham de ser limpas das cinzas do dia anterior e depois revestidas com papel branco limpo, antes de os criados trazerem as brasas de carvão para as acender. A seguir ao pequeno--almoço, as criadas começavam a limpar os quartos e a fazer as camas, uma tarefa que podia durar até à hora do almoço se a família tivesse hóspedes em casa. O pessoal tomava a refeição principal ao meio-dia, na sala dos serviçais, uma hora antes de a família almoçar, à uma da tarde. O final da tarde implicava mais uma ronda de tarefas. Depois de os Carnarvon e os convidados terem tomado o chá e de se terem retirado para a Biblioteca, para um jogo de cartas, ou para um passeio pelos jardins, as criadas tinham de limpar todos os vestígios de ocupação das divisões que já não estavam a ser utilizadas, sacudindo as almofadas, despejando os cinzeiros e varrendo os tapetes para remover as pegadas. A tarefa de restituir a impressão de vivacidade imaculada às divisões principais podia ser concluída quando os convidados se retiravam para se vestirem para o jantar, mas é claro que isso também significava uma nova ronda de trabalho na limpeza dos quartos. Havia mais lareiras para acender e inúmeros baldes de água quente para levar para o piso superior. Em Highclere, as casas de banho só foram construídas em 1897, pelo que antes disso os banhos eram tomados em tinas independentes, em frente às lareiras dos quartos. Se houvesse vinte e cinco hóspedes na casa, para além da família, significava trinta lareiras para acender e trinta tinas para encher de água quente. Deve ter havido muita correria escada acima e escada abaixo, com os criados a tentarem não entornar a água enquanto subiam. Até mesmo depois de a canalização ser instalada, continuava a levar-se jarros de água quente para cima. Os velhos hábitos nunca morrem e muitos hóspedes preferiam utilizar o jarro e a bacia em vez dos lavatórios embutidos feitos de mármore.

A cozinha principal de Highclere é uma divisão ampla, com o teto muito elevado, e encontra-se inteiramente revestida de azulejos, a uma altura superior a um homem alto. Numa das paredes existe um relógio com a estrutura de madeira, enorme e elegante, para que toda a gente pudesse cumprir os rigorosos horários exigidos pela cozinheira, e há também uma enorme mesa no centro da divisão. Gwendolen Gray, criada de copa e mais tarde criada de cozinha, recordava: «O enorme fogão *Caron*, para o qual eram necessários cinco baldes de carvão de manhã e mais cinco à tarde; a mesa branca, comprida e gasta; as prateleiras com as panelas de cobre a cintilarem... Quando eu era criada de copa, tinha muito orgulho naquelas panelas!»

O conde e a condessa faziam quatro refeições por dia: o pequeno--almoço, o almoço, o lanche e o jantar. Cada refeição implicava uma série de pratos e, consequentemente, vários «levantares de mesa», em especial nos jantares de festa. Quando estavam na casa, Lorde e Lady Carnarvon tinham quase sempre visitas e mesmo nos dias mais calmos o ritmo da atividade doméstica devia ser implacável. Ocasionalmente, cometiam-se erros. Dorothy Wickes foi criada de copa no tempo de Almina e, anos mais tarde, contou a um sobrinho sobre o dia em que a dona da casa se queixou por ter encontrado folhas de carvalho misturadas nas couves. Na noite seguinte, Almina preparou pessoalmente as couves, mas Dorothy, algo matreira, acrescentou umas folhas mais tarde. Não houve mais queixas.

A cozinheira tinha a sua própria sala de estar, um sinal do seu estatuto elevado, e a alimentação era levada muito a sério em Highclere. Ela tinha três criadas de cozinha e uma criada de copa, e para além da cozinha principal e das duas copas havia ainda uma divisão para armazenamento e para levar a cabo atividades como a confeção de compotas, que não estavam diretamente ligadas às exigências diárias de alimentação. Havia imenso equipamento para armazenar, desde caçarolas a panelas para compotas, e não só peixeiras para cozinhar peixe normal como também peixeiras para salmão e rodovalho. Formas de todos os tamanhos e feitios eram utilizadas para moldar entradas frias, como gelatinas *mousselines*, gelatinas de fruta e pudins, tudo com uma apresentação fantástica.

O jantar era anunciado por Streatfield às vinte horas em ponto. Numa noite calma, dois criados serviam o jantar, mas, se houvesse dez ou mais convidados, quatro criados marcariam presença e era-lhes exigido que empoassem o cabelo, uma prática que só cessou em 1918. Uma criada de copa recordava: «O segundo criado tinha de palmilhar uma distância enorme para levar os pratos à Sala de Jantar. E, sempre que havia *soufflé* na ementa, parece que ainda estou a ver a senhora Mackie, parada junto à abertura de servir, a gritar para o criado: "Corre, corre, corre!" Às vezes, o mordomo trazia um recado de Sua Senhoria numa salva de prata, com um comentário sobre o jantar. A senhora Mackie chamava-lhes os seus "recadinhos de amor".»

O conde e a condessa comiam parcamente. Lorde Carnarvon gostava imenso de cigarros turcos, fumados com um brande na companhia dos cavalheiros convidados, na Sala de Jantar. As senhoras tomavam café na Sala de Estar. Almina não gostava de prolongar demasiado os jantares de festa, uma vez que os serviçais tinham de levantar a mesa, lavar a louça e ainda preparar tudo para o dia seguinte.

Restavam sempre grandes quantidades de banha da preparação dessas refeições. Os habitantes locais apareciam com bacias e Minnie Wills, que chegara a Highclere como criada de cozinha em 1902, deixava-os levar um pouco dessa banha nutritiva em troca de uma ou duas moedas de um *penny* enfiadas na ranhura de uma caixa de madeira feita de propósito; no Natal, as moedas eram partilhadas entre os serviçais.

Por fim, o pessoal comia uma refeição quente na sala de jantar dos serviçais, que ficava diretamente por baixo da Sala de Jantar oficial. Tratava-se de uma sala enorme, dominada por uma mesa de jantar do século XVII, feita de madeira de carvalho. Segundo a Sr.ª Hart, residente de longa data em Highclere que começara a trabalhar como quarta criada: «A nossa comida era tão boa como a da Sala de Jantar.» Ela lembrava-se de ter aprendido a dançar na sala reservada aos empregados, a seguir ao jantar, e de haver frequentemente cantigas à volta do piano. As criadas terminavam o dia de trabalho tomando um chocolate quente com a governanta na sala de estar dos serviçais, uma zona separada da sala de jantar e bastante mais acolhedora, cheia de poltronas e decorada com pinturas emolduradas.

Seria, contudo, um disparate imaginar que a vida do pessoal doméstico era idílica. Em algumas casas importantes, qualquer criada que tivesse um seguidor, isto é, um namorado, seria imediatamente despedida (uma prática que parece um pouco primitiva nos dias de hoje), embora Highclere tivesse sido mais liberal nesse aspeto, uma vez que se realizaram inúmeros casamentos entre o pessoal da propriedade. O ordenado não era nada de especial, mas é claro que a alimentação e o alojamento estavam incluídos, pelo que os ordenados podiam ser poupados, e o serviço numa casa como a dos Carnarvon era geralmente visto como um bom emprego, com possibilidades de promoção. Por volta da década de 1890, as mudanças na legislação fizeram com que os criados passassem a ter direito a uma semana de férias remuneradas por ano, assim como a metade dos domingos de folga e, às vezes, a uma noite livre durante a semana. Por ocasião das festas da casa, a rotina era árdua e os dias eram extremamente compridos e atarefados, mas quando a família estava fora, em Londres ou no estrangeiro, havia bastantes oportunidades para descansar.

O trabalho pode ter sido duro, mas a governação em Highclere não era, de todo, tirânica. Minnie Wills mantivera sempre que tinha vindo de um lar infeliz e que Highclere se tornara o seu verdadeiro lar. O piano que havia na sala dos empregados e o carinho implícito no chocolate quente bebido no final de um dia de trabalho são testemunho de um regime benevolente. O pessoal dava passeios a Newbury e, posteriormente, à pista de corridas. Havia também um baile anual, realizado na Biblioteca, para o qual eram convidados os empregados de todas as grandes casas dos arredores. Lorde e Lady Carnarvon mantiveram a tradição de que Highclere era «uma residência de benevolência». Winifred, cunhada de Almina, fez um comentário de aprovação nesse sentido. E, nas palavras da ama Moss, a adorada ama do sexto conde: «Nenhum dos proprietários de Highclere vai para o Inferno.»

Talvez tenha sido num desses bailes, ou numa corrida de cavalos, que Minnie e Arthur Hayter, o palafreneiro, começaram a conversar. Foi o início de uma longa amizade que culminaria em romance. Os relacionamentos entre membros do pessoal eram, como é óbvio, relativamente comuns, mas só podiam progredir se o casal contraísse matrimónio, uma vez que, para além de qualquer código de ética, as suas vidas eram bastante segregadas. Para uma mulher, o casamento significava o fim da sua vida laboral, por isso muitas criadas adiavam o casamento por uns anos, até terem alcançado uma situação financeira mais estável. Algumas mulheres também decidiam dar prioridade à sua ascensão na carreira de empregada doméstica e tornarem-se governantas ou criadas pessoais. Pode muito bem ter sido essa a motivação por trás do longo namoro entre Minnie e Arthur.

Highclere era um sistema simbiótico e o respeito mútuo era o segredo do seu sucesso. O quinto conde orgulhava-se de ter uma educação do Velho Mundo e isso dava o mote a toda a casa. Preocupava-se com o bem-estar dos seus empregados e dos caseiros da propriedade; era frequente fazerem-se donativos para fundos destinados a caseiros cujo gado tinha morrido e também se arranjava dinheiro para que os empregados tivessem direito a cuidados médicos. Essa atitude foi mantida pelo seu sucessor. O sexto conde escreveu no seu livro de memórias que considerava o seu pessoal o mecanismo que fazia andar toda a estrutura e admitiu abertamente que jamais conseguiria gerir Highclere sem a ajuda preciosa do seu mordomo (Robert Taylor), há quarenta e quatro anos ao seu serviço.

O castelo era, evidentemente, apenas uma parte das terras. A propriedade era uma comunidade autónoma, com a sua própria forja, serração, carpinteiros, pedreiros, leitaria e oficinas de eletricistas. Havia hortas, pomares, estufas e uma pequena fábrica de cerveja, porcos e gado. Havia seguranças e guarda-portões, agricultores, couteiros e guardas-florestais.

Os jardins eram imensos e, como em todas as grandes residências, a qualidade das flores para enxertos, e dos produtos agrícolas para utilização na cozinha, era motivo de um grande orgulho. Em 1895, o chefe dos jardineiros era William Pope, um homem enérgico e muito protetor do seu território. Tinha entre vinte e vinte e cinco homens às suas ordens. A horta murada tinha cerca de dois hectares, com um lindo pomar do outro lado, emoldurado por ameixeiras cuja fruta era famosamente deliciosa.

O Sr. Pope não só tinha de produzir alimentos durante todo o ano, como também tinha de saber como maximizar a colheita e armazená-la de modo a que nada fosse desperdiçado. As estufas

Lady Almina, a quinta condessa de Carnarvon, 1899.

Castelo de Highclere, desenhado em 1889.

Castelo de Highclere, atualidade.

O Salão do Castelo, em 1895, aproximadamente.

A Sala de Estar do Castelo, em 1895, aproximadamente.

Henry, o quarto conde de Carnarvon, no seu escritório do Castelo, em 1870, aproximadamente. Foi ministro das Colónias na década de 1860, a serviço do primeiro-ministro Lorde Derby, e novamente na década de 1870, no governo de Benjamin Disraeli. Foi o responsável pela concessão da independência ao Canadá.

O quarto conde de
Carnarvon, 1883.

Evelyn Herbert, a quarta condessa
de Carnarvon, 1874.

Retrato do quinto
conde de Carnarvon,
em jovem.

Retrato de Alfred de Rothschild, pai de Almina, em jovem.

Desenho de Almina Wombwell, em solteira.

Alfred de Rothschild, em finais do século XIX.

Almina na década de 1890, foto tirada, provavelmente, pouco tempo antes do seu casamento.

Mais um retrato de Almina pouco antes do seu casamento, em 1895.

Igreja de St. Margaret, onde Almina casou com Lorde Carnarvon, em 1895.

Retrato da autoria de Paul César Helleu, por ocasião do casamento de Almina, já com a sua assinatura de casada.

Almina, a quinta condessa de Carnarvon, em todo o seu esplendor, envergando as insígnias reais.

alinhavam-se em frente aos muros voltados a sul para fazer durar a época de cultivo. A estufa para o cultivo de uvas, a estufa dos pêssegos e o laranjal eram aquecidos com uma caldeira e a água da chuva era recolhida de todos os algerozes. Um fetal virado a norte abastecia o castelo com uma coleção de espécies diferentes, e havia rosas da estufa de rosas e mais flores em canteiros específicos.

O pátio da leitaria ficava perto das hortas e quando a família estava na cidade, e não em Highclere, o leite e o queijo eram enviados para a casa de Londres em pequenas leiteiras prateadas. Essas leiteiras continuam empilhadas, ainda que algo desorganizadas, numa das muitas despensas do piso inferior do castelo. Todas as casas acumulam tralha e os cantos e recantos de Highclere proporcionam amplo espaço para centenas de anos de amontoação.

Em frente à leitaria ficava o comedouro para alimentar o gado e ao lado, sob o abrigo dos muros da enorme horta, estavam as galinhas. O terreno pantanoso no sentido oeste de quem vinha da cozinha era utilizado para cultivar batatas.

Todos os dias, Pope mandava o seu jardineiro mais experiente, Samuel Ward, perguntar à cozinheira o que era preciso. Havia uma família inteira de rapazes encantadoramente apelidados de Digweed [«desenterrar ervas daninhas»] a trabalhar como jardineiros em Highclere e um deles corria até às cozinhas com a fruta e os legumes requisitados.

As serrações ficavam do outro lado do campo de críquete, junto a White Oak, a ampla casa onde morava James Rutherford, o administrador da propriedade. Haviam sido modernizadas pelo quinto conde com a mais recente serra movida a vapor. A divisão de tarefas em termos da supervisão da casa, e da propriedade, era feita com base em regras profundamente tradicionais: tudo o que fosse exterior ao castelo era da responsabilidade do Conde e, do mesmo modo que Almina não perdera tempo a iniciar a remodelação da Sala de Estar, Carnarvon investiu no equipamento mais moderno que havia para a serração. Era um homem que gostava imenso de engenhocas e deliciava-se com os avanços da tecnologia que ocorreram a toda a velocidade durante a década de 1890.

O pátio defronte da serração estava cheio de pilhas de madeira de todo o tipo. Os carpinteiros da propriedade possuíam um *stock* de tábuas, cartão, barrotes ou postes; tudo o que podiam necessitar. Eram trinta homens a trabalhar sob a orientação do silvicultor-chefe, William Storie, e, tal como nos campos e nas hortas, uma família em particular, os Annett, trabalhou durante várias gerações na silvicultura.

Henry Maber, que se tornou couteiro-mor em 1896, era um homem robusto e corpulento que se mudara de East Anglia para Highclere. Montava um garrano e tinha um vasto conhecimento da região rural. Morava com a família numa casa chamada Broadspear, com vista para os extensos relvados concebidos por Capability Brown. A casa ficava perto dos currais de criação de animais de Penwood, a vila vizinha. Os faisões eram ali criados antes de serem levados para os vários bosques da propriedade, no final da primavera, para continuarem a crescer até atingirem a maturidade para a época da caça.

Era um trabalho prestigiante, porque Highclere era considerado um dos melhores locais de caça da época eduardiana. Lorde Carnarvon era um dos melhores caçadores do país e os seus amigos próximos, Lorde de Grey e Lorde Ashburton, não lhe ficavam atrás. Não se coibiam de tecer comentários se achavam que Lorde Carnarvon tinha gerido mal uma caçada ou quando o seu couteiro não estava em forma. Maber estava sempre preocupado com o estado do tempo, a localização das aves e se conseguiria cumprir as expectativas de Sua Senhoria. Tinha quatro caçadores abaixo dele e mais quinze homens a trabalharem sob a sua orientação. Todos haviam recebido uma habitação e moravam nos recantos mais remotos da propriedade, para poderem patrulhar os limites por causa dos caçadores furtivos. Ele reportava a Lorde Carnarvon e ao major Rutherford.

Tal como acontecia com o resto dos empregados da propriedade, Maber falava abertamente. Uma manhã, cumprimentou Lorde Carnarvon da seguinte forma: «Com a sua licença, milorde: antes de avançarmos, gostaria de lhe pedir para se posicionar a sotavento, pois a senhora Maber informou-me de que o meu hálito não está lá muito famoso esta manhã.»

Alguns dos jardineiros ganhavam um dinheiro extra como batedores durante as caçadas de inverno. Um dos rapazes Digweed estava a servir de ponto de paragem numa caçada, a pedido de Maber, quando este o encontrou a aliviar-se junto a uma árvore. «Ó Digweed, seu cabeça de nabo, deixa-te lá de largar estrume e toca a fazer o teu trabalho!»

O filho dele chamava-se Charles Maber. Quando cresceu, aprendeu os conhecimentos rurais do pai e acabou por o substituir como couteiro-mor.

O pátio georgiano em forma de U, a oeste do castelo, albergava a pequena fábrica de cerveja, assim como os cavalos de sela, e de carruagem, em enormes estrebarias feitas de pedra. As carruagens também eram guardadas nesse sítio. Os criados moravam numa ala de quartos imediatamente por cima, dormindo dois por quarto, com arcas, cheias com os seus pertences, aos pés da cama. Arthur Hayter chegou para assumir o cargo de criado subalterno e cocheiro em 1895. Provinha de uma família de agricultores e o novo emprego de Arthur foi visto como um claro passo em frente. Adorava os cavalos que tinha a seu cargo e cuidava deles de uma forma magnífica, sussurrando-lhes ao ouvido quando estavam enervados. Havia pelo menos uma dúzia de cavalos e um criado para cada par, pelo que a estrebaria fervilhava de atividade. Arthur reportava ao chefe dos cocheiros, Henry Brickell, que conduzira os noivos recém-casados no dia do casamento. Brickell era um empregado de longa data, um homem firme e da confiança de todos.

Ninguém podia ter adivinhado, mas Highclere estava prestes a atravessar uma época áurea. Todos os que moravam e trabalhavam lá foram apanhados no último desenvolvimento esplendoroso de uma existência estável. As regras eram compreendidas por todos: os mundos do piso superior e do piso inferior interagiam somente de uma forma muito particular e controlada. Uma nova condessa, mesmo sendo alguém com ideias grandiosas e dinheiro para as levar a cabo, era pouco suscetível de provocar alterações duradouras. Em 1895, o império estava no seu auge, a rainha Vitória estava a dois anos do seu sexagésimo ano de reinado e a Grã-Bretanha era, sem sombra de dúvida, o país mais próspero e poderoso do mundo. Era uma época de paz e progresso, de autoconfiança suprema. A ameaça aos velhos costumes, ainda que pouco percetível, surgiu não por parte de nenhum indivíduo do piso de cima, mas das novas tecnologias e das forças políticas maiores que começavam a reestruturar a sociedade e o equilíbrio de poder na Europa.

Se na altura tivessem perguntado a Henry quais eram as suas perspetivas de futuro, ele talvez não tivesse parecido muito otimista. O seu trabalho estava cada vez mais em risco, um sinal dos tempos que estavam para chegar, por causa da paixão de Lorde Carnarvon por engenhocas. O quinto conde andava a explorar as empolgantes potencialidades oferecidas pela nova potência: o carro a motor.

6
VESTIDOS PARA JANTAR

Lorde e Lady Carnarvon partiram rumo a Halton House, a fim de passarem o Natal, uma semana depois de se terem despedido do ilustre convidado, o príncipe de Gales. Muito satisfeitos um com o outro, com eles próprios e com o mundo em geral, não tinham motivos para duvidar de que a vida continuaria a ser uma fantástica ronda de bailes, caçadas e viagens ao estrangeiro até perder de vista. Estavam ansiosos por ser profundamente mimados por Alfred, que comemorava o Natal em grande estilo, não obstante o facto de ser judeu. Era uma desculpa para dar uma festa e, embora ele não participasse nos aspetos religiosos, tudo o resto estava lá para ser apreciado. Era uma ocasião previsivelmente de folia, com o grande amigo de Carnarvon, o príncipe Victor Duleep Singh, a marcar presença também; uma reunião de gentes verdadeiramente multicultural e eclética, dedicada a comemorar tanto a questão religiosa como também a boa sorte que os bafejava.

Os Carnarvon eram uma visita frequente a Halton House durante os primeiros anos de casados. Havia uma movimentação constante entre Highclere; Londres; Bretby, em Derbyshire; e Pixton, em Somerset; assim como várias viagens ao estrangeiro.

69

Devido ao enorme afeto de Almina pela cidade da sua infância, o casal ia frequentemente a Paris, regra geral ficando hospedado no Hotel Ritz, e dava um saltinho ao Bois de Boulogne, para assistir às corridas a Longchamps, nos fins de semana cheios de sol.

Para Lorde Carnarvon tratava-se de uma existência relativamente tranquila, quando comparada às suas viagens intermináveis de barco até ao outro lado do globo. Para Almina, porém, o mundo expandia-se mais depressa e mais além do que nunca. As jovens senhoras pura e simplesmente não viajavam tanto como os homens. Eram mantidas em casa, ou perto de casa, e preparadas até fazerem a transição da casa do pai para a casa do marido. Somente agora que era condessa de Carnarvon é que podia dedicar uma parte da sua formidável energia a conhecer um pouco do mundo. Nos primeiros dez anos de casada, Almina acompanhara o marido a França, Itália, Alemanha, ao Egito várias vezes, América e ao Extremo Oriente.

Quando estavam em Highclere, ou na casa de Londres, os Carnarvon tinham sempre visitas. Era uma existência curiosamente pública quando comparada à vida doméstica da maioria dos casais dos dias de hoje. Raramente estavam sozinhos, e a casa deles estava sempre cheia de criados e hóspedes. No verão havia as festas das corridas de cavalo e aos fins de semana eram as festas do ténis; no outono eram as caçadas. Durante o ano inteiro havia festas locais e festas ao ar livre e, para todas essas receções, eles convidavam as estrelas mais em voga na altura, os recém-casados, as pessoas invulgares e as glamorosas.

Em maio de 1896, quase um ano após o casamento deles, convidaram os recém-casados duque e duquesa de Marlborough para ficarem em sua casa. Consuelo Vanderbilt era uma herdeira norte-americana dona de uma fortuna imensa, que o duque desposara claramente apenas pelo dinheiro. Era uma mulher bonita e encantadora, mas a verdade era que o casal se detestava. Ambos haviam abdicado de pessoas que amavam verdadeiramente para casarem um com o outro, e Consuelo, que na altura tinha apenas dezassete anos, fora obrigada a casar por uma mãe extremamente autoritária. Mais tarde contara que havia chorado sob o véu no momento do juramento matrimonial.

Consuelo falava praticamente em surdina sobre a sua primeira temporada em Londres, nesse verão de 1896: «Quem conheceu a Londres de 1896 e 1897 deve recordar-se com alguma mágoa da fantástica sucessão de festas.» Parte dessas festividades, claro, eram as inevitáveis festas de fim de semana, como a que ela foi em Highclere.

Ela e Almina encontravam-se em posições estranhamente semelhantes. Ambas eram jovens herdeiras bonitas que haviam casado com membros da aristocracia apenas por causa da fortuna da família, apesar das suas origens na indústria. Ambas eram uma espécie de intrusas. Almina fora excluída devido à sua condição ilegítima e Consuelo era constantemente desprezada por ser norte-americana, logo, não era digna da posição de duquesa. Mas as parecenças terminavam aí. Consuelo fora infeliz antes e durante todo o seu casamento, tendo-se separado do duque de Marlborough em 1906. Almina estava loucamente apaixonada no dia do seu casamento e os Carnarvon mantiveram um casamento feliz, e afetuoso, durante muitos anos.

Ter-se-ão identificado uma com a outra durante esse fim de semana? Terão conversado sobre os contratempos com que se haviam deparado no decorrer da aprendizagem em «Como Ser a Senhora do Castelo»? Consuelo sempre recordou que não estava minimamente preparada para o cumprimento inflexível da precedência no seu novo mundo. Uma duquesa possuía um estatuto mais elevado que uma marquesa, que por sua vez era mais importante do que uma condessa, mas havia inúmeras diferenças entre duquesas, marquesas e condessas, a idade de cada título tinha de ser tomada em consideração e as mulheres mais velhas tinham precedência sobre as mais novas e podiam alterar tudo para uma ordem inteiramente diferente. Uma vez, numa festa no Palácio de Blenheim, a casa de campo do marido, Consuelo estava indecisa quanto à sequência com que as senhoras se deviam ir ausentando da sala de jantar. Sem querer parecer mal-educada, hesitou momentaneamente junto à porta e foi empurrada com toda a força por uma marquesa furiosa, que lhe disse rispidamente: «Tanto é falta de educação ficar para trás como pôr-se à frente.»

Talvez tenha sido um alívio para ela poder conversar com alguém que compreendia que, para além do luxo e do privilégio, havia ainda a pressão constante de «Não fazer a coisa errada», uma vez que poucas pessoas desse mundo cheio de códigos de conduta rigorosos estariam dispostas a desvalorizar a situação. E todos os convencionalismos só serviam para as lembrar de que com o estatuto vinha também o risco de todos os traços de originalidade serem completamente apagados. Almina e Consuelo estavam a adaptar-se ao facto de os seus desejos serem consideravelmente menos importantes que as principais tarefas que tinham em mãos: produzir um herdeiro e desempenhar o papel de grandes senhoras.

Teria sido complicado arranjar um momento para essa conversa, visto a privacidade ser praticamente inexistente quando podia haver até oitenta pessoas na casa. Contudo, o impulso de partilhar segredos e histórias é muito forte e, fosse como fosse, novas formas de contornar os convencionalismos estavam sempre a ser inventadas. Era considerado indecente jogar no dia do Senhor, por exemplo, pelo que se tornou moda as senhoras passarem as tardes de domingo a passearem aos pares, para conversas *tête-à-tête*. O prestígio social podia ser medido em termos da quantidade de convites para passear que uma senhora recebia. Parte do encanto devia certamente residir no facto de os passeios pelos lindos jardins facilitarem conversas mais privadas ou, pelo menos, mais que na sala de estar, enquanto bebiam um chá.

A organização de uma festa de fim de semana implicava um sem-fim de oportunidades para cometer enganos ou descurar algum pormenor importante. Almina saíra-se maravilhosamente no seu batismo de fogo, a visita do príncipe de Gales em dezembro, mas a atividade frenética e a despesa exorbitante atestavam um certo nível de ansiedade e superabundância. Talvez ela tenha tentado tranquilizar a nova duquesa, fazendo-se valer dos seis meses que levava de avanço e da sua enorme familiaridade com os costumes ingleses. O conselho ter-lhe-á valido uns meses depois, quando a duquesa foi anfitriã da sua primeira festa de caça em Blenheim, mais uma vez em honra do príncipe de Gales.

Quando Consuelo e Marlborough visitaram Highclere, o casamento de ambos já se havia tornado o arquétipo dos acordos desprovidos de afeto, porém lucrativos. A curiosidade e a solidariedade de Almina podem ter dado origem a algumas perguntas enquanto as duas jovens passeavam. Contudo, a exploração de boatos só por si não estava no programa. Tudo em Almina indica que ela tinha profunda consciência da sua própria dignidade. Alcançara uma posição de tal forma elevada que podia passear de braço dado com uma duquesa, e a verdade era que nenhuma das jovens tencionava ser rotulada de intrusa ou cometer o pecado da indiscrição. Almina era permeável a qualquer insinuação de que estaria a desiludir-se a si própria. A vergonha era um poderoso inibidor e podia ser sentida por quem estivesse próximo, como o seu filho viria mais tarde a confirmar.

Mas, para já, Almina não tinha motivos para se preocupar com nada. Fora recebida de braços abertos na família, graças à energia jovial que conferira à vida do Conde e, claro, graças à quantidade de coisas boas que a sua fortuna podia fazer pela propriedade. Uma casa como Highclere, para não falar das outras residências, tinha tanto de responsabilidade como de privilégio. O conceito de posse inerente à herança significava que, em grande medida, o castelo era dono da família e não o contrário. Almina era fundamental para assegurar o futuro dele e ela sabia-o.

Para além de ter posto termo à ansiedade que todos sentiam relativamente às contas por pagar e às despesas de manutenção, a fortuna de Almina permitiu que fossem feitos melhoramentos a uma escala que não se via desde que o terceiro conde deitara abaixo a casa antiga. Ela não hesitou em apelar novamente à generosidade de Sir Alfred para tornar Highclere uma das casas privadas mais confortáveis e bem equipadas do país.

Demorou cerca de seis meses, durante os quais Lorde e Lady Carnarvon permaneceram na casa de Londres para não atrapalharem a obra, e custou muitos milhares de libras a Alfred de Rothschild, mas, em 1896, a eletricidade chegou ao castelo. Almina aproveitou a oportunidade para mandar construir mais casas de banho. Em meados da década de 1890 havia inúmeras casas de banho, não só adjacentes aos quartos da família e dos hóspedes, como também na zona de trabalho e de lazer dos empregados domésticos.

Highclere estava transformado num exemplo de modernidade: as sombras tinham sido expulsas e poupara-se imenso trabalho. Toda a casa estava eletrificada, incluindo as cozinhas, as copas, as adegas, e a sala de estar e quartos dos serviçais. Graças à corrente elétrica e à água canalizada nas casas de banho, o processo de manutenção doméstica com séculos de tradição foi bastante aligeirado. Os criados deixaram de levar a cabo o ritual noturno de acenderem mais de cem candeeiros a óleo e as criadas deixaram de andar escada acima e escada abaixo com água quente suficiente para todos poderem tomar banho nas tinas independentes.

Elsie, a condessa viúva de Carnarvon, considerou a introdução das luzes e da canalização grandes melhoramentos práticos na casa que ela outrora gerira. Elsie era uma pessoa incrivelmente bondosa e competente que nunca se queixara de nada na vida. Provara ser uma aliada aquando do noivado de Almina e continuava a dar-lhe conselhos e a ajudá-la em visitas ocasionais. No dia 10 de junho de 1896, no Palácio de Buckingham, apresentou a sua sucessora à princesa de Gales, então em representação da rainha Vitória. Essa ocasião marcou a apresentação formal de Almina à corte no seu novo papel de condessa de Carnarvon. Haviam decorrido três anos desde a última vez que Almina fizera a vénia a um representante da sua monarca e entretanto a sua vida transformara-se.

No dia 23 de junho de 1897, quase dois anos após a data do seu casamento, Almina sentia-se tão confiante na sua capacidade de planificar eventos que convidou três mil crianças das escolas locais, assim como trezentos professores, para passarem a tarde nos jardins de Highclere. A ocasião marcava as bodas de diamante da rainha Vitória. A rainha estava no trono há sessenta anos, um feito extraordinário, e havia comemorações por todo o país. Nas profundezas da sua vida em reclusão quase total da vida pública, ela fora muito pouco popular, tornando-se o símbolo da recusa obstinada em avançar com os tempos. O movimento republicano da Grã-Bretanha teve o seu único momento de verdadeiro apoio popular. Contudo, as bodas de ouro e depois as bodas de diamante aumentaram novamente a popularidade da rainha; e, fosse como fosse, popular ou não, havia um protocolo para cumprir: o conde e a condessa não seriam responsáveis por festividades inadequadas. Mais comboios foram propositadamente requisitados para Highclere, a fim de transportarem pessoas, e uma procissão com mais de um quilómetro de comprimento serpenteou por entre o bosque e os jardins, acompanhado por bandas filarmónicas de Newbury. Felizmente o dia estava fantástico e Almina organizara baloiços em forma de barco e outros divertimentos, assim como um lanche sumptuoso, tudo disposto sobre mesas assentes em cima de cavaletes, debaixo dos cedros nos relvados que circundavam o castelo.

Duas semanas mais tarde, no dia 2 de julho, o conde e a condessa compareceram a uma festa incrivelmente sumptuosa, o baile de máscaras comemorativo das bodas de diamante da duquesa de Devonshire, realizado em Devonshire House, Piccadilly. O convite estipulava que os fatos fossem alegóricos ou de época, nomeadamente antes da década de 1820, e, a julgar por algumas das fotografias que ainda existem dos convidados, toda a gente aproveitou a oportunidade para deslumbrar. Lady Wolverton, por exemplo, vestiu-se de Britânia, completada com uma armadura por cima do vestido branco e esvoaçante, um elmo com pluma e um tridente e escudo brasonado com a bandeira do Reino Unido. A Sr.ª Arthur Paget recriou uma Cleópatra muito atraente e o príncipe Victor Duleep Singh foi muito admirado como imperador mogol Akbar.

Lorde e Lady Carnarvon passaram o Natal em casa de Alfred de Rothschild, como se tornara habitual, e depois, em janeiro de 1898, foram ao casamento de príncipe Victor Duleep Singh, que desposou Lady Anne, filha do conde de Coventry, na Basílica de São Pedro, em Eton Square. O casamento provocou alguma agitação, visto ser a primeira vez que um príncipe indiano casava com uma nobre inglesa. Todo o processo foi bastante típico das contradições das atitudes em finais da época vitoriana: numa altura em que as atitudes condescendentes relativamente ao império colonialista inglês eram endémicas, os indianos abastados eram no entanto aceites na alta sociedade londrina, confraternizando com as pessoas mais ilustres. Contudo, casar com uma dessas pessoas provava ser um passo excessivo para alguns. O príncipe de Gales foi determinante para acalmar as vozes que se levantaram por causa da conveniência de tal aliança e também esteve presente na cerimónia. O irmão do príncipe Victor foi o padrinho e a irmã mais nova de Lorde Carnarvon, Vera, foi uma das damas de honor.

Logo a seguir ao casamento, Lorde e Lady Carnarvon saíram do país, no que viria a ser a primeira de muitas viagens para escaparem ao inverno inglês. O destino era o Egito, que mais tarde se provaria fatídico para o casal. Chegaram a Alexandria e foram imediatamente imersos num mundo muito diferente de tudo o que Almina conhecera até então. As suas viagens haviam sido confinadas à Europa, pelo que as paredes caiadas de branco e o quotidiano de Alexandria provocaram um certo choque de culturas. Havia camelos ruidosos de joelhos, à espera de serem carregados antes de partirem, puxados por rapazinhos com paus. Os ruídos e os odores eram avassaladores; as ruas estavam repletas de burros e cavalos árabes que puxavam carroças a um ritmo descontrolado. O bazar era incrivelmente colorido, cheio de especiarias, peles e antiguidades de origem duvidosa. Porém, não obstante a atmosfera exótica, os Carnarvon estavam em boa companhia. Alexandria, Luxor e Cairo estavam cheias de turistas estrangeiros, e não era invulgar avistar corredores a abrirem caminho para dar passagem a pessoas ilustres. Era fácil distinguir os ingleses montados nos seus cavalos de raça pura, passeando entre compromissos desportivos.

O casal divertiu-se no ambiente luxurioso do Hotel Winter Palace, em Luxor, e o Conde estava ansioso para mostrar a Almina os templos misteriosos e os tesouros gloriosos que haviam capturado a sua imaginação desde o tempo em que os visitara quando viajara sozinho em 1889.

Enquanto estavam de férias no Egito, Almina ficou grávida. Era o acontecimento por que toda a gente ansiava e Carnarvon em particular ficou absolutamente encantado. Regressaram a Highclere, descansados e bem-dispostos, e passaram uns meses tranquilos em casa. Para Almina, o verão desse ano foi menos exigente que os anteriores, uma vez que, estando grávida, havia umas quantas atividades que eram consideradas inapropriadas para ela. Almina passou mais tempo na cidade, a repousar com a mãe, e menos tempo em Highclere, a organizar as festas de fim de semana.

Em setembro mudou-se para casa de Elsie, a condessa viúva de Carnarvon, para poder dar à luz em Londres, onde residiam os melhores médicos. Lorde Carnarvon estava em viagem pela Europa continental, no seu adorado carro *Panhard* da altura, provavelmente outro fator determinante para Almina ter deixado Highclere e ter partido rumo a Londres, onde desfrutaria de companhia agradável e de orientação, enquanto se preparava para a maternidade.

O quinto conde era conhecido pela alcunha de «Motor Carnarvon» e tinha comprado vários dos primeiros carros importados pela Grã-Bretanha. Em 1898, a escolha de carros britânicos continuava a ser bastante limitada e a empresa francesa *Panhard-Levassor* era considerada a melhor fabricante para condutores experientes. Lorde Carnarvon viajou com George Fearnside, o seu criado particular, e com o seu motorista francês, George Eilesgaard. O carro tinha o volante à esquerda, possuía quatro mudanças e podia atingir a velocidade de seis, onze e vinte quilómetros por hora. De volta a Inglaterra, no final desse mês, foi chamado a comparecer no tribunal de Newbury por conduzir a uma velocidade superior a vinte quilómetros/hora (o limite legal da altura). Seria a primeira de inúmeras multas por excesso de velocidade de Lorde Carnarvon.

Lorde Carnarvon encontrava-se no número 13 de Berkeley Square, embora obviamente não no mesmo quarto que a esposa, quando, no dia 7 de novembro de 1898, ela cumpriu a sua principal obrigação como condessa de Carnarvon, dando à luz um herdeiro. O nascimento seguro de um saudável bebé do sexo masculino implicava uma linha de sucessão sem complicações e festejou-se tanto no piso superior como também no piso inferior. Almina ainda só tinha vinte e dois anos e, como de costume, a sua vida parecia um conto de fadas. Tivera um menino lindo e saudável; ela era invencível. Nunca nada parecera demasiado difícil a Almina. Conseguira tudo o que se predispusera alcançar, tivera a sorte de ser bonita e rica, conhecera um homem a quem ela amava e que a amava também, e vivia exatamente como queria. Era condessa, esposa e agora mãe.

O bebé foi batizado pouco mais de um mês depois, após o tradicional período de descanso pós-parto. Os seus padrinhos foram Alfred de Rothschild, Marie Wombwell, o príncipe Victor Duleep Singh e Francis, Lorde Ashburton, outro amigo de Carnarvon dos tempos de Eton. Por conseguinte, recebeu uma longa lista de nomes: Henry George (da parte do pai — ambos eram bons nomes Carnarvon) Alfred Marius Victor Francis. Na prática, era vulgarmente tratado por Porchy, tal como o pai antes dele e o filho seria depois.

Os Carnarvon não permaneceram muito tempo na cidade após o batizado. Porchy seria criado em Highclere, no quarto infantil do segundo piso que Almina preparara de propósito para esse efeito. Quando Lorde e Lady Carnarvon chegaram ao castelo com o filho, foram recebidos por todos os empregados, que se haviam posicionado em fila na entrada de gravilha, em frente à porta principal. Almina desceu do automóvel com o bebé nos braços, logo seguida da ama que fora contratada em Londres.

No final dessa mesma tarde, os empregados tornaram a reunir-se, dessa vez à porta do escritório do Conde, e foram chamados um a um para falar com ele. As criadas da cozinha estavam enervadíssimas, uma vez que nunca tinham estado no piso de cima; os criados não lhes ficavam atrás, mas tentavam disfarçar ao máximo; toda a gente estava imaculadamente vestida com toucas e aventais lavados. Quando chamavam um nome, a pessoa entrava no escritório, fazia uma vénia ou inclinava a cabeça a Sua Senhoria e recebia uma lembrança de ouro em honra do nascimento do filho e herdeiro.

A fotografia tirada no castelo para assinalar o nascimento de Porchy é enternecedora. O berço do bebé é enorme e tem um véu feito de musselina. Almina está por trás dele, envergando um vestido comprido e largo, ao mesmo tempo que contempla, extasiada, o rosto do seu primeiro filho. A imagem capta toda a ternura e deslumbramento de uma mulher que acaba de se tornar mãe.

A educação de uma criança aristocrata em 1898 era totalmente diferente do que acontece nos dias de hoje. As crianças não viviam com os pais, mas num mundo à parte, educadas primeiro por uma ama e mais tarde por uma precetora, auxiliada por duas aias. Almina regressou a Highclere acompanhada de uma ama que a ajudou nas primeiras semanas, dando-lhe apoio e confiança. Naquela altura aconselhava-se a que a mãe amamentasse de início e depois introduzisse gradualmente uma mistura feita com leite de vaca diluído em água. Quando Almina deu à luz a sua filha, Evelyn Leonora Almina, que foi sempre conhecida como Eve, em agosto de 1901, a bebé foi juntar-se a Porchy no quarto infantil, sob o cuidado da ama Moss.

É impossível determinar o que Almina sentiu relativamente ao facto de ser mãe. Seria anacrónico presumirmos que não gostava nem cuidava deles, visto passar tanto tempo longe dos filhos. O bem-estar diário era garantido por outras pessoas, mas isso era algo perfeitamente vulgar na época em que Almina viveu.

O seu filho, Porchy, posteriormente sexto conde de Carnarvon, recordou no seu livro de memórias que as visitas dos pais ao quarto infantil, regra geral todos os domingos à hora do lanche, eram por vezes momentos medonhos. Há uma descrição dolorosa de uma família pouco à vontade e sem saber o que dizer, com o Conde a colocar perguntas sobre o desempenho escolar do filho, tal como o pai fizera antes dele. Porchy respirava fundo sempre que os adultos davam meia-volta e regressavam ao mundo deles. Almina não parece ter sido capaz de colmatar a distância entre pai e filho ou estabelecer uma ligação forte com o próprio Henry.

Parte do problema devia certamente ser bastante maior que qualquer um dos indivíduos envolvidos: os filhos de Almina nasceram numa época em que a máxima «as crianças devem ser vistas e não ouvidas» não era um estereótipo ultrapassado e ridículo, mas um dado adquirido. O estatuto deles era pura e simplesmente mais baixo que o dos progenitores, como é demonstrado pelo facto de Porchy e Eve, enquanto viveram no quarto infantil, utilizarem sempre as escadas das traseiras juntamente com os serviçais.

No entanto, parece ter havido mais qualquer coisa. No mesmo livro de memórias, Porchy reconta a história de um percalço de infância. Ele estava numa festa ao ar livre no Palácio de Buckingham, por volta dos nove anos, na companhia da mãe, e, na sua sobre-excitação, sem olhar para onde ia, foi de encontro à enorme barriga do rei Eduardo VII. Sua Alteza não perdera peso nenhum desde a sua visita a Highclere como príncipe de Gales e, resmungando de dor, cambaleou e caiu no chão. Não se magoou e tranquilizou o rapazinho de que o incidente não tinha qualquer importância, mas Porchy ficou angustiado. A princesa Maria apercebeu-se de que ele ficara incomodado e levou-o dali para fora, para comerem um gelado. A desgraça tornou a atingi-lo quando Porchy se atrapalhou com o prato e entornou uma parte do doce de framboesa em cima do vestido de cetim branco da princesa. Enquanto Maria era arrastada pela precetora irritada, a fim de mudar de vestido, Almina apareceu absolutamente enfurecida, agarrou-o pelo braço e arrastou-o até casa, onde foi mandado para a cama só com um copo de leite e um pouco de pão. As palavras que ela empregou para exprimir a sua fúria foram bastante esclarecedoras: «Seu rapazinho mal-educado», disse-lhe ela, «hoje fez-me passar uma vergonha.» É possível que, mesmo depois de vários anos a viver no coração da comunidade aristocrática, Almina continuasse a ter períodos de ansiedade. A exposição à censura ou ao ridículo era algo terrível para ela e não havia espaço para deslizes, nem mesmo por parte de rapazinhos em idade escolar.

Talvez Almina tivesse mais facilidade em relacionar-se com adultos que com crianças. A verdade é que as coisas foram melhorando à medida que o filho cresceu. Depois de ele se ter tornado o sexto conde, continuou a aconselhar-se com a mãe relativamente à conveniência do seu segundo casamento, a pedir-lhe autorização para ficar em Highclere e para estar presente em ocasiões familiares, como, por exemplo, a festa de noivado do amado neto dela. E, durante toda a sua vida, Almina foi incrivelmente próxima da sua filha Eve.

O ano de 1901 foi de uma enorme importância, não só em termos pessoais para os Carnarvon, como também a nível nacional. Em janeiro, quando Almina estava grávida do seu segundo filho, a rainha Vitória acabou por falecer em Osbourne House, a sua casa de férias na ilha de Wight. Estava acompanhada dos filhos e dos netos. O filho dela, Bertie, príncipe de Gales e prestes a ser Eduardo VII, já tinha sessenta anos. O neto mais velho, o *kaiser* Wilhelm II da

Alemanha, que treze anos depois conduziria a Alemanha rumo à guerra contra o país da sua adorada avó, também se encontrava à cabeceira dela. A rainha Vitória estivera no trono durante quase sessenta e quatro anos e presidira à consolidação da Grã-Bretanha enquanto figura dominante no palco do mundo. O seu nome continua a ser sinónimo dessa época. Para os súbditos, os quatrocentos e quarenta milhões espalhados por todo o império, a sua morte foi um evento histórico.

O corpo da rainha esteve em câmara-ardente no Castelo de Windsor durante dois dias. O país inteiro estava de luto profundo: todos os adultos envergavam roupa preta e as lojas exibiam faixas pretas e roxas. Até as grades de ferro pretas foram repintadas para lhes conferir um aspeto adequadamente sombrio.

Os Carnarvon estiveram presente no funeral de Estado na Capela de São Jorge do Castelo de Windsor, no dia 2 de fevereiro, ao qual compareceram membros da realeza de toda a Europa e representantes de todos os territórios britânicos. Assistiu-se a uma manifestação pública de carinho pela rainha falecida e pelo novo rei, mas também havia alguma ansiedade no ar. O que aconteceria a seguir? Os britânicos continuavam envolvidos na guerra dos bóeres, na África do Sul. Não era uma guerra popular e o Exército aprendera algumas lições difíceis sobre estrutura, táticas e o impacto da doença na capacidade de luta dos seus homens. A política de Lorde Kitchener de «terra queimada» e a utilização de campos de concentração por parte do Exército estavam a causar uma inquietação profunda. A campanha revelara também a extensão da crise da saúde pública entre os mais pobres da nação. Quarenta por cento dos soldados recrutas haviam sido considerados inaptos para o serviço militar.

O reinado da rainha Vitória coincidiu com um período agitado de progresso, industrialização e criação de riqueza extraordinária na Grã-Bretanha. A sua longa vida produzira uma sensação tranquilizadora de continuidade e qualquer impopularidade que ainda existisse do tempo em que ela fora uma viúva em reclusão foi transformada aquando da sua morte na veneração de uma época agora perdida.

O príncipe de Gales, que estava prestes a ser coroado Eduardo VII, tinha muito pouca experiência em questões governamentais, não obstante a sua idade. Era sem dúvida um homem agradável, amante de cortejos e de todo o aparato da realeza. A sua mãe e cortesãos, contudo, sempre se preocuparam com a sua falta de estudos e de dedicação, bem como com as suas indiscrições com inúmeras amantes. Essas ligações haviam sido facilitadas por amigos como Alfred de Rothschild.

Não obstante, Eduardo VII viria a provar ser um rei, e imperador, digno e encantador, e a era eduardiana, famosa pelo seu *glamour* imenso e elegância agradável, estava a tornar-se uma realidade. O novo rei declarou que o período de luto pela sua mãe, a falecida rainha e imperatriz, deveria estender-se somente durante os três meses seguintes. Os preparativos para a sua coroação começariam findo esse prazo, os quais não se poupariam a sumptuosidades.

Por causa da apendicite do rei, a cerimónia teve lugar mais de um ano depois, no dia 9 de agosto de 1902, na Abadia de Westminster. Alfred de Rothschild foi um dos convidados, assim como, obviamente, Lorde e Lady Carnarvon, a condessa viúva de Carnarvon e outros membros da família.

O novo século havia começado e o mundo moderno aproximava-se a passos largos: não só com os adorados automóveis de Carnarvon, como também com a aviação, o crescimento do movimento trabalhista e, no horizonte distante, o socialismo, a revolução e a guerra. Todavia, enquanto os Carnarvon, vestidos com os seus mantos de arminho, observavam Eduardo a ser coroado rei do Reino Unido, do Império Britânico e imperador da Índia, devem ter sentido que o mundo deles continuava resplandecente e esplêndido como sempre.

7
EGITO EDUARDIANO

O ano de 1901 começou com uma manifestação de dor nacional, mas no final da primavera as faixas pretas tinham sido arrecadadas e havia a sensação generalizada de que o país precisava de olhar para o futuro.

«Motor Carnarvon» estava a ter um ano muito agitado. Os nascimentos e as mortes eram importantes, mas a paixão obsessiva pelo seu automóvel também. Em julho, um mês antes do nascimento de Evelyn, afrontara um agente da Polícia em Epping, que o descreveu «a descer uma colina à velocidade furiosa de quarenta quilómetros por hora». Como se não bastasse, nem o Conde nem o seu mecânico, que seguia atrás noutro carro, pararam quando o agente ergueu a mão no ar, ao mesmo tempo que soprava furiosamente no apito. É difícil para nós imaginarmos um mundo em que quarenta quilómetros por hora eram sinónimo de uma condução imprudente, mas o Conde foi novamente chamado a tribunal por causa dessa infração, algo que começava a tornar-se rotineiro. Felizmente, tinha um advogado especializado na defesa de motoristas, que conseguiu pôr fim ao processo. Porém, uns meses depois, a sorte de Lorde Carnarvon esgotou-se quando ele sofreu o primeiro, e o mais grave, dos seus inúmeros acidentes de viação.

Em finais do mês de setembro, Lorde e Lady Carnarvon encontravam-se ambos na Europa continental, mais especificamente na Alemanha. Haviam viajado separadamente e tinham combinado encontrar-se em Bad Schwalbach. O Conde e o seu motorista, Edward Trotman, estavam em viagem, a testarem a velocidade e o desempenho do carro, quando galgaram uma elevação na estrada, desceram inesperadamente a pique e depararam-se com dois carros de bois parados no meio do caminho. Carnarvon tentou desviar o veículo para fora da estrada, mas a berma coberta de relva escondia um amontoado de pedras e ele perdeu o controlo do carro, que derrapou, capotou e foi parar a uma vala cheia de lama, virado ao contrário. Trotman, que fora projetado para fora do carro, correu a ajudar Carnarvon e conseguiu arrastá-lo para fora da viatura, inconsciente e imóvel, mas ainda a respirar. Os trabalhadores que lavravam o campo ali perto ouviram os pedidos desesperados de socorro e foram à procura de um cavalo e uma carroça para transportarem o ferido até à casa mais próxima, onde aguardaria a chegada do médico local. Carnarvon tinha o rosto inchado, um traumatismo craniano, as pernas queimadas, o pulso e o maxilar partidos e estava coberto de lama. Foi uma sorte ter sobrevivido.

Almina foi chamada de imediato e correu para junto do marido. O aspeto dele era aterrador, mas Almina não perdeu tempo e começou a tratar das coisas para regressarem a Inglaterra, para que Carnarvon pudesse iniciar o longo tratamento de que necessitaria. Na viagem de regresso, Almina descobriu um talento que viria a transformar-se na sua maior paixão: a enfermagem. Cuidou carinhosamente do marido e descobriu que conseguia lidar com o *stress* e a preocupação de forma calma e resiliente. De volta a Londres, Almina mandou chamar os melhores cirurgiões e Carnarvon fez uma série de operações, mas a saúde dele, sempre frágil, nunca recuperou totalmente. O acidente viria a ter um efeito duradouro na dinâmica existente entre o casal e mudaria a vida de ambos de uma maneira que nenhum deles alguma vez teria imaginado.

A primeira mudança, e a mais percetível, foi o facto de o Conde, com trinta e cinco anos, ter deixado de ser um homem enérgico. Tinha de caminhar com a ajuda de uma bengala e passou a ser mais suscetível a apanhar todo o tipo de vírus e constipações. Como resultado do seu traumatismo craniano, sofreu enxaquecas horrorosas durante os cinco anos seguintes. Almina insistiu para que ele contratasse um médico pessoal, pelo que o Dr. Marcus Johnson passou a fazer parte integrante da casa, como médico de família. Com o tempo, tornou-se um grande amigo, praticamente um membro da família, e foi sempre tratado por Dr. Johnnie.

O Dr. Johnnie aconselhou inicialmente o Conde a adotar um estilo de vida mais calmo, mas Lorde Carnarvon tinha outras ideias em mente. Estava determinado a não se deixar abater por causa do acidente e recomeçou a conduzir assim que se sentiu capaz de o fazer. Montar a cavalo era um esforço demasiado para ele, por isso dedicou-se ao novo passatempo da moda, o golfe, e mandou construir um campo de golfe com nove buracos na sua propriedade. Era também um amante de fotografia. A sua grande paixão por engenhocas e geringonças levou-o a adotar de imediato todas as novas tecnologias da altura. Provou ser bastante talentoso e meticuloso, tendo cultivado uma reputação como um dos fotógrafos mais respeitados do seu tempo. Contudo, seriam as viagens, a sua primeira paixão, em especial as visitas ao Egito, que lhe proporcionariam o passatempo metamorfoseado em obsessão que mais tarde lhe valeria a sua maior fama.

À medida que o inverno se instalava, o Dr. Johnnie sugeriu que o Conde (tendo em conta o estado dos seus pulmões) evitasse o frio e a humidade dos invernos ingleses e partisse rumo a um sítio quente. Dessa vez Lorde Carnarvon estava plenamente de acordo com o seu médico. A escolha óbvia era o Egito, onde não havia praticamente humidade nenhuma e onde o ar era bastante limpo e seco. Carnarvon visitara o Egito pela primeira vez em 1889 e adorava o país. Depois, em 1898, tinha estado lá de férias quando Almina ficara grávida. Agora o Egito estava prestes a tornar-se parte integrante da vida dos Carnarvon.

Em finais do século XIX, o Egito era um destino turístico de renome. Durante os séculos XVII e XVIII, os viajantes regressavam aos seus países de origem carregados de antiguidades e o interesse pelas coisas e pela cultura oriental provocou uma «egitomania» por toda a Europa. O fluxo de visitantes aumentou durante o século XIX e os turistas britânicos abastados deslumbravam os amigos com as suas pinturas a aguarela das pirâmides e com histórias sobre maravilhas ainda mais fantásticas à espera de serem descobertas debaixo da areia. Em termos dos padrões atuais, contudo, o número de visitantes era bastante reduzido. As viagens continuavam a ser um luxo dos abastados, e não só eram dispendiosas como também bastante cansativas. A viagem da Grã-Bretanha começava num comboio em Southampton, depois fazia-se a travessia pelo mar até França, apanhava-se outro comboio até à Riviera e depois um barco de Marselha a Alexandria. A última parte da viagem era feita noutro comboio até ao Cairo. Mas mesmo com uma saúde debilitada, Lorde Carnarvon era um homem cheio de vontade de viajar e com uma necessidade imensa de se distrair e divertir.

Praticamente todos os anos a partir de 1902, logo a seguir ao Natal, que após o nascimento dos filhos era quase sempre passado em Highclere, Lorde e Lady Carnarvon partiam juntos rumo ao Egito. Houve algumas exceções a essa escolha de destino: em 1903 decidiram experimentar os Estados Unidos, mas embora o *New York Times* tivesse descrito Almina como sendo «uma jovem muito bonita, pequenina e *piquante*», ao que parece ela não nutria o mesmo sentimento pelo país, considerando-o demasiado rude e acelerado para o seu gosto. No inverno de 1906, deslocaram-se à Colômbia e a Singapura. Porchy e Evelyn ficaram ao cuidado da avó, Marie, para grande satisfação dos petizes, uma vez que foram incrivelmente mimados. Fizeram férias em família no verão, em Cromer, Norfolk, altura em que Almina se juntou às crianças e à ama Moss, na praia. Mas a grande maioria das viagens dos Carnarvon foi ao Egito.

Por vezes faziam uma paragem de uns dias em Paris. Almina tinha imensos amigos na cidade e talvez o marido achasse que uns dias passados no ambiente luxuoso do Ritz seria um ótimo interlúdio antes dos desconfortos que a esperariam no local das escavações do Conde.

No início, porém, as viagens ao Cairo eram estritamente de lazer. Lorde e Lady Carnarvon ficavam hospedados no Hotel Shepheard, nas margens do rio Nilo, um edifício magnífico num estilo clássico francês, que denunciava a influência da campanha militar de Napoleão em 1798. Era o local mais em voga na altura e estava sempre cheio de artistas, estadistas e desportistas, assim como aristocratas reformados e colecionadores. Almina, que gostava de um bom ambiente de convívio social, divertia-se imenso e a saúde de Lorde Carnarvon começou a melhorar.

A primeira temporada no Egito foi tão benéfica que, quando regressaram a Highclere, Lorde Carnarvon decidiu dedicar-se a um dos seus grandes sonhos. Assim, em 1902 fundou a coudelaria que desde então tem sido uma parte vital da vida em Highclere. Tinha uma enorme obsessão por corridas e cavalos e foi um criador que desfrutou de imenso sucesso.

Almina também se entregou à sua paixão: neste caso, peças de vestuário. Os jornais daquela época eram tão ávidos de pormenores do guarda-roupa dos iniciadores de tendências como as revistas cor-de-rosa da atualidade. As descrições dos vestidos dela eram de fazer crescer água na boca. Em determinada ocasião «o vestido dela, feito inteiramente de orquídeas brancas, foi bastante admirado». Numa festa ao ar livre, no Palácio de Kensington, ela estava «muito elegante, envergando um vestido de musselina branco debruado com renda delicada». Após outra festa foi relatado que «Lady Carnarvon estava deslumbrante, com um vestido de seda terracota e um colar de pérolas e diamantes». A sua combinação de beleza delicada e uma noção de estética impecável valeu-lhe as capas das revistas em inúmeras ocasiões. No dia 8 de novembro de 1902, pouco mais de um ano após o nascimento de Eve, apareceu na capa da revista *Country Life*, com o corpo totalmente recuperado da gravidez, a cintura minúscula e um ar radiante.

A rotina do verão em casa e o inverno no Egito melhoraram consideravelmente a saúde do Conde. Aliás, ele sentia-se tão bem que, no espaço de dois anos, decidiu pedir uma autorização especial e dedicar-se pessoalmente às escavações arqueológicas. Desde criança que lia sobre a cultura do antigo Egito e, tal como escreveu à irmã Winifred, fora assaltado por «uma vontade imensa, desde 1889, de começar a fazer escavações». Agora que passava mais tempo nesse país, estabeleceu uma amizade bastante próxima e duradoura com Sir William Garstin, diretor do Ministério das Obras Públicas. Um dos departamentos do ministério era o de Antiguidades, gerido por um simpático e destemido egiptólogo francês chamado Professor Gaston Maspero.

A campanha de Napoleão no Egito reavivara o interesse e o conhecimento sobre tudo o que era antigo e invulgar, uma vez que o seu exército fora acompanhado por centenas de académicos para registarem, desenharem e investigarem essa cultura perdida. Desse momento em diante, letrados, aventureiros e egiptólogos credenciados partiram rumo à exploração e regressaram com histórias sobre a arquitetura e com obras de arte destinadas a coleções públicas e privadas.

A feliz descoberta da pedra de Roseta pelos franceses, e a sua subsequente aquisição por parte dos ingleses, conduziu à decifração dos hieróglifos. A placa estava gravada com um decreto repetido em três línguas diferentes (escrita demótica, grego antigo e hieróglifos egípcios antigos), o que permitiu que Thomas Young e Jean-François Champollion desvendassem a chave para essa língua antiga.

Somente no final do século XIX é que passou a existir uma espécie de requisito para uma abordagem metódica à escavação. Sociedades de exploração egípcias, universidades e pessoas em nome individual podiam solicitar uma concessão para escavar. Os letrados começavam a dar valor à importância de registarem o contexto de cada descoberta e o arqueólogo britânico Flinders Petrie estabeleceu a norma do registo meticuloso e do estudo dos artefactos.

A concorrência para a obtenção de concessões era feroz e pessoas em nome individual, como era o caso de Lorde Carnarvon, aceitavam o facto de, para começar, os locais que lhes eram atribuídos serem os menos empolgantes. É possível que Carnarvon também não estivesse totalmente seguro do seu próprio grau de empenho, tendo em conta que os valores envolvidos na organização de uma escavação a sério eram absolutamente astronómicos. Como Carnarvon escreveu no prefácio do seu livro de 1911, *Cinco Anos de Explorações em Tebas*, podia haver até duzentos e setenta e cinco homens e rapazes a trabalhar numa determinada equipa e durante essa época ele geriu cinco equipas. Havia também supervisores, mulas e barcos para alugar, assim como material para escavar e material de armazenamento para adquirir. Lorde Carnarvon vendera as suas duas propriedades em Somerset, Pixton e Tetton, em 1901, à madrasta, Elsie, que as viria a oferecer a cada um dos irmãos dele, Aubrey e Mervyn. Carnarvon pôde então financiar as suas escavações, enquanto a fortuna de Almina continuava a suportar os custos de Highclere.

Em 1906, quando o Conde iniciou as suas escavações, o primeiro local que lhe foi destacado foi uma vulgar elevação tumular completamente destituída de encantos, perto de Luxor. Esteve lá durante seis semanas, envolto em nuvens de poeira. Lorde Carnarvon escreveu à irmã Winifred a contar que «todos os dias vou para a minha escavação e comando um pequeno exército de cem homens e rapazes». Uma armação enorme e encoberta fora construída para proporcionar um pouco de sombra e oferecer proteção das moscas. Cheio de otimismo, Carnarvon encontrava-se a postos para catalogar todas as descobertas e para desenhar mapas do local da escavação.

Almina visitava o local todos os dias. Fotos de Lorde Carnarvon mostram-no vestido com um fato de três peças feito de *tweed*, um chapéu de aba larga, com uma fita branca, e sapatos ingleses resistentes. Almina, em contrapartida, parecia vestida para uma festa ao ar livre em pleno dia de verão inglês, com um vestido simples vaporoso e sapatos de salto alto de marca, complementado com joias que cintilavam sob o sol ofuscante.

Era um processo penoso e entediante. Não parecia acontecer muita coisa. O casal comia uma sandes à hora do almoço e esforçava-se para manter o ânimo perante muito poucos resultados satisfatórios. Almina sempre apoiara o marido no Egito, e da forma mais consistente possível (com o seu dinheiro e a sua presença), mas estava meramente interessada, ao invés de apaixonadamente intrigada, no trabalho dele.

Após a labuta árdua dos dias empoeirados, os Carnarvon retiravam-se para o Hotel Winter Palace, a tempo de verem o Sol a pôr-se atrás dos taludes rochosos e dos templos da margem oeste do Nilo. O hotel era, de longe, o melhor sítio para se hospedarem naquela cidade: um edifício elegante rosa-escuro, com as escadarias largas e curvas que conduziam à entrada e os jardins esplendorosos. Tinha um salão de mármore muito fresco, abrigado do sol por persianas brancas e decorado com pinturas a aguarela dos lugares antigos. No exterior havia relvados carinhosamente regados, arbustos de hibiscos e palmeiras.

Era um lugar extremamente luxuoso, mas, como seria de esperar, os Carnarvon acrescentavam prazeres ainda mais extravagantes à sua estada. Estavam hospedados nos quartos centrais, com varandas com vista para o rio e para os penhascos em torno do templo Hatchepsut. A vista em Highclere dava para os montes sinuosos e verdejantes de uma paisagem que simbolizava a estabilidade do poder. Quando contemplavam a paisagem em Luxor, deparavam-se com o deserto que engolira os palácios dos reis.

Se lhes desse para se preocuparem com a impermanência das coisas enquanto tomavam os aperitivos na varanda, podiam sempre distrair-se com um belo jantar. Jantavam numa sala privada e tinham levado com eles comida, vinhos, brandes e vinho da Madeira das adegas Rothschild, que haviam sido transportados de barco. Como de costume, eram generosos com toda essa abundância. Almina gostava mais da vida social que das atividades do dia a dia e o hotel estava repleto de pessoas interessantes que podiam convidar para se juntarem a eles.

As preocupações de cariz doméstico e as pequenas tensões da vida conjugal estavam sempre em pano de fundo. Carnarvon ficara muito contente com as notícias de Highclere de que Henry (Porchy) tinha um novo tutor que estava «muito satisfeito com ele, possui uma grande rapidez de raciocínio e uma memória incrível». O orgulho parental é comovente, em especial vindo de um homem que se esforçara imenso para se sentir à vontade com o filho e para demonstrar o carinho que nutria por ele. «Gostava que fosse um bom desportista», respondera Carnarvon. Talvez fosse o desejo do desportista frustrado que vivia dentro do seu corpo debilitado.

Preocupava-se também com a eventualidade de Almina se sentir entediada e por ter sido afetada por uma série de problemas de saúde. Andava algo agitada, mas ele comentou com Winifred que Luxor parecia adequar-se lindamente a ela: «É com satisfação que informo que Almina está com melhor cara... O ar dos montes é puro e leve como o champanhe. Receio bem que ela tenha de ser sujeita a uma pequena intervenção cirúrgica quando regressarmos a casa, uma raspagem do útero. Estou convencido de que tem a ver essencialmente com os nervos dela, mas como não sou uma pessoa nervosa não sei precisar.»

A primeira escavação deve ter sido incrivelmente penosa para um mero observador. Ao fim de seis semanas de labuta árdua e esperanças desfeitas, Carnarvon mandou cessar os trabalhos. A soma total dos artefactos recolhidos era uma caixa com um gato mumificado que Lorde Carnarvon ofereceu ao Museu do Cairo. Porém, não se deixou abater. Tal como garantiu a Winifred: «Este enorme fracasso, em vez de me desmotivar só me veio dar ainda mais vontade de continuar.»

Em 1907, os Carnarvon regressaram ao Egito e dessa vez o Conde estava perfeitamente ciente de que lhe fora impingido um espaço que as autoridades locais sabiam não ter qualquer importância. Com a ajuda de Gaston Maspero, Carnarvon escolheu uma zona perto de uma mesquita a caminho dos templos de Deir el-Bahari. Ouvira dizer nos cafés locais que circulavam boatos sobre a existência de um túmulo, e ao fim de duas semanas de trabalho consistente a sua equipa encontrou-o. Acabou por ser um túmulo importante da VIII dinastia, pertencente ao filho de um rei: Teta-Ky. Tinha uma capela principal inteiramente decorada, mais ou menos intacta, com nichos no átrio contendo figuras *shabti* (pequenas estatuetas de criados) e mais oito *shabtis* pintadas e alinhadas nos corredores das criptas subterrâneas. Carnarvon ficou extremamente empolgado... e viciado. Passou vários dias a fotografar o espaço por forma a registar tudo o que encontrara. Também doou uma mesa de oferendas feita de pedra calcária ao Museu Britânico. Carnarvon sabia que se continuasse no Egito iria necessitar de ajuda profissional e de um serviço de interpretação. A oferta de antiguidades era uma excelente maneira de chamar a atenção. Por fim, o Dr. Wallis Budge, do Museu Britânico, tornou-se um grande amigo e convidado frequente dos Carnarvon, tanto em Londres como também em Highclere.

Gaston Maspero continuava a receber cartas desdenhosas do seu inspetor, Arthur Weigall, em Luxor, relativamente às escavações levadas a cabo por Lorde Carnarvon. Por uma questão de diplomacia, e para melhorar as probabilidades de sucesso de Carnarvon, Maspero sugeriu que este contratasse Howard Carter para supervisionar e para o aconselhar quanto às escavações. Em termos dos eventos subsequentes, o mais importante dessa temporada foi a implementação da semente que levaria à amizade entre Howard Carter e Lorde Carnarvon. Decorreram mais dois anos até eles embarcarem na colaboração que duraria catorze anos, e, por fim, a descoberta do túmulo de Tutankhamon fez com que os seus nomes continuem a ser recordados por todos os que sentem alguma curiosidade pelo antigo Egito.

Howard Carter nascera em Londres em 1874, filho de um artista que se especializara em pinturas com animais. Vivia no Egito desde 1891, quase permanentemente, altura em que chegara como desenhador precocemente talentoso com dezassete anos. Viria a tornar-se um dos maiores peritos na área, mas em 1905 estava a passar uma fase muito complicada. No início desse ano demitira-se do cargo que mantinha desde 1899 como inspetor do Baixo Egito para o Serviço de Antiguidades. Devido a uma altercação entre turistas franceses e guardas egípcios, ele apoiara os egípcios e a sua posição tornara-se insustentável.

Em 1909, Lorde Carnarvon contratou Carter como seu guia em Luxor e pagou-lhe um salário; no ano seguinte, construiu uma casa para ele, que se tornou conhecida como o Castelo Carter. A sua preocupação era que Carter estivesse suficientemente bem instalado por forma a conseguir levar avante o trabalho que tinha em mãos. Carnarvon mandou instalar uma câmara escura, o que facilitou imenso o seu trabalho fotográfico. O Castelo Carter também servia de zona de lazer durante a pausa para o almoço. Carter andava encantado por ter encontrado um colega financeiramente generoso, dedicado e cauteloso. Não obstante as diferenças em termos de antecedentes sociais dos dois homens, formaram uma aliança formidável e tornaram-se grandes amigos.

Essa mudança de sorte era estimulante; Carnarvon andava extático. Adorava os objetos requintados que descobria e em menos de nada estabeleceu a reputação de possuir olho para o colecionismo. «O meu objetivo principal... não é só comprar algo apenas porque é raro, mas preocupar-me mais com a beleza de determinado objeto que com o seu valor puramente histórico.» Ele não era somente um esteta. O livro que escreveu com Howard Carter, sobre os cinco anos que passaram a fazer escavações em Tebas, é um trabalho acreditado, publicado pela Oxford University Press e ilustrado com as suas próprias fotografias. Embora muitos o vissem como sendo um dissidente, era respeitado pelos habitantes locais que se referiam a ele como Lordy. Carnarvon era infalivelmente educado, um dos últimos escavadores cavalheiros.

Almina partilhava o gosto do marido por tudo o que era profundamente estético e ficou encantada quando começaram a ver resultados concretos, toda uma abundância de coisas lindíssimas. Contudo, Almina não seria a pessoa que era se não tivesse procurado também um escape para toda a sua energia inquieta. Pouco depois, arranjou maneira de deixar a sua marca de genialidade enquanto organizadora de eventos no contexto da vida social local.

Uma noite organizou um jantar inesquecível no Templo de Carnaque. Requisitou os empregados do Hotel Winter Palace e vestiu-os com fatos inspirados no livro *As Mil e Uma Noites*. Os Carnarvon receberam os convidados no templo de Ramsés. Mesas compridas cobertas de linho branco, e repletas de cristais e pratas, estendiam-se a todo o comprimento da câmara. O vinho e a comida eram, naturalmente, da melhor qualidade. Maspero estava sentado à cabeça da mesa dos egiptólogos e os Carnarvon encontravam-se à cabeça da outra. O espaço estava iluminado pelo luar, assim como por velas e candeeiros que Almina conseguira encontrar para realçar as colunas do Salão Hyppostyle. Quando a refeição terminou, toda a gente desceu até ao lago Sagrado, para contemplar em silêncio a vista deslumbrante antes de regressarem ao Winter Palace. Em seguida, os funcionários do hotel entraram e removeram todos os vestígios do evento. Era como se a festa tivesse sido uma alucinação invocada por um dos génios das *Mil e Uma Noites* de Xerazade.

8

O FIM DA ERA DOURADA

A era eduardiana chegou ao fim com a morte de Eduardo VII, no dia 6 de maio de 1910. Fora rei somente durante nove anos, mas devolvera a vivacidade à monarquia e personificara os valores e os vícios da classe alta de forma espetacular. Alfred de Rothschild, seu apoiante e amigo de longa data, sofreu imenso com a perda. Foi o começo de uma longa vaga de desilusões para Alfred, que pouco depois sofreria a dor de ter familiares tanto na Grã-Bretanha como na Alemanha quando os dois países se lançaram para a guerra.

O novo rei encontrava-se precisamente no mesmo barco. Jorge V era da família de praticamente todos os reis da Europa. Um dos seus primos direitos era o czar da Rússia; outro era, claro, o *kaiser*. Vitória não fizera segredo da sua preferência pelo rei Guilherme II em detrimento de Jorge V, mas o novo rei identificara a Alemanha como sendo uma ameaça séria, logo em 1904. E estivera certo; a calamidade começava a tomar forma, desgraça, horror e morte a uma escala que ninguém poderia imaginar, numa época em que a guerra em massa mecanizada era ainda inconcebível.

Porém, a Grã-Bretanha ainda pôde desfrutar de uns anos preciosos de paz antes da carnificina. Não que tivessem sido sem incidentes: 1910 foi um ano de turbilhão político e, face à pressão vivida nessa altura, Almina envolveu-se momentaneamente no ativismo político. Mas em Highclere, pelo menos para já, as coisas estavam calmas. Ou melhor, o corrupio habitual de entretenimento e aventuras continuou. Durante todo esse ano, Almina organizou festas e bailes, acompanhou o marido em viagens de caça à Escócia e fez o passeio habitual ao Egito. Quando estavam na capital, ela e Lorde Carnarvon (assim como a mãe dela, Marie) utilizavam frequentemente o camarote de Alfred de Rothschild, em Covent Garden.

O conde, entretanto, andava a promover uma parte importante da história da aviação. Continuava fascinado por carros a motor e por todo o tipo de tecnologia. Desde 1908 que começara a convidar pioneiros da aviação (como John Moore-Brabazon e Monsieur Gabriel Voisin) a passarem uns dias em Highclere. Em 1909, quando o genial jovem engenheiro Geoffrey de Havilland andava à procura de um sítio para armazenar e testar a sua aeronave, Moore-Brabazon sugeriu-lhe que utilizasse o seu telheiro nos limites da propriedade de Highclere e pediu autorização a Lorde Carnarvon para levar a cabo os voos de teste a partir das encostas baixas de Beacon Hill. Em novembro de 1909, De Havilland e o seu assistente carregaram o biplano, que seria o protótipo do conhecido *Gipsy Moth*, numa camioneta de carga e levaram-no até Highclere. Quando Lorde Carnarvon e o Sr. Moore-Brabazon visitaram os dois homens, que estavam hospedados no *pub* local, ficaram extremamente impressionados. Carnarvon informou De Havilland que podia utilizar os terrenos da propriedade à vontade e prometeu manter a relva aparada.

Ao longo dos dez meses que se seguiram, De Havilland fez inúmeros voos de teste. Os primeiros foram pequenos saltos, mas gradualmente, à medida que ele foi modificando o *design*, os voos passaram a ser mais longos. Teve a sorte de escapar ileso a várias quedas, mas no fim do outono de 1910 já tinha conseguido manter a aeronave no ar ao longo de mais de quinze metros, inclinando-se para a esquerda sobre a estrada que conduzia a Highclere, desenhando um círculo completo e depois aterrando. Lorde Carnarvon, que testemunhou esse voo, ficou «extasiado pelo sucesso com que os esforços dos homens da aviação foram recebidos».

Nesse outono houve uma celebração de família. O meio-irmão de Lorde Carnarvon, Aubrey, ia casar-se, e ninguém, muito menos o noivo, podia acreditar na sorte que ele tivera ao conquistar uma esposa tão encantadora.

Aubrey era negligente com o dinheiro e era fisicamente débil, tal como o irmão mais velho. Tinha falta de visão e um gosto não convencional em roupa, mas os seus gestos eram expressivos e carinhosos e, tal como Lorde Carnarvon, era totalmente despretensioso. Mary, a sua prometida, era filha de nobres com ascendência anglo-irlandesa, nomeadamente do quarto visconde de Vesci; era uma jovem alta, elegante e extremamente educada que também se movia nos meios mais badalados. Aubrey conhecera-a através do seu amigo Raymond Asquith, filho do primeiro-ministro Herbert Asquith, um grande amigo dos tempos de Oxford, cuja irmã, Violet, era uma das confidentes de Mary. As opiniões em relação à sorte espetacular de Aubrey dividiam os irmãos Asquith, com Raymond a reconhecer que Aubrey seria um homem afortunado no dia do casamento e Violet a retorquir tristemente que ele não era merecedor de tamanha sorte.

Mary deve ter pensado que o conseguiria «polir» o suficiente para o levar ao Castelo de Gosford, em Ulster, para conhecer o seu avô, o conde de Wemyss. Estava mais preocupada em pôr termo ao excesso de festas com diplomatas embriagados em Pixton, a casa de Somerset que ele recebera de Elsie, sua mãe.

Aubrey pode ter sido um desmazelado e um diletante, mas era também um conhecido perito regional sobre tudo o que dizia respeito ao Médio Oriente. Estivera no Egito em 1904 e depois fora para Constantinopla, numa transferência diplomática que durara dois anos. Era razoavelmente fluente em turco, grego, albanês e árabe, assim como francês e alemão, e era um homem respeitado em toda a região. (A ponto de, pouco antes de rebentar a Grande Guerra, ter sido abordado pelo governo da Albânia e convidado para ser nomeado rei. Na altura enviou um telegrama para casa: «Ofereceram-me trono Albânia *stop* posso aceitar *stop* Amor Aubrey.» A resposta do Conde foi seca e direta: «Não. Carnarvon.»)

Aubrey e Mary casaram-se no dia 20 de outubro de 1910, na Igreja de St. James, em Piccadilly. Tratou-se de um casamento típico da alta sociedade e Almina insistiu para que o casal começasse a sua lua de mel em Highclere. As crianças, Porchy e Eve, ficaram particularmente encantadas com a sugestão, uma vez que adoravam o tio desastrado e exuberante.

Não foi preciso muito tempo para que a indumentária de Aubrey voltasse ao seu estado naturalmente caótico, e as festas na casa de Pixton passaram a ser ligeiramente mais solenes com a introdução dos amigos elegantes de Mary.

Aubrey e Mary receberam a magnífica casa da mãe dela, no número 28 da Bruton Street, como prenda de casamento. Moravam a escassas portas de Marie, mãe de Almina, e ao virar da esquina do poiso principal de Carnarvon em Berkeley Square. Essa rede familiar dava imenso jeito quando Lorde e Lady Carnarvon estavam fora do país, o que acontecia com bastante frequência. Porchy lembrava-se de ter ficado inúmeras vezes em casa da avó, que adorava cuidar das crianças e só lhes falava em francês.

Por essa altura, Almina tinha trinta e seis anos. Estava casada há dezassete anos e fizera a transição de jovem desconhecida, e levemente suspeita, a rosto público da sociedade Carnarvon. À medida que a saúde física do marido ficava mais debilitada, ela começou a assumir mais obrigações de anfitriã, mais da rede que sustentava a vida de ambos. Nessa altura, Carnarvon preferia convidar os seus contactos no Egito a passarem uns dias em Highclere. Começara a acumular uma coleção notável de pequenas obras de arte egípcia absolutamente maravilhosas. Carnarvon ocupou a sala do pequeno-almoço com a sua «Sala de Antiguidades» e, através do Museu Britânico, mandou fazer expositores de propósito. Almina tinha de se certificar de que os serviçais deixavam a Sala de Jantar totalmente limpa após o jantar porque dali em diante a família tomaria o pequeno-almoço nesse mesmo espaço.

Pormenores como este não eram suficientes para manter Almina ocupada. A sua energia imensa necessitava de ser aplicada, pelo que ela andava manifestamente à procura de outra coisa que não o corrupio da vida social e a gestão doméstica para se ocupar.

Durante um tempo, parece ter pensado que a sua paixão estava na política. O ano de 1910 foi muito importante para a política britânica. Em 1909, o ministro das Finanças do governo liberal,

David Lloyd George, propusera o «Orçamento do Povo», que incluía a reforma radical do sistema tributário, concebido explicitamente para redistribuir dinheiro dos abastados para o dar aos pobres, através de um aumento nos serviços de previdência social. Mais controverso ainda, também incluía um imposto territorial. O orçamento foi rejeitado pela Câmara dos Lordes, causando um escândalo e despoletando uma eleição legislativa em janeiro de 1910, que produziu um governo de coligação, liderado pelos liberais numa aliança com o Partido Parlamentar Irlandês. Os liberais obtiveram somente mais dois deputados que os conservadores e começaram de imediato a tentar limitar o poder da Câmara dos Lordes de vetar legislação. Em meados desse ano, toda a gente esperava a convocação de outra eleição legislativa, uma vez que o governo estava praticamente paralisado, em particular por causa do orçamento e da questão do Governo Regional da Irlanda.

Havia um ressentimento muito grande por parte dos eleitores conservadores devido à possível rutura do Reino Unido, às tentativas de os liberais modificarem a Câmara dos Lordes, à imigração e às imperfeições da legislação da Segurança Social. Almina sentiu-se no dever de defender a causa do Partido Conservador. Antecipando o trabalho imenso, contratou uma secretária, Miss Mary Weekes.

Mary trabalhara anteriormente para Alfred de Rothschild e era extremamente competente, acostumada a lidar com o estilo ligeiramente mais caprichoso que caracterizava tanto Almina como também o pai dela. Era o equivalente à assistente pessoal dos nossos dias, registando os compromissos sociais da sua senhora em Londres, organizando o seu dia a dia em Highclere, acompanhando-a em todas as viagens. Era alta, magra e totalmente dedicada a Almina. Era também um símbolo da mudança dos tempos, uma mulher ao serviço da condessa que não era propriamente uma empregada doméstica e muito menos uma criada pessoal.

Mary ajudava Almina a transpor os limites do castelo. Existe um caderno de recortes vermelho em Highclere onde se encontram coladas as transcrições dos discursos de Almina nos anos de 1910 e de 1911. Devem ter sido datilografadas por Mary e variam entre discursos diretos dados em festas de aldeia: «É um prazer declarar este mercado aberto!», a discursos dirigidos às senhoras da Associação Sindical (Conservadora) de South Berkshire.

A entoação de Almina quando falava em reuniões políticas era altamente emotiva, a sua linguagem concebida para apelar aos corações dos seus ouvintes, bem como para estimular o entusiasmo da campanha. Num discurso contra as tentativas de o governo liberal reformar a Câmara dos Lordes, aludiu à defesa dos lordes relativamente ao direito de os pais escolherem a educação religiosa que os filhos deveriam receber como prova de a Câmara Alta não necessitar de reforma. A retórica de Almina é perfeitamente calculada para o seu público e o tom de voz incrivelmente confiante: «Defendemos que o homem pobre tem tanto direito como o rico de escolher a religião em que o seu filho deverá ser educado... Aqui está a importância de uma forte Câmara Alta para todas as mães do país.» Quase se consegue escutar o aplauso entusiástico das mães presentes no público.

Almina continua o seu discurso incitando os ouvintes a fazerem campanha pelos seus valores, que estariam a ser alvo de ataques por parte dos liberais, a quem ela insistia em chamar radicais. Os seus discursos são de leitura agradável; ela parece tirar prazer da oportunidade de poder sair para o mundo e de falar sobre algo de importância nacional, em vez de se limitar a ser o rosto público de Highclere. Há uma exuberância nas suas palavras que sugere que ela devia ser uma excelente oradora. «A Constituição sob a qual prosperámos, e onde encontrámos o mais elevado nível de civilização e a liberdade mais perfeita, encontra-se em perigo. Lembrem-se, fomos apanhados desprevenidos em 1906 (quando os conservadores perderam deputados em Newbury numa vitória esmagadora para o Partido Liberal), e o mais pequeno enfraquecimento do nosso trabalho pode comprometer o lugar do Senhor Mount...» Almina surge como uma verdadeira perita em discursos políticos, preparando um final arrebatador e um apelo direto à ação: «Não se esqueçam de Reading. Incentivem os vossos amigos a não descansarem até a bandeira da união nacional, da reforma comercial e do progresso social esvoaçar triunfantemente nesse importante centro da indústria.»

Nas eleições legislativas de janeiro de 1910, os conservadores retomaram Newbury aos liberais. É impossível não nos interrogarmos sobre o papel do exército de mulheres de South Berkshire que Almina incentivou a fazer campanha.

Almina pode ter sido uma oradora de talento e uma defensora fervorosa da política conservadora, mas era também uma mulher numa época em que as mulheres não tinham direito de voto e muito menos a candidatarem-se a cargos políticos. Qualquer ambição no mundo da política teria de ser canalizada para o trabalho de campanha dos bastidores. Parece que Almina, não obstante as suas modestas garantias de que não estava acostumada a falar em público, gostava imenso de o fazer, e quando Aubrey decidiu apresentar-se como candidato conservador a Somerset South, numa eleição parlamentar complementar em 1911, ela deleitou-se a ajudá-lo a escrever discursos para as campanhas eleitorais e a fazer campanha em nome dele. Aubrey venceu. Deviam ser uma bela equipa, ambos cheios de personalidade e a transpirarem autoconfiança.

Os princípios e a política de Almina eram essencialmente os que seriam de esperar de uma mulher daquela altura, e com o seu estatuto social, pelo que, obviamente, seria um exagero dizer que foi uma defensora dos direitos das mulheres. Ela nunca manifestou qualquer apoio pelo direito de voto das mulheres. Ainda assim, alguns dos seus discursos transmitem uma forte noção da sua personalidade enérgica, da sua inteligência e da sua confiança no poder de as mulheres influenciarem a vida pública. Em janeiro de 1911, disse à Associação de Mulheres Sindicalistas de Newbury: «Na Idade Média, que não foi há tanto tempo assim, costumavam apelidar-nos de sexo fraco. Nunca fomos, e jamais seremos, fracas no nosso patriotismo. Nesta, tal como noutras questões, não somos nem inferiores nem superiores, apenas diferentes, e estou convencida de que faríamos mais e melhor pelo nosso país, e pela sua causa, se em vez de imitarmos os homens nos dedicássemos a expandir, e quem sabe a enriquecer, o espírito da vida pública sendo simplesmente nós mesmas.»

Após o sucesso das suas campanhas durante a eleição legislativa de 1910 e durante a eleição parlamentar complementar de Aubrey, Almina parece ter ido à procura do desafio seguinte e apercebeu-se de que não havia nada que lhe agradasse verdadeiramente. Era demasiado teatral e irrequieta para se contentar com discursos vibrantes perante sociedades políticas locais e, apesar de agora a conseguirmos imaginar como um membro parlamentar excêntrico e cheio de garra, na altura ela não tinha nenhum escape. O seu instinto para ser útil era claramente bastante forte, pois manteve os seus discursos públicos em diversas ocasiões de beneficência, incluindo a Festa de Crisântemos de East Ham e o jantar de angariação de fundos de Tunbridge Wells para os lares infantis do Dr. Barnardo. Porém, teria de esperar mais três anos até ter a sua grande oportunidade de fazer algo generoso pelo mundo.

E, entretanto, havia sempre algo para a distrair de qualquer sentimento persistente de falta de objetivos. As corridas de cavalos eram perfeitas para isso e, no dia 15 de maio de 1911, Lorde e Lady Carnarvon marcaram presença em Ascot, com o novo rei. Há uma fotografia fantástica deles no Recinto Real. O Conde enverga um chapéu alto e fraque, apoiado numa bengala de cabo de prata por causa do problema na perna. Parece um homem confiante de que está prestes a divertir-se imenso na companhia de amigos. Almina enverga um vestido até aos pés, em cetim às riscas pretas e brancas, uma estola escura e um espetacular chapéu de aba larga enfeitado com penas de avestruz. Está ligeiramente inclinada no sentido oposto ao marido, segundo parece a rir-se ao mesmo tempo que estende a mão para alguém ao seu lado. Parece estar a receber graciosamente as homenagens há muito merecidas. É completamente diferente da postura doce e intencional da fotografia em que enverga a farda de enfermeira tirada escassos três anos depois.

O luxo, a vida pública e a dignidade dos Carnarvon continuavam a ser muito importantes para ela em 1911, e estes três aspetos colidiram no dia 22 de junho de 1911, o dia da coroação do rei Jorge V e da rainha Maria. Todos os moradores da casa partiram rumo à cidade, para se prepararem. Fearnside, Roberts e Jessie Money, a nova criada pessoal de Almina, estavam encarregados de levar tudo o que era necessário para tornar habitável a casa de Berkeley Square. Fearnside limpou meticulosamente os mantos de arminho do Conde. Haviam sido usados pela última vez há oito anos, na coroação de Eduardo VII. Tinham estado cuidadosamente guardados em cânfora e foram inspecionados duas vezes no verão, por causa das traças. Roberts e Money prepararam o vestido ornamentado de Almina, a tiara e as joias. Lorde e Lady Carnarvon tinham um quarto com sala de vestir cada um no segundo piso da casa, e, quando chegaram para se preparar, o corrupio pelos corredores e o desempacotar frenético de caixas já havia cessado, encontrando-se tudo a postos. O conde e a condessa partiram para a Abadia de Westminster, para se juntarem à multidão de pares e nobres do reino.

O desfile até à abadia foi maravilhoso. O rei e a rainha viajavam na carruagem de Estado feita de ouro, puxada por oito cavalos cobertos com pesados caparazões, quatro postilhões e vários lacaios a pé. Lorde Kitchener seguia num lugar de honra à direita da carruagem de Estado. Fora nomeado marechal de campo, o posto mais elevado do Exército, por Eduardo VII no seu leito da morte, em reconhecimento pelo serviço prestado no Sudão, na África do Sul e na Índia.

Enquanto esperavam que a cerimónia começasse, houve tempo mais que suficiente para observarem o esplendor da abadia, tão familiar a ambos devido às inúmeras formalidades a que já haviam assistido naquele espaço, assim como os trajes dos outros membros da congregação. A igreja estava cheia de amigos dos Carnarvon e de todos os membros da realeza da Europa, mas Almina deve certamente ter ficado irritada por ser forçada a apertar a mão a Herbert Asquith, o primeiro-ministro liberal, líder dos pavorosos «radicais».

Os Carnarvon observaram ansiosos a chegada do desfile, tentando vislumbrar o filho, que fora escolhido para ser um dos pajens de honra. Fora autorizado a sair do colégio de Ludgrove por forma a poder comparecer aos intermináveis ensaios para a coroação, tudo organizado pelo duque de Norfolk. O duque fora aparentemente meticuloso na sua supervisão dos pajens e exigira uma atenção total a todos os pormenores, mas Porchy lembrava-se de que, quando o ensaio corria bem, no final todos recebiam deliciosos chocolates.

Nessa ocasião, sem dúvida para grande alívio de Almina, o filho dela comportou-se impecavelmente e a cerimónia foi magnífica, com a salva de tiros a ecoar por todo o Hyde Park e os sinos da abadia a repicarem em homenagem aos recentemente coroados rei e rainha, enquanto o casal abandonava a igreja. Foi provavelmente a última grande convergência da antiga ordem. O panorama político da Europa era tenso e estava cada vez pior; dali a escassos três anos seria declarada a guerra. Dos oito pajens de honra presentes na cerimónia, somente dois sobreviveriam à iminente carnificina. Lorde Porchester seria um deles.

Na véspera do Ano Novo de 1911, Almina realizou a sua festa de crianças anual em Highclere, com centenas de convidados e artistas vindos de Londres. Doze dias mais tarde organizou um baile para quinhentas pessoas locais. Almina foi obrigada a receber os seus convidados sem a presença do Conde, cuja enxaqueca era tão forte que ele não aguentou mais do que alguns minutos até se retirar para os seus aposentos. Não era uma situação invulgar: Almina era cada vez mais a força que mantinha tudo a funcionar. Dirigiu-se à multidão de gente à meia-noite, da varanda que dava para o salão maravilhosamente abobadado no coração do castelo, pedindo desculpa em nome de Lorde Carnarvon. Estava acompanhada da mãe, Marie, das irmãs do marido e de Aubrey e a esposa, Mary. O príncipe Victor Duleep Singh deixou-se ficar para dar apoio a Almina, enquanto ela falava, e depois retirou-se lealmente para a sala de estar do conde, a fim de fazer companhia ao velho amigo. Aubrey recebeu novamente toda a gente aquando do jantar e depois o presidente da Câmara de Newbury agradeceu aos Carnarvon e respetiva família em nome dos convidados. O baile começou logo a seguir ao jantar, estando a música a cargo da orquestra vienense de Meier, com vinte danças diferentes no programa. Almina mandara colocar lanternas a toda a extensão do percurso de acesso às carruagens, por forma a iluminar o caminho dos convidados durante a madrugada, e a festa só terminou às seis da manhã do dia seguinte.

A festa foi muito divertida e um verdadeiro sucesso; mas, por essa altura, Almina já conseguia organizar eventos com uma perna às costas. Não era o desafio de que ela precisava. A saúde do Conde continuava a piorar e ela andava ocupada a supervisionar todos os tratamentos dele. Adorava cuidar do marido e, gradualmente, a enfermagem tornou-se uma espécie de ocupação, não só em casa como também em geral. Assistia a operações realizadas por Berkeley Moynihan, o eminente cirurgião do Hospital de Leeds, que fazia viagens pontuais a Londres para exercer a sua função de consultor do Hospital Universitário. Um plano começava a formar-se na mente de Almina, e ela queria estar preparada caso chegasse o momento de agir.

Almina continuava a acompanhar Carnarvon nas suas viagens ao Egito, onde ele e Carter estavam a ter alguma dificuldade em obter acesso aos locais onde estavam determinados a fazer escavações. Estavam de olho num sítio no Vale dos Reis, em vez do Vale das Rainhas ou o Vale dos Nobres, onde sempre haviam estado estabelecidos, mas nessa altura a concessão pertencia ainda a um americano, Theodore Davis. Alternativas foram propostas e subsequentemente rejeitadas. Escavações privadas já não eram permitidas e Maspero insistia para que o local com pirâmides que Carnarvon pretendia explorar fosse limitado a escavações oficiais.

O eterno desembaraçado Carnarvon contactou Lorde Kitchener, que era seu amigo pessoal, e pediu-lhe para pressionar Maspero. Após nove anos como comandante-supremo da Índia, Kitchener fora enviado para o Egito em 1909 onde tinha sido nomeado cônsul-geral e vice-rei *de facto*. Era inevitável que Kitchener e Carnarvon se encontrassem e sociabilizassem no Egito, uma vez que se moviam precisamente nos mesmos círculos. Não obstante essa ligação de alto nível, Carnarvon não foi bem-sucedido.

Sem saber para onde se voltar a seguir, deixou-se convencer por Percy Newberry, notável egiptólogo inglês, a candidatar-se a uns terrenos em Sakha e Tell el-Balamun. Trabalhar no delta do rio Nilo implicava abdicar das comodidades da vida civilizada: seria necessário acampar. O facto de um homem com a saúde debilitada de Lorde Carnarvon sequer colocar essa hipótese é prova da sua paixão obsessiva por aquele trabalho. O facto de Almina o acompanhar é sem dúvida prova do seu amor por ele.

Carnarvon pediu a Percy Newberry para providenciar uma tenda e mantimentos para ele; para Almina; para o seu criado pessoal, Fearnside; para a criada pessoal de Sua Senhoria, Edith Wiggal; para Howard Carter; para o Dr. Johnnie, e para o próprio Newberry. Provisões como latas de sopa foram enviadas de barco da Fortnum & Mason, em Londres. A expedição começou então. Era uma aventura para todos os envolvidos e quase é possível imaginarmos Jessie e Almina a revirarem os olhos sempre que eram confrontadas com as privações que ambas tiveram de suportar. Jessie era uma viajante habitual, uma vez que acompanhava Almina onde quer que ela fosse, mas era a primeira vez que as duas mulheres acampavam e provou ser demasiado para ambas.

O delta era lamacento e estava cheio de cobras, mas o grupo aguentou firme até o Conde adoecer com uma bronquite, altura em que regressaram a Luxor e ao Hotel Winter Palace. Com os pulmões muito fracos, estava seriamente doente, e Almina teve de cuidar do marido, que não era um paciente fácil, até ele recuperar o máximo possível no espaço de algumas semanas. A dada altura, Carnarvon escreveu a Budge dizendo-lhe que não conseguia aumentar de peso. Pesava menos de sessenta quilos, um homem que media um metro e setenta e sete.

Por altura da Páscoa, Lorde e Lady Carnarvon estavam de volta a Highclere e a escavação ficaria suspensa durante mais um ano. O Conde aproveitou os meses de verão para receber os seus contactos egípcios, dado que sem um grupo de amigos apoiantes em cargos importantes o mais provável seria cada vez ser mais difícil trabalhar naquele país.

A rotina do inverno passado no Egito e a primavera e o verão passados em Highclere foi abalada em 1913, quando a mãe de Almina adoeceu gravemente. Marie fora uma presença fundamental durante toda a vida de casada de Almina, deslocando-se a Highclere para as festas de fim de semana e por ocasião do Natal com Porchy e Eve, e tomando conta das crianças em Londres quando Lorde e Lady Carnarvon estavam no estrangeiro. Almina sempre adorara a mãe e a ligação que ambas haviam estabelecido num período de vida muito complicado manteve-se mesmo depois de a situação de Almina mudar radicalmente. Foi um choque terrível quando a saúde de Marie começou a falhar na primavera de 1913. O instinto de Almina foi levá-la para Highclere e cuidar dela lá, com a ajuda do Dr. Johnnie, mas Marie estava decidida a visitar a sua terra natal, França, uma última vez.

O óbito de Marie Wombwell foi anunciado no *Daily Mail* no dia 1 de outubro de 1913. Falecera na semana anterior, na sua casa em Bruton Street. Marie realizara o seu desejo e viajara até França, banhando-se nas águas de Vernet-les-Bains acompanhada da filha, mas Almina receara que os cuidados médicos não fossem tão competentes como em Londres, pelo que as duas mulheres regressaram a Mayfair. Durante seis semanas, Almina colocou em prática tudo o que aprendera ao cuidar do marido ao longo dos anos, por forma a tornar os últimos dias de vida da mãe o mais confortáveis possível. A ela devia imenso, desde o seu encanto francês à sua determinação e autoconfiança, e quando Marie partiu Almina sentiu-se completamente perdida. Alfred ficou profundamente triste. Ele e Marie haviam sido companheiros durante quase quarenta anos.

Uns dias mais tarde, o tio de Almina, Sir George Wombwell, faleceu também. Ele apoiara-a todos aqueles anos em que haviam circulado boatos sobre a sua paternidade e oferecera-se para a entregar ao noivo no dia do casamento. Sir George e Lady Julia tinham visitado frequentemente o castelo quando Marie estava de visita, e agora, com a morte dele, era como se tivesse perdido mais uma ligação ao seu passado e à sua mãe.

Almina regressou a Highclere e decidiu retomar todas as responsabilidades, mas nunca a tarefa diária de receber os amigos e os contactos profissionais do marido lhe parecera tão fastidiosa. No início desse mesmo ano, Almina escreveu de bom grado a Rutherford, do Egito, aceitando o convite para se tornar patrona do Hospital Cold Ash, que ficava oito quilómetros a norte de Highclere. Ela sempre dissera que faria tudo para os ajudar, e agora, mais convencida que nunca de que a enfermagem era a sua vocação, queria saber como poderia ser útil no hospital.

Os convidados das festas de Highclere sempre foram muito ecléticos e agora estavam a tornar-se ainda mais invulgares.

O Conde estivera interessado no oculto durante vários anos, um interesse que se aprofundara à medida que passava mais tempo no Egito. Em 1912, empregou temporariamente uma quiromante para lhe ler as linhas da mão e contratava frequentemente uma vidente para realizar sessões de espiritismo em Highclere. Não havia nada de invulgar nisso. O espiritismo, que começara por ser uma importação dos Estados Unidos na década de 1850, tornou-se rapidamente uma moda. A primeira reunião espírita nacional do Reino Unido foi realizada em 1890, altura em que já era considerado um movimento de massa genuíno. Por todo o país, as pessoas sentavam-se dispostas em círculo, de mãos dadas, na esperança de estabelecerem contacto com o outro mundo e receberem mensagem do Além. Havia fãs famosos, como Sir Arthur Conan Doyle, o autor dos livros de Sherlock Holmes, que escreveu extensivamente sobre esse fenómeno.

Por vezes as sessões de espiritismo eram privadas, mas outras vezes eram oferecidas como parte do entretenimento de uma festa. Porchy recordava-se de ter assistido a algumas, às vezes na companhia da irmã, Eve. Eram realizadas num dos quartos de hóspedes do piso superior, com as persianas fechadas para não deixar entrar qualquer luz, e podiam ser momentos de bastante tensão. Uma vez, Porchy e Eve viram uma jarra de flores a levitar por sobre a mesa. Eve ficou tão perturbada que consta que teve de ser internada numa clínica durante quinze dias, para descansar. Em determinada sessão, Howard Carter e uma convidada estavam presentes e a senhora entrou em transe para enviar uma mensagem espírita. Começou a falar numa voz estranha e num idioma que, a princípio, ninguém conseguia identificar. Depois, Carter exclamou, num tom estupefacto: «É língua copta!»

No mundo real, contudo, havia coisas bastante mais assustadoras do que jarras de flores a flutuarem inexplicavelmente ou até mesmo o reaparecimento de línguas há muito mortas. Não era preciso ser-se vidente para pressentir que algo de terrível estava prestes a afetar as gentes de Highclere.

9
O VERÃO DE 1914

O verão de 1914 foi deliciosamente quente. Almina regressou do Egito em finais de abril e permaneceu em Highclere poucas semanas antes de partir numa viagem de uma semana a Paris. No dia 11 de junho, o conde e a condessa deram uma grande festa por ocasião das corridas de Newbury; entre os convidados contava-se o Sr. e a Sr.ª James Rothschild. À primeira vista parecia ser uma ocasião como outra qualquer, mas bastar-nos-ia ler os jornais, ou ver o rosto furioso de Alfred de Rothschild, sentado a fumar charutos nervosamente na Sala de Fumo, para ficarmos a saber precisamente o contrário.

A Europa estava à beira da guerra, não obstante os melhores esforços de uma série de pessoas, incluindo Alfred, para a evitar. Alfred colocara os seus consideráveis poderes de influência, a sua rede de contactos e o seu dinheiro à disposição do governo britânico, agindo como um intermediário oficioso entre o desmoronado Império Austro-Húngaro e a Alemanha. Metade da família e amigos de Alfred moravam na Europa e era doloroso para ele saber que as hostilidades estavam prestes a instalar-se entre países que tinham sido, até há relativamente pouco tempo, bastante próximos.

A certeza crescente de que o conflito era inevitável deixava-o imensamente preocupado com os seus entes queridos de ambos os lados, e ele sofria com a sensação de impotência.

O desafio de evitar a guerra era demasiado grande para um único indivíduo, família ou político, não obstante todas as negociações desesperadas nos bastidores. Durante vários meses os jornais publicaram artigos sobre o facto de a Alemanha, a Rússia e a Áustria estarem a recrutar homens para os seus exércitos e a construir apressadamente mais linhas férreas para os transportar. A Alemanha, apesar de se encontrar praticamente rodeada de terra por todos os lados, construíra uma Marinha suficientemente grande para fazer frente à da Grã-Bretanha.

Almina pressentiu o que se avizinhava e tomou uma decisão. Afinal de contas, há dois anos que andava a pensar sobre o assunto. Consultou Lorde Carnarvon, que não mostrou grande entusiasmo, mas que, perante a insistência dela, concordou que talvez fosse uma possibilidade. Lady Almina queria converter Highclere num hospital para os militares feridos, recrutar o melhor pessoal médico e providenciar tudo o que um soldado poderia necessitar para a sua recuperação, desde o melhor equipamento existente na altura, às operações pioneiras, abundância de alimentos frescos e lençóis macios e lavados. O instinto de Almina era criar um hospital que tranquilizasse e animasse os sentidos dos homens que haviam sido praticamente destruídos pelos horrores.

Com a concordância do marido assegurada, o passo seguinte foi falar com as autoridades militares. Almina necessitaria do apoio delas, pelo menos em termos administrativos, caso não a ajudassem financeiramente. Almina já tinha uma terceira conversa planeada que resolveria a questão de quem iria custear toda a despesa, pelo que o problema do dinheiro podia esperar. Era absolutamente típico de Almina, ao decidir estabelecer um hospital militar, escolher discutir os seus planos com o oficial com a patente mais elevada do Exército. Dirigir-se diretamente ao topo; esse podia muito bem ter sido o lema de Almina.

O marechal de campo conde Kitchener, comandante-chefe das tropas inglesas no Egito, aceitou o seu convite para almoçar em finais de junho e chegou envergando um fato de *tweed* impecável, na companhia do seu secretário militar, o coronel Evelyn Fitzgerald. O famoso herói tinha então sessenta e quatro anos, mas era um homem com uma figura séria e imponente, com o olhar penetrante e o bigode impecavelmente aparado que em breve passaria a ser uma imagem icónica no famoso cartaz de recrutamento: «O Teu País Precisa de Ti.»

Ele era também amigo de longa data dos Carnarvon e de Alfred de Rothschild. Almina mandou preparar um delicioso almoço de verão e mostrou a casa a Lorde Kitchener, explicando-lhe o que pretendia fazer. Ele ficou impressionado com o entusiasmo e a sinceridade dela. Almina precisava da aceitação e da bênção dele, assim como da promessa de que ele encorajaria os serviços militares, em particular o Comando do Sul, a aceitar a sua oferta. E conseguiu.

Porchy fora autorizado a almoçar com eles. Era um rapazinho de Eton encantado com a ideia de conhecer um dos seus heróis, e anos mais tarde recordaria vividamente o momento em que o seu pai se voltara para K, como ele tratava o importante homem, e lhe dissera: «De futuro, caro K, o nosso endereço passará a ser Carnarvon, Amputar, Highclere.»

Almina estava eufórica. Nunca duvidara, nem por instantes, de que conseguiria fazer com que as pessoas certas pensassem como ela. Começou a traçar planos de imediato. O primeiro passo, evidentemente, seria garantir o financiamento. E, igualmente evidente, isso era tão simples como apanhar o comboio para Londres e dirigir-se aos escritórios Rothschild em New Court, em St. Swithin's Lane, para falar com Alfred.

Alfred nunca deixara de ser incrivelmente generoso com o seu tempo, dinheiro e carinho ao longo dos anos. E não era propriamente inusitado Almina recorrer a ele; a luz elétrica em Highclere era prova disso mesmo. Porchy lembrava-se de ser levado a visitar os seus familiares, de tempos a tempos, e de ficar encantado por encontrar os três irmãos Rothschild atarefadíssimos, dispostos a pôr dez moedas de ouro na mão dele. Alfred costumava protestar delicadamente com Almina, dizendo-lhe: «Oh, meu amorzinho, dei-te dez mil libras ainda a semana passada. O que é que fizeste ao dinheiro, minha querida?» Porém, nunca se recusava a ajudá-la; puxava do livro de cheques e desenroscava a tampa da caneta.

Ainda assim, o pedido em causa representava uma quantia avultada. Almina pediu a Alfred 25 mil libras para as despesas de adaptação do espaço. E ele concedeu-lhas sem hesitar. Alfred ficou encantado por poder ajudar. Tentara ativamente evitar o conflito, mas agora que ele era inevitável, Alfred transferiu a sua atenção para o apoio aos esforços de guerra britânicos. Cedeu Halton House, a sua estimada propriedade no campo, às Forças Armadas, no período de duração das hostilidades. (Viria a ser utilizada como um centro de treino, completo com trincheiras, para os primeiros cem mil voluntários de Kitchener no final desse mesmo ano.) Ajudou também outras senhoras importantes no seu trabalho de apoio. (Almina não era, de todo, a única anfitriã da alta sociedade envolvida em trabalho de guerra: Lady Sutherland viria a montar um hospital de campanha em França e a indómita condessa viúva de Carnarvon, Elsie, viria a ter um papel fundamental no alívio do sofrimento dos soldados envolvidos na violenta batalha de Gallipoli.)

Os Rothschild foram sempre muito dedicados ao trabalho filantrópico e tinham um interesse especial no apoio aos hospitais. O interesse da família pode ter sido um dos responsáveis pelo fascínio de Almina pela enfermagem e o mais certo é ter estimulado a sua convicção de que era perfeitamente normal ela aspirar a desempenhar essa função. Afinal de contas, o Evelina Children's Hospital, que acabou por se fundir com o Guy's Hospital e o St. Thomas's Hospital, começara por ser um hospital financiado pelos Rothschild em memória de Lady Evelina de Rothschild, que falecera durante o parto em 1866.

Almina deixou New Court com um sentido de missão e uma determinação inabalável. Iria pôr mãos à obra.

O dia 18 de julho foi o início da última grande festa que se realizaria em Highclere durante vários anos. Eram vinte e seis convidados, para além dos respetivos serviçais. Entre os convidados contavam-se o general Sir John Cowans, o general Sir John Maxwell, Aubrey Herbert e Howard Carter. Lorde Carnarvon estava muito ciente do estado ameaçador da situação, pelo que aconselhara Sir John a mandar vir a esposa e a filha de Aix-en-Provence, em França, e Homburg, na Alemanha, de imediato.

O Conde, como o resto do país, receava que os alemães andassem a construir uma Marinha com o intuito de cercarem a Grã-Bretanha. Se isso acontecesse, a consequência seria a escassez de alimentos. A horta de Highclere seria um recurso fundamental para os esforços de guerra e, aliás, Carnarvon já recebera uma grande oferta pelo seu *stock* de cereais. Tendo em conta que era moralmente responsável pelo bem-estar de todos os residentes da casa, assim como dos inquilinos da propriedade, recusou a oferta e começou a aumentar o seu rebanho e a sua manada. Também adquiriu uma tonelada e meia de queijo e uma quantidade imensa de chá.

Com as provisões devidamente organizadas, Carnarvon dirigiu-se ao Banco de Inglaterra e pediu para levantar três mil libras em ouro. O bancário sugeriu a Sua Senhoria que considerasse a hipótese de aumentar a quantia para cinco mil libras, o que Lorde Carnarvon fez de imediato. Depois de ter depositado o ouro no seu banco em Newbury, ficou em condições de sustentar duzentos e quarenta e três homens, mulheres e crianças com todos os bens essenciais necessários durante pelo menos três meses.

A dica do bancário provou ser bastante útil aquando da corrida aos bancos no dia 31 de julho, altura em que a nação se apercebeu, horrorizada, de que a guerra era iminente.

Entretanto, o resto da família andava também envolvido nos preparativos. Aubrey e Porchy estavam ambos ansiosos por combater, não obstante os dois serem por demais jovens e terem demasiados problemas de visão. Carnarvon sabia que jamais poderia participar ativamente na guerra, devido aos seus problemas de saúde, mas ofereceu-se para aconselhar sobre as fotografias aéreas, caso necessário, o que acabaria por acontecer.

A irmã de Lorde Carnarvon, Winifred, e o marido dela, Herbert, Lorde Burghclere, encontravam-se na Europa desde junho, mas o ambiente era tão tenso que deram meia-volta e regressaram da estância termal de Vichy, onde tencionavam permanecer durante umas semanas. Chegaram a Londres no dia 25 de julho, com uma cópia do jornal que dava conta do ultimato da Áustria à Sérvia, no seguimento do assassinato do arquiduque. Winifred escreveu a Lorde Carnarvon dizendo que aquela era «a última manhã de domingo do velho mundo». Ao chegar inesperadamente à sua casa de Londres, na Charles Street, acrescentou que possuía a quantidade de criados suficiente para levar a cabo «uma existência de piquenique».

Após o acumular de situações, a desculpa para se dar o derradeiro passo dramático em direção à guerra foi o assassinato do arquiduque austríaco Franz Ferdinand, no dia 28 de junho de 1914, pelas mãos de um nacionalista sérvio. Depois de o ultimato ter sido emitido, a Áustria declarou guerra no dia 27 de julho. Isso desencadeou um efeito dominó, uma vez que vários tratados foram invocados e todas as grandes potências avançaram vigorosamente. A Rússia mobilizou-se no dia 31 de julho e a Alemanha pôde, a partir daí, alegar que estava a agir em autodefesa quando declarou guerra contra a Rússia, no dia 1 de agosto, e contra a França, no dia 3 de agosto. A Grã-Bretanha assinara a Entente Cordiale com a França, em 1904, e a Entente Anglo-Russa em 1907, ambas ditando que combatesse contra a Alemanha, mas a sua mão foi contudo forçada pela invasão da Alemanha à neutral Bélgica. A Grã-Bretanha declarou guerra à Alemanha no dia 4 de agosto de 1914.

O livro de visitas de Highclere tem as palavras «agosto 1-4 GUERRA!» escritas com a letra trémula no cimo da página que regista os nomes dos poucos convidados que estavam hospedados na casa nesse fim de semana. Leonard Woolley estava presente, assim como Lady Maxwell e o Dr. Johnnie. A escala da carnificina iminente era inimaginável para esses homens e essas mulheres que liam atentamente os jornais enquanto beberricavam um brande para acalmarem os nervos, ou nas cozinhas do piso inferior, onde se discutia as últimas notícias ao mesmo tempo que se esfregavam as batatas ou se lavavam os pratos.

Já era por demais evidente que iriam ser necessários recrutas. Porchy, com dezasseis anos, declarou que tencionava juntar-se à Cavalaria. As criadas da cozinha faziam troça dos criados sobre se eles se iriam alistar ou não. Adolescentes fanfarrões gabavam-se da sua coragem. Toda a gente pensava que a guerra acabaria antes do Natal.

Havia nervosismo, claro, mas também confiança e uma vontade sincera de servir o rei, a pátria e o império.

Tanto no piso superior como também no piso inferior, as pessoas de Highclere tinham pela frente uma tragédia com consequências para toda a vida. Só que ainda não o sabiam.

10
APELO ÀS ARMAS

Após o verão tenso, à espera de que algo definitivo acontecesse, assim que a guerra foi declarada deu-se uma explosão de atividade.

De imediato, Almina insistiu com a cunhada, Winifred, para que ela a apresentasse a uma mulher chamada Agnes Keyser, a fundadora do Hospital Eduardo VII. Agnes fora uma jovem da alta sociedade, muito bonita e rica, nas décadas de 1870 e 1880. De uma forma algo inevitável, captou a atenção do príncipe de Gales. Tornaram-se amigos e, mais tarde, amantes. Agnes deixava-o utilizar a sua casa em Belgravia para ele entreter os vários amigos, incluindo a Sr.ª Alice Keppel. Os dois estabeleceram uma forte ligação e a sua relação, aceite no âmbito do círculo da corte, e até mesmo pela rainha Alexandra, durou até ao falecimento do rei.

A generosidade extravagante do príncipe de Gales era tal que quando visitava Agnes em Wilton Place levava sempre presentes para toda a gente da casa, desde a governanta à mais recente criada de copa. Mas quando a primeira guerra dos bóeres rebentou e Agnes descobriu a sua vocação para a enfermagem, o apoio dele tornou-se muito importante.

Agnes ficara horrorizada com o sofrimento dos oficiais que regressavam da guerra dos bóeres, que ela descobriu serem na sua grande maioria pessoas altamente altruístas e sem dinheiro para custearem a despesa de um cirurgião, pelo que haviam sido consequentemente negligenciadas em termos médicos. Utilizou o seu próprio dinheiro para financiar um hospital, mas confiava nas suas ligações com o rei para assegurar a colaboração dos médicos e cirurgiões mais conceituados. Tinha um talento enorme para a organização e, em 1914, já era vista como uma humanitária de respeito.

Ali estava o exemplo perfeito para Almina. Ela estava absolutamente determinada a conhecer Agnes e a pedir-lhe conselhos. Porém, a irmã Agnes, como gostava de ser tratada, já andava extremamente ocupada com o seu próprio hospital. Assim que a guerra foi declarada, ofereceram-lhe cinco casas particulares para ela expandir o trabalho que já andava a fazer, e acabara de recrutar mais um cirurgião e outro médico interno quando Almina lhe enviara um recado a solicitar uma reunião.

Almina, habituada a conseguir tudo o que queria, foi insistente e por fim Agnes concedeu-lhe meia hora do seu tempo, embora tivesse permanecido de pé durante toda a reunião, alegando estar demasiado ocupada para se sentar. Almina pegou na deixa da colega mais experiente e também se recusou a sentar-se. Expôs o seu caso de uma forma simples e clara, e Agnes ficou tão impressionada com a mulher parada de pé à sua frente que a abraçou calorosamente quando se despediram. Almina deixou o hospital da irmã Agnes armada com o conselho prático de uma enfermeira rigorosamente organizada e experiente, e sentindo-se extremamente inspirada.

Por todo o país, dezenas de mulheres abastadas em circunstâncias semelhantes às de Almina correram também a montar lares e hospitais. Havia uma necessidade desesperada. O Corpo de Enfermagem da Armada Real da rainha Alexandra possuía apenas quatrocentas e sessenta e três enfermeiras qualificadas quando a guerra foi declarada, apesar de ter sido prontamente ampliado pelos Serviços de Enfermagem Territorial e outras organizações voluntárias.

Entretanto, a Força Expedicionária Britânica (BEF) preparava-se para partir rumo a França, comandada por Sir John French e sob a orientação de Lorde Kitchener. Este último planeara anteriormente regressar ao Egito para retomar as suas responsabilidades e, de facto, encontrava-se em Dover, à espera de embarcar num navio a vapor com destino a França, quando recebeu um telefonema do primeiro-ministro a solicitar-lhe que regressasse a Londres de imediato. No dia 5 de agosto, Lorde Kitchener, agora secretário de Estado dos Negócios Estrangeiros e da Guerra, confirmou ao Conselho de Guerra do governo que as forças do Exército atravessariam o canal de imediato. Catorze mil cavalos adicionais tinham sido reservados para esse efeito pelo general Sir John Cowans, quartel-mestre do Exército (e um dos convidados em Highclere em julho último, no que começava rapidamente a parecer uma época em desaparecimento).

Kitchener tinha dúvidas relativamente à capacidade de a França se conseguir defender dos alemães, mas, na verdade, os britânicos também não estavam em melhor posição. A força total do Exército era composta por duzentos e cinquenta mil homens, dos quais praticamente metade se encontrava posicionada no estrangeiro. Havia também o Exército Territorial, fundado em 1908 e composto por mais duzentos e cinquenta mil voluntários, alguns dos quais haviam participado em campos de treinos. Em contrapartida, o Exército profissional alemão possuía uma força de setecentos mil e a 10 de agosto mais três milhões de homens haviam sido recrutados.

Ainda assim, a nação estava animada com o facto de o seu grande herói militar se encontrar a liderar o ataque, e a Força Expedicionária Britânica começou a fazer o desdobramento em linha apenas três dias após a guerra ter sido declarada. Foi conduzida por oficiais envergando fardas vermelhas, ou azuis, que ajustavam cuidadosamente as luvas brancas para retribuírem o cumprimento aos oficiais de Estado-Maior que davam ordens aos seus homens. Os oficiais superiores montavam cavalos impecavelmente tratados e bem apresentados. A cena assemelhava-se a uma procissão, preservada ao longo dos últimos duzentos anos.

Aubrey Herbert, com uma agressividade extraordinária, ignorou o facto de ter sido rejeitado tanto pelo Exército profissional como também pelos territoriais devido aos seus graves problemas de visão. Era verdade que ele tinha uma certa desvantagem nesse campo, mas era também altamente instruído, tendo obtido nota máxima a História em Oxford; era também um diplomata experiente, fluente em seis línguas e um apaixonado pela causa nacional, pelo que se recusava a ficar quieto em casa. Mandou fazer uma farda, uma cópia exata da farda envergada pela Guarda Irlandesa, regimento do qual o seu cunhado era coronel. Quando a Guarda iniciou a sua marcha a partir das Casernas de Wellington, em frente ao Palácio de Buckingham, na madrugada do dia 12 de agosto de 1914, ele pura e simplesmente marchou com eles. A mãe, Elsie, e a esposa, Mary, acenaram-lhe em jeito de despedida na Victoria Station e Aubrey sentou-se com os amigos numa carruagem com destino a Southampton, a fim de embarcarem no navio rumo à Europa continental. Só o descobriram quando desembarcaram em França e por essa altura era demasiado tarde para o Exército mandar o passageiro clandestino de volta. Como tal, recrutaram-no como intérprete.

Aubrey escrevera a Winifred enquanto se preparava para partir para a guerra. A carta é encantadora na expressão do amor pela irmã e comovente no seu otimismo ingénuo:

«Minha querida,
Foi muito amável da tua parte teres enviado aquela garrafa-termo. Estava mesmo para ir comprar uma. Já tinha desistido da mania ridícula de acreditar que é possível passarmos sem uma bebida. Presumo que seja bastante desconfortável sem um criado pessoal, etc., mas este período de tempo antes de partir é bastante divertido. Esta guerra é uma coisa extraordinária. Devolveu a popularidade ao governo; à Casa dos Lordes; à Câmara dos Comuns; à Igreja, agora que o bispo de Londres também vai; ao rei; ao Exército; etc. Agradeço-te novamente, minha querida, e daqui envio o meu amor para todos vós.»

A missão galante de Aubrey de servir como soldado na linha da frente foi sol de pouca dura. A Guarda Irlandesa viajou na direção nordeste, a pé e de comboio, sendo recebida de braços abertos em todo o lado, tanto pelo Exército francês como também pelos civis. Quando por fim alcançou a Frente, Aubrey desmontou do cavalo para marchar com as tropas por entre uma aldeia e fazer uma espécie de resposta às armas alemãs que se faziam ouvir. Aubrey apercebeu-se de que estava a entrar no seu primeiro combate preparado apenas para a paz, uma vez que deixara o revólver e a espada no cavalo que ficara para trás, preso no bosque. Mal tinham alcançado a linha de batalha em Mons quando foram atacados e, menos de um dia depois, foram obrigados a bater em retirada.

O papel da força militar britânica era proteger o flanco do Quinto Exército francês e impedir que os alemães pusessem em prática o seu movimento convergente para isolar os Aliados há muito planeado. O BEF estava em desvantagem numérica de três para um, mas a princípio defrontou o inimigo com uma destreza tal que os soldados alemães mais tarde relatariam que pensavam estar a ser alvejados por metralhadoras em vez de espingardas. Contudo, assim que o Exército francês tomou a decisão inesperada de bater em retirada, não havia nada a fazer exceto voltar para trás, combatendo ações à retaguarda e fazendo explodir pontes pelo caminho, até aos arredores de Paris.

Aubrey arranjou uma ocupação como ajudante de campo, passando mensagens entre comandantes, montado num cavalo rápido mas problemático chamado *Moonshine*. Já havia enganado várias balas quando, no dia 1 de setembro, foi atingido por uma, que lhe fez um buraco e o atravessou de um lado ao outro. Um médico do Exército Real fez-lhe uma ligadura e deixou-o estendido numa maca, fortemente medicado com morfina, alternando entre o estado de alerta e o estado de inconsciência. Decorreram várias horas e, subitamente, Aubrey sentiu que estava a ser espetado com o coldre de uma espingarda. Tratava-se de um soldado alemão. O homem deve ter apanhado o choque da vida dele quando o soldado britânico gravemente ferido começou repentinamente a balbuciar algo em alemão, meio grogue mas fluente.

Foi provavelmente o facto de ele ter sido objeto de interesse que salvou a vida de Aubrey. Isso e a enorme quantidade de morfina que o manteve sedado e imobilizado. Foi levado para um hospital de campanha gerido por alemães e acabou por ser transferido para a cidade de Viviers e depositado juntamente com outros oficiais feridos numa improvisada estação de triagem. Trocaram-se histórias e informações sobre amigos e Aubrey recuperou o ânimo, mas as condições eram muito difíceis. A única comida existente era biscoitos de ázimo, as ligaduras haviam acabado e a morfina estava exclusivamente reservada aos alemães. Não havia maneira de enviar uma mensagem a alguém que estivesse do lado dos britânicos.

Entretanto, em Highclere, chegaram relatos sobre o envolvimento da Guarda Irlandesa na batalha e a subsequente retirada. Toda a gente receava por Aubrey, que não tinha nada de soldado da linha da frente; após uns dias de espera ansiosa, o Conde decidiu envolver-se pessoalmente no assunto. Partiu no seu enorme carro a motor para ir resgatar Aubrey a França. Isso era, obviamente, bastante perigoso, mas na altura ainda era possível. Carnarvon estava prestes a embarcar num navio de Southampton quando ouviu a notícia de que os franceses haviam reconquistado Viviers aos alemães. Os soldados com ferimentos graves tinham sido deixados para trás, num hospital provisório, sem saberem o que se passava, escutando com frustração o som das metralhadoras à sua volta. Entre eles encontrava-se o seu irmão. Lorde Carnarvon enviou um telegrama à irmã: «Aubrey ferido no estômago; deixado para trás quando Exército bateu em retirada; tornarei a dar notícias.»

Winifred recebeu depois um relato bastante mais pormenorizado de Almina. Ao que parecia, a informação relativamente à localização de Aubrey fora-lhe dada por Sir Mark Sykes, um grande amigo de Aubrey que partilhava a paixão dele pelo Médio Oriente e que se encontrava a trabalhar no Gabinete de Guerra com Lorde Kitchener. Assim que Sir Mark recebeu a notícia contactou Almina em Londres, que por sua vez enviou um telegrama a Winifred com o ponto da situação:

«O Aubrey foi visto pela última vez perto de Compiègne, ferido no abdómen. Cirurgiões ingleses aconselharam a deixá-lo ao cuidado dos alemães, uma vez que era arriscado movê-lo. Duas coisas que funcionaram a favor de Aubrey foram o facto de ter estado tanto tempo sem comer e a garantia de que os alemães tratam bem os feridos. É tudo o que sei sobre o Aubrey, a esta altura. Solicitei pessoalmente ao embaixador americano, ao cônsul francês e ao ministro suíço que tentassem saber mais informações. Estarei em Londres durante dois ou três dias, manda-me um telegrama caso queiras que eu faça alguma coisa. A Elsie e a Mary não estão a par de nada. Estou a fazer tudo o que posso. Almina.»

Os telegramas de Almina motivaram alguns comentários mordazes entre os seus familiares Carnarvon, uma vez que nunca eram propriamente breves. Ela retorquiu que a economia de palavras aquando da comunicação de informação importante era uma falsa poupança, e a verdade é que tinha a sua razão. Por causa da pressão sob a forma de telegramas que voavam de um lado para o outro, Sir John French permitiu que Aubrey fosse transportado para Le Havre por estrada, sob o cuidado de uma enfermeira, em vez de viajar num comboio-hospital do Exército. Almina não ia permitir que uma coisinha insignificante como a guerra atrapalhasse a sua política de solicitar sempre o que queria e, como de costume, foi bem-sucedida.

Winifred acabara de tomar o pequeno-almoço quando chegou outro telegrama, dessa vez com a extensão necessária para dar a boa nova: «Aubrey encontrado; desembarca hoje em Southampton.»

Aubrey foi recebido por Elsie, Mary, Lorde Carnarvon e o Dr. Johnnie. Carnarvon queria levá-lo diretamente para Highclere, mas a esposa e a mãe de Aubrey preferiram que ele ficasse na cidade, perto delas, numa pequena clínica gerida pela cunhada de Almina, Vera. A família partiu calmamente numa comitiva rumo a Londres. Aubrey tivera uma sorte imensa ao sobreviver aos seus ferimentos e o mais extraordinário foi que, assim que recuperou, voltou para a linha da frente. A guerra dele estava longe de ter terminado.

Incentivada pela conversa com Agnes Keyser e motivada pela vitalidade da preocupação com Aubrey, Almina deu início ao processo de transformar Highclere num hospital. O primeiro passo seria encontrar pessoas para trabalharem. Nomeara o Dr. Marcus Johnson, o estimado médico da família, diretor clínico. O Dr. Johnnie era médico de clínica geral. Conhecia bem os Carnarvon, viajara com eles durante vários anos e era mais um membro da família que propriamente um empregado. Há muito que se acostumara a ser gozado pelo Conde que, grande fã de pregar partidas, uma vez colocara um pedaço de queijo gorgonzola numa das malas de viagem do pobre Dr. Johnnie e depois gozara-o incessantemente por causa do cheiro que provinha da cabina. O Dr. Johnson mudou-se para o castelo no dia 12 de agosto de 1914 e provou ser um administrador competente e o braço-direito perfeito para Almina, a quem ele adorava.

Colocaram anúncios e ligaram para todas as agências de contratação de enfermeiras de Londres e, entre ambos, Almina e o Dr. Johnnie recrutaram trinta enfermeiras. Devia haver imensa procura de enfermeiras, com todas as senhoras importantes a correrem a abrir hospitais como uma forma de cumprirem o seu dever patriótico, mas Almina tinha bastante dinheiro para pagar pelas melhores. Tinha uma preferência assumida por enfermeiras irlandesas e as enfermeiras de Highclere também tendiam a ser bastante atraentes; Almina parece ter decidido que as enfermeiras bonitas fariam bem à moral. E, pelo que se revelou, não estava enganada.

Uma vez que era também algo dada à presunção, Almina via-se no papel de uma enfermeira-chefe todo-poderosa. Decerto deve ter adorado poder servir-se das capacidades de organização e liderança que aperfeiçoara ao longo dos anos em que gerira Highclere e também no seu trabalho político. Pela primeira vez desde os seus tempos de campanha política, sentia-se a exercitar as suas capacidades mentais. Estava no seu elemento.

É deliciosamente típico de Almina o facto de o seu segundo passo ter sido encomendar uma farda ultramoderna para as suas enfermeiras. Os vestidos eram feitos de lã delicada, num tom rosa-avermelhado muito alegre, com toucas e aventais brancos engomados. Esse pormenor dava o mote: Highclere seria um hospital de vanguarda, mas também um retiro sensual do horror do combate. Almina provou ter instinto para o que hoje poderíamos apelidar de medicina holística. Ela compreendia que tratar os soldados feridos como indivíduos com necessidades de espaço, de tempo e de conforto, assim como de cuidados médicos, era a solução.

Assim que o pessoal foi contratado, estava na altura de começar a equipar Highclere. Almina dependia fortemente de Mary Weekes para a ajudar. Mary já provara ser uma secretária bastante útil, mas agora assumia o papel de coadministradora do hospital e dava consigo a lidar com médicos externos, juntas médicas e familiares de pacientes.

A primeira tarefa foi mandar fazer persianas para todas as janelas do castelo viradas a sul. Arundel, um quarto do piso superior, na ala noroeste da casa, seria utilizado como sala de operações. Ficava mesmo em frente às escadas das traseiras, pelo que a água quente e outros requisitos poderiam ser levados rapidamente para cima ou para baixo, sempre que necessário. Não havia problema em instalar camas de hospital em qualquer uma das salas mais amplas, por forma a criar enfermarias comunitárias. Os pacientes, cerca de vinte de cada vez, teriam quartos individuais ou, em alturas de grande pressão, partilhariam com outra pessoa. Todos os quartos de hóspedes do primeiro piso foram preparados para serem utilizados, assim como alguns quartos do piso imediatamente acima. Os homens iriam sentir-se autênticos convidados, dormindo em camas confortáveis com almofadas macias e lindos lençóis de linho e algodão.

O castelo tinha a sua própria lavandaria, na ala norte da propriedade. Quando uma nova lavadeira foi requisitada em 1915, uma agência de emprego foi contratada para encontrar uma candidata adequada que garantisse o fornecimento eficiente de roupa de cama lavada ao hospital; Harriet Russell foi recrutada juntamente com o marido, Harry, e Almina pagou as despesas inerentes à deslocação do casal de Folkestone.

O Castelo de Highclere estava obviamente mais do que acostumado a receber convidados, mas ainda assim as criadas tiveram de começar a partilhar quartos, uma vez que era preciso criar espaço para as enfermeiras que aí vinham; e toda a gente, desde o pessoal da cozinha às criadas, criados e jardineiros, tinha de estar preparada para um aumento exponencial das suas tarefas. A visão de Almina daquele refúgio para os soldados estipulava que os pacientes fizessem as suas refeições ou nos quartos, caso não estivessem em condições de sair dos mesmos, ou sentados a uma enorme mesa ao fundo da biblioteca norte, atrás das colunas de talha dourada. Em qualquer uma das situações, seriam servidos por criados. Na verdade, era como mudar um grupo de cinquenta hóspedes para o castelo, a título permanente.

Streatfield e a Sr.ª Macnair, que substituíra a Sr.ª Bridgland como governanta em 1911, foram fundamentais para o bom funcionamento de todo o processo. A Sr.ª Macnair recebia as suas ordens de Lady Carnarvon na Sala de Estar, como de costume, só que agora estavam relacionadas com a acomodação das enfermeiras e a escolha da melhor comida para alimentar homens a recuperar de fraturas ou de disenteria. Almina adotou uma farda de enfermeira que usou todo o tempo que trabalhou durante a guerra, mas a sua nova ocupação de modo algum encorajava qualquer alteração na interação com os empregados domésticos. Almina podia ter um trabalho para fazer, mas continuava a ser Sua Senhoria.

Almina descreveu o animado espírito de boa vontade dos membros do seu pessoal doméstico enquanto a ajudavam a preparar Highclere para os seus primeiros hóspedes. Deviam andar estafados, mas a verdade é que estavam envolvidos num elemento importante do esforço de guerra da nação. Para todos, manterem-se ocupados era uma distração agradável da preocupação constante com a eventual chamada militar, para eles ou, no caso delas, para os maridos ou filhos. Por outro lado, havia elementos que achavam que, tendo em conta o habitual regime austero do Sr. Streatfield, era um prazer receber sangue novo na casa, um conjunto de tarefas diferente e bastantes caras novas.

Portanto, tudo era mudança em Highclere. Almina decidiu que a Biblioteca seria utilizada como sala de estar dos soldados. Nenhuma peça de mobiliário foi retirada, mas foram acrescentadas umas cadeiras, de modo a haver espaço amplo para os homens se sentarem a jogar às cartas ou a ler livros. A sala estende-se a toda a largura da casa e é deveras elegante, mas incrivelmente confortável. Os livros com encadernação de pele e as estantes de madeira envernizada, os tapetes orientais e os candeeiros em cima de mesinhas de apoio, ao lado de sofás demasiado inflados, fazem do espaço um lugar para nos sentarmos à lareira e sentirmo-nos tranquilos.

As janelas francesas abrem diretamente para a extensão da entrada de gravilha, com vista para os jardins, pelo que em dias de sol a sala fica completamente banhada em luz, sendo que no espaço de poucos segundos podemos ir até lá fora, atravessar a gravilha e sentir o relvado viçoso debaixo dos pés.

Tudo foi concebido com o intuito de oferecer o estilo de vida rural luxuoso de Highclere aos soldados feridos em combate; Almina visualizara Highclere como um espaço terapêutico, um sítio onde o ambiente da Biblioteca ou os excelentes cozinhados provenientes da cozinha do castelo fossem tão importantes como os serviços do radiologista que ela planeava mandar vir de Londres. Os primeiros pacientes chegaram em meados de setembro, membros dos Seaforth Highlanders e da Artilharia Real, que tinham fraturas, feridas de bala e sem dúvida uma grande dose do que em breve seria apelidado de traumas de guerra e que hoje em dia descrevemos como sendo transtorno de *stress* pós-traumático. Não é de admirar, portanto, que tenham relatado que ao avistarem Highclere sentiram que haviam chegado ao Paraíso.

11

O PARAÍSO PERDIDO

Assim que se deu o apelo às armas, Highclere respondeu. A maioria dos empregados do sexo masculino trabalhava na propriedade, como jardineiros, guardas-florestais, couteiros e criados. Obviamente que tiveram de pedir autorização ao patrão para serem dispensados. Lorde Carnarvon fez saber que qualquer homem que desejasse voluntariar-se teria a sua posição assegurada quando regressasse. Lorde Carnarvon também se ofereceu para pagar metade dos ordenados às esposas deles, por forma a garantir que as famílias tivessem algum rendimento. Arthur Hayter, que começara a trabalhar como criado e depois fora promovido a supervisor dos estábulos, voluntariou-se e foi-lhe dito que era demasiado velho, mas no início de setembro já seis homens tinham partido.

A história relata a valentia dos homens que se alistaram, como é sua obrigação, uma vez que, por volta de dezembro de 1914, mais de um milhão de homens se havia alistado no novo exército de Kitchener e o recrutamento manteve-se a um ritmo de cem mil homens por mês, até agosto de 1915. Todavia, o reverso da medalha é o movimento em sentido contrário: vinte e quatro mil homens por semana a regressarem com ferimentos.

Os hospitais de campanha em França e na Bélgica eram extremamente rudimentares e mal conseguiam dar resposta à quantidade imensa de baixas. Além do mais, tinham muita falta de pessoal. O Corpo Médico da Armada Real tinha 1509 oficiais e 16 331 outros postos em 1914, e todas as suas medidas eram baseadas na experiência adquirida na guerra dos bóeres. As condições em França e na Bélgica eram muito diferentes. Havia bactérias escondidas no solo que era escavado para fazer as trincheiras, dando origem a gangrena, uma doença fatal para os soldados que regressavam a um hospital de campanha, e a tétano. A tifoide proliferava em toda a Frente Ocidental e as unidades de isolamento nem sempre eram uma prioridade, pelo que mais homens morriam de infeções. Os médicos andavam ressentidos por se esperar que eles deitassem mão a tudo, em vez de serem encorajados a especializar-se.

Assim que os feridos eram evacuados do campo e transportados da sua unidade, desde o posto de socorro até ao hospital de campanha, procedia-se à triagem. Porém, tratava-se de um processo bastante desorganizado. Os cirurgiões percorriam as fileiras de macas, alinhadas no interior de uma tenda improvisada, e tinham de decidir a quem fazer um tratamento básico, ali mesmo no campo, quem enviar para casa, para que as operações fossem realizadas num hospital devidamente equipado para o efeito, e a quem deixar morrer. Os poucos felizardos cujos ferimentos exigiam uma tentativa de tratamento, mas que eram demasiado sérios para serem vistos por um médico em França, eram colocados numa ambulância que fazia o trajeto atribulado até à estação ferroviária mais próxima, por forma a regressarem a Inglaterra de barco. A viagem desde o campo de batalha até ao hospital da cidade de origem do soldado podia levar até três semanas. Muitos homens morriam pelo caminho.

Southampton era um dos principais pontos de regresso dos soldados feridos e de lá eram despachados para todo o país. Alguns foram para Highclere. Mais tarde, depois de a fama do hospital se ter difundido, passou a ser necessário mexer uns cordelinhos para se ser admitido, mas no início da guerra bastava estar no lugar certo à hora certa. Tratava-se de uma época anterior aos serviços de saúde públicos, quando todos os hospitais eram fundados por indivíduos

Os empregados do Castelo de Highclere, no tempo de Almina.

Uma parte da escada de serviço do Castelo, que começa na cave e termina no telhado, passando por vários pisos de quartos. A escadaria foi utilizada nas filmagens da série *Downton Abbey*, do canal televisivo ITV.

Alguns dos empregados do Castelo num passeio coletivo até Beacon Hill Lodge Gate, na época eduardiana. Por vezes chamada de Winchester Lodge, outrora foi a entrada principal da propriedade, a sul.

Quadro de campainhas situado no corredor da cave do Castelo, fotografado em 2011, mas exatamente como era há 100 anos.

A sala de estar original do pessoal doméstico do Castelo, há 100 anos.

Fotografia de grupo, tirada pelo quinto conde de Carnarvon em dezembro de 1895, com Albert, Sua Alteza Real o Príncipe de Gales, aquando da sua visita ao Castelo de Highclere. Albert, posteriormente rei Eduardo VII, encontra-se no meio, de pé atrás de Almina, que está sentada envergando uma estola de pele, com Lady Winifred Herbert, irmã do quinto conde, sentada à sua esquerda (lado direito da fotografia).

Almina com o filho recém-nascido, mais tarde sexto conde de Carnarvon, em janeiro de 1899. O conde foi sempre tratado por «Porchy» e não por Henry, o seu nome verdadeiro.

COUNTRY LIFE

VOL. XII.—No. 305. [REGISTERED AT THE G.P.O. AS A NEWSPAPER] *SATURDAY, NOVEMBER 8th, 1902.* [PRICE SIXPENCE. BY POST, 6½D.]

LAFAYETTE

THE COUNTESS OF CARNARVON.

179, New Bond Street W.

Almina, estrela da capa da revista *Country Life*, em novembro de 1902.

> The Earl and Countess of Carnarvon and Lady Evelyn Herbert in Victoria Park, Newbury, Saturday, June 24th, 1911, on the occasion of the Presentation of Coronation Beakers to 2,000 Children.

O quinto conde e a quinta condessa de Carnarvon e Lady Evelyn, com os habitantes de Newbury, comemorando a coroação do rei Jorge V, em 1911.

Trabalhadores da época eduardiana nos terrenos do Castelo.

Carros a motor *Panhard-Levassor* a chegarem ao Castelo, em 1910 aproximadamente.

A alta-roda eduardiana no Castelo de Highclere.

abastados ou por organizações de caridade. Mulheres como Almina e outras senhoras da alta sociedade, que se prontificavam a ajudar o elevado número de feridos de guerra, não estavam apenas numa missão de vaidades, estavam também a satisfazer uma necessidade que jamais seria satisfeita se elas não tivessem posto mãos à obra.

Em setembro de 1914 havia somente uma dúzia de pacientes em Highclere. Lady Carnarvon recebia toda a gente à porta da entrada principal. Acompanhava os homens até aos seus quartos e, depois de se certificar de que eles estavam devidamente instalados, o passo seguinte era enviar um telegrama às respetivas famílias, para as tranquilizar relativamente à situação do filho ou do marido. Almina adorava esses momentos, ser a portadora da notícia por que as pessoas tanto ansiavam. A julgar pelo tamanho do telegrama que ela enviou a Winifred por ocasião da localização de Aubrey, é fácil imaginar que ela não se tenha poupado nas palavras, no seu desejo de relatar todos os pormenores aos membros da família, para os tranquilizar.

Os pacientes percebiam que tinham chegado a um sítio especial assim que abriam os olhos e constatavam que já não se encontravam num abrigo subterrâneo na Bélgica, mas a contemplar um jardim inglês. Passavam os primeiros dias em Highclere enfiados nos respetivos quartos, com livros, cerveja artesanal feita na fábrica do castelo e refeições bastante elaboradas. Um paciente, Basil Jones, mais tarde escreveu a Almina: «Sentimo-nos como se estivéssemos num conto de fadas, por muito grave que fosse o nosso ferimento.» Foi o primeiro de muitos soldados a comentar, reconhecido, as enfermeiras encantadoras e destacando uma, a irmã Bowdler, que ele considerava ser «absolutamente maravilhosa». Os pacientes não tinham como agradecer o suficiente a Almina por ela lhes ceder a sua casa e, nas palavras de um soldado, John Pollen: «Cuidando pessoalmente de todos os pormenores que fazem de uma casa um verdadeiro lar.»

Lady Carnarvon atribuía uma enfermeira a cada paciente, para lhe lavar os pés, mudar as ligaduras dos ferimentos e oferecer conforto. Ela própria queria muito pôr mãos à obra e gostava imenso de fazer as suas rondas, certificando-se de que sabia exatamente o que se passava com todos os homens ao seu cuidado. Também levava o Conde a ver os seus pacientes. Homens cujo «sistema nervoso estava completamente desarranjado», embora a guerra ainda mal tivesse começado, escreveram-lhe mais tarde sobre o quanto haviam gostado das visitas do Conde. Almina encorajava sempre as famílias dos pacientes a irem visitá-los. Sábado era o dia das visitas. Fazia tudo parte da tentativa deliberada de resistir ao anonimato dos grandes hospitais e de cuidar dos homens a todos os níveis.

A abordagem de Almina pode ter sido exemplar, mas era também dispendiosa; aliás, estava a tornar-se num esvaziar constante dos cofres Rothschild. Não que Alfred se importasse muito. Para além do compromisso da família para com a filantropia, para não falar do enorme patriotismo de Alfred, ele era também administrador de um hospital, tendo sido tesoureiro do Queen Charlotte's Hospital durante trinta e um anos até à data da sua morte. Quando Highclere estava em pleno funcionamento há umas semanas, Almina tirou um dia de folga para viajar novamente até New Court, a fim de pedir mais dinheiro ao pai, e os protestos de Alfred foram meramente rotineiros: «Minha querida, ainda no mês passado te dei vinte e cinco mil libras, o que fizeste com esse dinheiro, caramba? Eu sei que é para uma boa causa, mas por favor tem cuidado.» Almina tranquilizou Alfred, arrecadou mais dez mil libras e regressou ao castelo para colocar os seus planos em marcha. Tendo em conta a forma como a guerra estava a desenrolar-se, ela iria necessitar de tudo o que conseguisse arranjar.

No dia 22 de outubro, Lorde e Lady Carnarvon ofereceram o seu apoio por ocasião de uma comovente reunião geral, em Newbury, com o objetivo de encorajar os homens a alistarem-se no Exército. Vivia-se um «ambiente pesado» no país e, não obstante o ritmo do recrutamento ser veloz, eram necessárias mais e mais tropas. Os Carnarvon tiveram o apoio de Lorde Charles Beresford, almirante e membro parlamentar, um grande herói da Marinha que jamais aparecia em público sem o seu buldogue. Lorde Carnarvon, enquanto alto magistrado de Newbury, abriu a cerimónia e manifestou a sua convicção de que, apesar de a guerra ter sido imposta à Grã-Bretanha, iria terminar em breve, desde que a nação se mantivesse firme. Em seguida, Lorde Beresford incitou o público a fazer a sua parte, afirmando que qualquer jovem que se alistasse naquele momento poderia cumprir o seu dever e ainda regressar a casa a tempo do Natal. Beresford pernoitou em Highclere nessa noite; até àquele instante, as camas ainda não se encontravam todas ocupadas pelos pacientes.

Por essa altura a Força Expedicionária Britânica tomava parte na primeira batalha de Ypres. A pressão sobre a Frente Ocidental aumentara desde que os russos haviam sofrido uma grande derrota na Frente Oriental. Os Aliados estavam a aguentar a linha, mas tornara-se por demais evidente que, com mais de um milhão de homens em ambos os lados enfiados em trincheiras na Bélgica e no Norte de França, de modo algum a guerra estaria terminada por altura do Natal.

Os Carnarvon receberam a notícia de que o sobrinho de Winifred, Bar Maitland, tinha sido atingido mortalmente por uma granada. O irmão dele, Dick, um rapaz frágil que sofria de pneumonia durante quase todos os invernos e que era um artista, ofereceu-se para tomar o lugar do irmão e foi promovido a oficial nas Guardas Escocesas. Em seguida, chegaram notícias de tragédias ainda mais próximas de casa: dois dos jovens empregados de Highclere que se haviam voluntariado, Harry Garrett e Harry Illot, tinham morrido em combate na Índia e em França, respetivamente. Ambos haviam sido jardineiros sob a orientação de Augustus Blake, que sucedera a Pope por volta de 1908, e a família de Harry Illot trabalhava em Highclere havia já vinte anos.

As baixas eram imensas, muito mais do que os homens responsáveis pela estratégia tinham imaginado. Como Almina pôde comprovar, os mortos e os feridos eram frequentemente soldados experientes. A nata das forças de combate profissionais dos Aliados estava a regressar de barco completamente desmembrada.

Almina parece ter reagido ao horror de uma forma extremamente característica: dando uso ao seu dinheiro, à sua determinação e aos seus contactos por forma a manter a pressão para que se fizesse cada vez mais. Decidiu que eram necessários mais peritos em

Highclere, pelo que, em meados de outubro, Robert Jones já estava a realizar operações no quarto Arundel a uma série de homens com ossos partidos.

Jones, que recebeu posteriormente o título de cavaleiro em reconhecimento pelo seu trabalho, era um cirurgião ortopedista experiente que aprendera a tratar fraturas durante os anos que trabalhara como cirurgião principal na construção do Manchester Shipping Canal. Criara o primeiro serviço de emergência completo do mundo e implementara-o a todo o comprimento do canal, pelo que estava acostumado a tratar várias pessoas em condições difíceis. Em contraste com o serviço que ele fornecia aos trabalhadores do canal no próprio local, as cortinas e os tapetes de damasco do quarto Arundel devem ter-lhe parecido um cenário surreal. Jones tinha cinquenta e sete anos e sentia a enorme obrigação de fazer a sua parte na frente interna, uma vez que uma grande parte dos seus colegas mais jovens se encontrava nos hospitais de campanha, lutando contra condições que faziam o canal navegável assemelhar-se a um passeio de domingo nos jardins de Highclere.

Dois terços de todas as baixas da Primeira Guerra Mundial (os que sobreviveram tempo suficiente e conseguiram chegar ao hospital) tinham traumatismos nos ossos provocados por estilhaços de granadas e ferimentos de balas. Havia imenso trabalho para os cirurgiões ortopédicos. (Em contrapartida, os ferimentos abdominais eram considerados demasiado complexos para serem tratados, e esses homens, como foi o caso de Aubrey Herbert, eram simplesmente encharcados em morfina; e, ao contrário dele, a maioria morria.) Jones defendia categoricamente que, ao utilizar uma técnica especial denominada «tala de Thomas», que fora desenvolvida pelo seu tio, Hugh Thomas, no tratamento de fraturas expostas, a taxa de mortalidade podia ser reduzida de 80% para 20%. Agora parece-nos estranho imaginar que era possível morrer-se por causa de uma perna partida, mas nos campos de batalha da Primeira Guerra Mundial isso acontecia com bastante frequência. O fémur é o osso mais comprido do corpo e os músculos que o envolvem são proporcionalmente fortes. Quando o fémur se parte os músculos contraem-se, fazendo raspar as extremidades do osso, o que provoca uma lesão adicional, uma perda de sangue perigosa, danos nos nervos e imensa dor. A ideia de Jones implicava usar a tração por forma a garantir que os dois pedaços de osso partido ficavam unidos, para que a regeneração pudesse ter lugar. Tratava-se de um tratamento fantasticamente bem-sucedido e salvou inúmeras vidas em Highclere, assim como durante toda a guerra. Os pacientes que beneficiaram dele ficaram tão reconhecidos e tão conscientes das necessidades dos outros que devolviam frequentemente as talas ao hospital de Almina assim que deixavam de as utilizar.

Almina e a sua equipa de trabalho chegaram a dezembro sem que ninguém tivesse morrido sob o seu cuidado, o que significa que alguém nas docas de Southampton estava a tomar as decisões certas relativamente à prioridade dos vários casos. Robert Jones deixou Highclere depois de ter ensinado Lady Carnarvon e o Dr. Johnnie, que o assistiram em inúmeras operações, a realizar as operações mais simples. O médico ilustre que o substituiu foi Hector Mackenzie. Tratava-se de um conhecido especialista em cirurgias torácicas mas, não obstante todos os seus esforços, um dos pacientes que ele operou, um homem chamado Thompson, faleceu. Quando se tornou evidente que o paciente não ia recuperar, Almina enviou um telegrama à filha dele a convidá-la a passar uns dias em Highclere: «Jamais esquecerei os poucos dias que passei em Highclere, em que assisti à morte do meu pai e ao tratamento carinhoso que ele recebeu da vossa parte. Espero que a senhora já se sinta melhor. Estava com um ar bastante adoentado.»

A família passou o Natal de 1914 em Highclere. Almina fez o possível para decorar a casa e proporcionar um Natal especial a todos. Havia a tradicional árvore de Natal no Salão, enorme, lindas flores de inverno espalhadas sobre as mesas e várias grinaldas de folhagem. O livro de visitas revela que a casa estava a rebentar pelas costuras com soldados feridos e amigos pessoais. Os que podiam sair de casa assistiram às várias missas na igreja da aldeia, juntamente com todos os residentes da casa, desde as enfermeiras, que não tinham direito a férias, às criadas e empregados da propriedade. O pessoal da cozinha andava a preparar o jantar comemorativo há vários dias. A preocupação de Lorde Carnarvon relativamente ao fornecimento de alimentos para o hospital começava a agravar-se, mas aquele não era dia para poupanças, pelo que Streatfield e a sua equipa de criados serviram aos pacientes sopa, seguida de pato assado e um pudim de Natal, na biblioteca da ala norte. Lorde e Lady Carnarvon juntaram-se a eles na Biblioteca, mais tarde, desfrutando um cálice de brande em frente à lareira.

Entretanto, na Frente Ocidental, tinha lugar um estranho encontro, um evento que acabou por adquirir um estatuto quase mítico. Começou quando os soldados alemães e britânicos gritaram «Feliz Natal» uns aos outros, em plena terra de ninguém. Hesitantes e algo incrédulos, os soldados negociaram a sua própria trégua inteiramente não oficial por um dia. Soldados desarmados de ambos os lados saíram das trincheiras para irem recolher os seus mortos e, quando se encontraram no lodaçal de sangue e lama que se estendia entre ambos os lados, apertaram as mãos e decidiram enterrar juntos os camaradas mortos. Alguém sugeriu um jogo de futebol. Os mantimentos foram partilhados: *sauerkraut* com salsichas em troca de chocolate. Nessa noite, enquanto em Highclere os homens agradeciam aos seus anjos da guarda pelo facto de se encontrarem deitados em camas quentes, confortavelmente atestados de brande e pudim de Natal, o som da música *Silent Night*, cantado simultaneamente em inglês e alemão, ecoava das trincheiras. Durante praticamente vinte e quatro horas houve paz na Frente Ocidental.

Foi uma pausa minúscula. A primeira batalha de Ypres, em outubro e novembro, deixara a Força Expedicionária Britânica de rastos, a tentar readaptar as suas táticas face às baixas avassaladoras. O ano seguinte, 1915, estava destinado a sofrer perdas de vida a uma escala ainda maior.

Lorde Carnarvon convidou alguns amigos, entre eles o robusto Victor Duleep Singh, a passarem a semana entre o Natal e o Ano Novo em Highclere. O seguinte gatafunho desanimado consta do livro de visitas: «Entrada no novo ano muito triste e penosa por causa da terrível guerra.»

No início de janeiro, a casa preparou-se para a chegada de mais pacientes. A maioria dos vinte homens que chegaram para serem tratados pertencia à 9.ª Divisão de Infantaria de Bhopal e ao 8.º Batalhão de Fuzileiros Gurkha, mas não todos. Numa carta dirigida a Winifred, Lorde Carnarvon contou-lhe a história de um paciente, um marinheiro, que havia chegado na primeira semana de janeiro. O homem chamava-se S. W. Saxton e escapara de uma maneira extraordinária. Estava a servir no navio de Sua Majestade *Formidable*, em pleno exercício no dia de Ano Novo, quando foi atingido pelo torpedo de um submarino alemão. Enquanto o navio se afundava, Saxton agarrou-se à hélice, não obstante os seus ferimentos, as ondas gigantescas, o vento intenso e a saraivada que ameaçava levá-lo para o fundo. Quando ele perdeu as forças e largou as lâminas da hélice, o seu instinto para nadar empurrou-o na direção de uma traineira parada à distância, mas quando ele conseguiu finalmente alcançá-la apercebeu-se de que não era capaz de subir para a embarcação. Estava prestes a desistir e a deixar-se morrer afogado quando uma onda gigante o apanhou e o depositou no convés. Saxton chegara ao hospital de Almina com ossos partidos, em estado de choque e a sofrer de hipotermia, mas fora sem dúvida um dos sortudos. O *Formidable* foi o primeiro couraçado a afundar-se durante a guerra e dos setecentos e cinquenta homens a bordo somente cento e noventa e nove foram salvos.

Saxton reagiu lindamente ao tratamento em Highclere e, pouco depois, ficou apto para ser enviado para uma das clínicas de recobro utilizadas como posto de concentração de tropas antes de os homens retomarem as suas funções. Muitas dessas clínicas eram geridas por conhecidos de Almina e ela providenciava o transporte e certificava-se de que os homens eram transferidos com todos os registos do seu tratamento médico. Trotman, o motorista do Conde, levava-os de carro até à estação para eles apanharem o comboio, embrulhados em mantas para a viagem e com um *stock* de mantimentos. Por vezes, Trotman levava-os até ao destino deles. Almina acompanhou-o em várias ocasiões e mais tarde recebeu a carta de um progenitor agradecido que não se apercebera de que a senhora que acompanhara o filho a casa era a condessa cujo hospital lhe restituíra a saúde.

Por volta de finais de janeiro de 1915, o Alto Comando Britânico havia decidido que nenhum oficial restabelecido da Força Expedicionária Britânica regressaria à linha da frente, onde encontraria certamente a morte. Em vez disso, permaneceria na Grã-Bretanha para treinar os homens do novo exército de Kitchener, dos quais seriam necessários várias centenas de milhares. Muitos desses mesmos homens caminhariam obviamente para a morte, a seu tempo. Esse ano assistiu ao alargamento da guerra à Itália, aos Balcãs e ao Médio Oriente, e o conflito intensificou-se em todo o lado.

Entretanto, apesar de Almina estar convencida de que tinha encontrado a sua vocação, a exaustão começava a fazer-se sentir em Highclere. Ninguém tinha uma folga desde a abertura do hospital. As enfermeiras estavam de rastos; o pessoal estava à beira do colapso. A dimensão da situação com que eles lidavam começava a tornar-se horrificamente evidente. Almina trabalhara constantemente desde que decidira abrir o hospital, em julho de 1914, e encontrava-se exausta, tanto física como também psicologicamente. Como tal, decidiu que todos precisavam de fazer uma pausa. O castelo fechou durante seis semanas, para estar apto a receber mais pacientes em março, e Almina e Carnarvon foram descansar para o Egito.

12

HERÓIS DE GUERRA

Ao fim de seis meses a ouvirem histórias terríveis sobre a Frente Ocidental e a cuidarem de pacientes desesperados, a familiaridade da viagem de inverno ao Egito deve ter sido uma espécie de regresso a um mundo em vias de extinção. Viajar até ao Norte de África ainda era possível, embora complicado.

O casal estava a seguir o exemplo de Aubrey, Mary e Elsie, que haviam feito a viagem separadamente, antes do Natal. Aubrey recuperara dos seus ferimentos e fora chamado para o serviço ativo. No espaço de quatro meses, passara de alvo de leve chacota, viajando clandestinamente porque o Exército não o considerara apto para servir, a um homem fortemente solicitado e marcado para o cumprimento do dever. As atitudes haviam mudado muito desde que a guerra provara ser um autêntico pesadelo sangrento. Agora, praticamente toda a gente era bem-vinda ao serviço de Sua Majestade.

Aubrey foi destacado para o Egito graças às suas competências no âmbito de assuntos relativos ao Médio Oriente e ao seu conhecimento das várias línguas locais. Partiu sem nada, à exceção de umas peças de roupa e da sua máquina de escrever, e à chegada descobriu que o general Sir John Maxwell, comandante do Exército no Egito, continuava bastante confiante de que os turcos não constituiriam uma grande ameaça. A vida decorria naturalmente no Cairo, com os entretenimentos habituais ainda a terem lugar para os turistas de inverno e os mesmos excêntricos e aventureiros a passearem de um lado para o outro. Aubrey conheceu T. E. Lawrence, que viria a tornar-se um grande amigo, mas cuja primeira impressão de Aubrey foi achar-lhe uma certa piada: «Depois temos o Aubrey Herbert, que é um tolo, mas um tolo simpático: não vê o suficiente para ler ou reconhecer seja quem for, mas fala fluentemente turco, albanês, francês, italiano, árabe e alemão.» Aubrey descreveu o homem que mais tarde seria conhecido como «Lawrence da Arábia» como sendo «um homem de aparência invulgar, meio grosseiro e com um talento especial».

A mãe de Aubrey, Elsie, a condessa viúva de Carnarvon, atravessou o Mediterrâneo até Alexandria, de navio, para estar com ele, mas chegou ao Cairo poucas horas antes de ele ser despachado para Dardanelos. Constatou que a nora, Mary, já lá se encontrava e, tendo decidido tornar-se útil, começou a organizar toda a logística dos navios-hospitais: logo que a campanha arrancasse, os navios-hospitais chegariam e partiriam do porto de Alexandria. Quatro meses mais tarde havia dezenas de navios-hospitais por dia, transportando os sobreviventes da matança de Gallipoli de volta à Grã-Bretanha.

Almina e Carnarvon ficaram hospedados no Hotel Shepheard, como haviam feito ao longo de mais de dez anos, e Almina concentrou toda a atenção na sua própria recuperação, por forma a reaver a energia necessária para regressar ao trabalho. O problema era que o Egito estava a deixar de ser um destino turístico de luxo e a tornar-se o próximo cenário de guerra. O objetivo da campanha era utilizar a combinação da força naval com a força militar, a fim de capturar a capital turca de Constantinopla e assim salvaguardar a rota marítima até à Rússia, via mar Negro. Dessa forma, os russos que combatiam na Frente Oriental podiam ser devidamente aprovisionados e poder-se-ia aliviar um pouco a pressão na Frente Ocidental, que se encontrava numa situação de impasse sem solução à vista. O jovem Winston Churchill, então primeiro-lorde do Almirantado, era um dos principais orquestradores do plano.

O Cairo começava a encher-se de tropas voluntárias provenientes da Nova Zelândia e da Austrália aos milhares. Tratava-se dos homens que formavam a ANZAC (Forças Armadas da Austrália e Nova Zelândia) e que viriam a sofrer baixas assombrosas em Dardanelos no decorrer do ano seguinte. Almina passeava pelas ruas; estas estavam apinhadas de jovens ainda cheios do mesmo otimismo e determinação que ela reconhecera em Aubrey e nos amigos dele, antes de partirem para o Norte de França. Ela sabia em que estado eles iriam regressar a casa, com pernas a necessitar de amputação urgente e os nervos completamente retalhados. Era desolador ver a situação a repetir-se, o que fez com que Almina ficasse ansiosa por regressar a Highclere e fazer tudo o que estava ao seu alcance para ajudar.

Por volta do início de março, Highclere havia-se reorganizado. Durante a ausência de Almina, só ficaram os homens que estavam demasiado doentes para serem transferidos, com algumas enfermeiras a cuidarem deles. Assim que eles foram transferidos para as clínicas de recobro, todo o pessoal pôde descansar. Mas a pausa não durou muito tempo. Por volta do mês de abril, os Aliados estavam a sofrer imensas baixas em França e no Mediterrâneo, pelo que o hospital estava mais movimentado que nunca.

Na Frente Ocidental decorria a segunda batalha de Ypres. Os alemães lançaram um ataque em massa na tentativa de transporem as linhas dos Aliados e, no dia 22 de abril, introduziram uma nova e particularmente terrível arma: gás. Após o bombardeamento, libertaram cento e sessenta e oito toneladas de gás de cloro sobre os Aliados. Foi totalmente inesperado e aterrorizante. Cinco mil soldados franceses morreram dez minutos depois de o gás ter sido libertado sobre as suas trincheiras. Mais dez mil homens ficaram cegos e desfigurados enquanto tentavam escapar. O caos instalou-se ao mesmo tempo que os alemães avançavam, equipados com as suas rudimentares máscaras à prova de gases, eliminando pelo caminho os soldados franceses desesperados. Os Aliados ficaram totalmente desorientados e, ao longo do mês que se seguiu, os alemães ganharam cerca de cinco quilómetros de terreno. Repetiram os ataques com gás, com os mesmos resultados devastadores, sobre a Força Expedicionária Britânica. Morreram cem mil homens, mais de dois terços dos soldados aliados, e milhares regressaram à Grã-Bretanha com toda uma série de sintomas para o pessoal médico tratar.

A situação no Mediterrâneo não era muito melhor. Três dias após o primeiro ataque de gás dos alemães, as forças britânicas, francesas e da ANZAC alcançaram as enormes falésias de Gallipoli e desembarcaram nas praias. Os turcos tiveram tempo suficiente para instalar artilharia no cimo das falésias e espalhar arame farpado nas praias, com o objetivo de protegerem os postos das metralhadoras. Assim que as primeiras tropas desembarcaram na praia, o Exército turco abriu fogo. Os soldados aliados morreram às centenas e o seu sangue manchou o mar de vermelho. Dos primeiros duzentos soldados a desembarcar, somente vinte e um chegaram a terra. Os que conseguiram alcançar a praia depararam-se com artilheiros que começavam a ficar sem munições, mas não sem determinação. O 57.º Regimento de Infantaria otomano foi completamente aniquilado; o regimento perdeu todos os seus homens, que combateram munidos unicamente de baionetas. O seu sacrifício permitiu que mais tropas alcançassem a praia e que o combate se arrastasse.

Os aliados sobreviventes foram forçados a abrigar-se nas saliências estreitas das falésias, enquanto viam os camaradas a morrer à sua volta; os médicos deambulavam com macas por entre o caos, à procura de feridos. Ao fim dos primeiros dias de desembarques, tornou-se por demais evidente que a antecipada vitória célere não iria acontecer. À medida que a campanha avançava, transformou-se num desastre selvático, com inúmeras baixas de ambos os lados. Os navios em que as forças aliadas haviam chegado estavam transformados em hospitais e morgues flutuantes.

Aubrey Herbert estava lá, avançando por entre a batalha, caminhando a custo por entre as trincheiras repletas de homens que tentavam manter a sanidade mental para conseguirem combater, não obstante o inferno que se desenrolava à sua volta. Aubrey estava a tentar alcançar os oficiais turcos responsáveis, com o intuito de negociar um armistício para enterrar os mortos. Um mês após ter desembarcado em Gallipoli, Aubrey negociou com Mustafá Kemal, que mais tarde conquistaria fama como Atatürk, o primeiro presidente da República da Turquia. Aubrey ofereceu-se a si próprio como refém, enquanto o Exército turco recolhia três mil corpos de Kabe Tepe. Aubrey escreveu nas suas cartas endereçadas a Elsie, na Alexandria, que as ravinas repletas de tomilho das montanhas situadas atrás da praia tresandavam a morte.

A batalha arrastou-se durante vários meses, não obstante a terrível perda de vidas e o facto de não se estar a fazer qualquer progresso. Aubrey sobreviveu ao verão nas falésias, mas ficou bastante doente em inícios de setembro. Não era de admirar: as condições em Gallipoli eram sobejamente conhecidas. O verão era insuportavelmente quente, fazendo com que os cadáveres espalhados naquela região se decompusessem ainda mais depressa do que o normal e dessem origem a mais doenças. O inverno era frio, cheio de neve e chuva, e propenso a tempestades que varriam as sepulturas pouco profundas, atirando uma enxurrada de corpos inchados para as trincheiras.

Aubrey foi enviado para Alexandria, onde foi recebido pela mãe na sua qualidade de coordenadora dos navios-hospitais. Elsie ficou encantada por vê-lo, mas, após constatar que o filho não corria nenhum perigo imediato, mandou-o para o Cairo, de repouso, e continuou com o seu trabalho. Aubrey passou uns dias no Hotel Shepheard, agora praticamente encerrado e pejado dos fantasmas dos tempos áureos. Mary fez-lhe companhia e o casal pôde descansar durante uns dias. A febre tinha passado, mas ele sentia-se inquieto e culpado por se encontrar resguardado no que restava da vida luxuosa do Egito. Assim que melhorou, regressou a Gallipoli, mas adoeceu novamente quase de imediato e regressou definitivamente, de barco, em meados de outubro, desgastado e deprimido. Dardanelos destruíra a paz de espírito de Aubrey.

Por essa altura, os Aliados viam-se a braços com o facto de a campanha ser um fracasso. As ordens de evacuação haviam sido frequentes de outubro em diante, mas só depois de uma última e desastrosa tentativa de pressão sobre o inimigo. Anteriormente, em agosto, a falta de progresso tinha começado a causar problemas políticos aos oficiais responsáveis, mas insistiu-se para que se chamassem reforços. Um deles foi um homem chamado David Campbell, que abriu caminho até ao massacre de Gallipoli, vindo da sua nativa Irlanda.

Campbell voluntariara-se para o 6.º Batalhão de Fuzileiros Reais irlandeses, em resposta ao apelo às armas de Kitchener. Após o treino em Dublin e posteriormente em Basingstoke, perto de Highclere, o batalhão embarcou rumo a Alexandria e Dardanelos. Não faziam ideia nenhuma do que os esperava: nessa altura a imprensa britânica continuava dominada pela propaganda. Os homens chegaram a Gallipoli no dia 5 de agosto, sob o calor intenso do pino do verão. O odor dos cadáveres em putrefação na praia fazia sentir-se a um quilómetro de distância. Dois dias depois abandonaram o local, afugentados pelas bombas que caíam à sua volta e com os nervos completamente em frangalhos, e subiram a Deadman's Gully. De vez em quando, brechas nas falésias permitiam uma vista fantástica sobre o mar resplandecente, enquanto em terra as línguas de fogo indicavam a proveniência das bombas.

Durante a missão para tomar posse de um dos pontos mais elevados de Suvla, Campbell foi atingido com um tiro na barriga da perna. Um soldado ajudou-o a ligar a ferida e foi atingido no pé. Agora era a vez de David o ajudar a ele, mas os dois homens continuavam a estar debaixo de fogo e adiante viam um campo de trigo coberto de corpos de soldados mortos. Previsivelmente, David voltou a ser atingido, dessa vez por uma bala que lhe perfurou o pé. Incapaz de se mexer e a perder sangue por causa dos dois ferimentos, David perdeu os sentidos. Ao acordar, constatou que o homem que o havia ajudado estava morto.

Decidiu regressar, arrastando-se pelo mesmo caminho de onde viera. Ainda conseguiu acompanhar um grupo de soldados ensanguentados, mas pouco depois acabou por se ir abaixo, demasiado fraco para continuar devido à perda de sangue. Foi então que David sentiu que o levantavam e apercebeu-se de que um gurha o colocara ao ombro e o transportava, ao mesmo tempo que se esquivava das balas, caminhando de costas até ao posto de primeiros socorros. Demoraram duas horas para chegar, e David foi novamente atingido na perna, mas conseguiram. O gurha pousou-o no chão e desapareceu na multidão, ao mesmo tempo que David lhe agradecia o facto de lhe ter salvado a vida.

Os soldados de serviço ligaram-lhe as feridas, mas já não havia macas disponíveis, por isso David caminhou ao pé-coxinho, apoiado em dois homens, até perder as forças e já só conseguir deixar-se arrastar. Exausto devido ao esforço, ele e os seus ajudantes alcançaram finalmente o hospital de campanha e David foi deitado numa maca e deixado sozinho toda a noite, a tentar descansar entre os gritos dos outros homens feridos e moribundos.

Na manhã seguinte, os carregadores de macas começaram a transportar os soldados que haviam sobrevivido para o posto de evacuação. Tiveram de atravessar a praia para lá chegar e, mais uma vez, os atiradores começaram a alvejá-los um a um, até já não haver carregadores de macas suficientes para transportar os feridos que, por sua vez, se limitaram a permanecer deitados, indefesos, à espera do tiro certeiro. O sol torrava-os e eles não tinham água para beber. David chegou à conclusão de que a única forma de conseguir sobreviver seria arrastar-se até ao posto de evacuação. Quando por fim o alcançou, foi tratado de imediato. Não havia qualquer pressão sobre o pessoal médico, pois os sobreviventes eram praticamente inexistentes. Os navios-hospitais estavam cheios, mas um oficial conseguiu requisitar uma traineira de pesca e David foi um dos homens a embarcar nela. No dia seguinte, alcançou um navio-hospital do Exército britânico. Foi-lhe atribuído um camarote juntamente com três oficiais. Todos eles faleceram durante a noite e foram substituídos por outros três.

David Campbell não fazia a mínima ideia de que a capitã de porto que estava a supervisionar a chegada do seu navio a Alexandria era Elsie Carnarvon. Sir John Maxwell, comandante-supremo da Força Expedicionária Mediterrânea, comentou com os seus subalternos que ela estava a fazer um excelente trabalho e que lhe fora atribuída uma lancha a motor para ir ao encontro dos navios que iam chegando, o que facilitava a tarefa dela.

No início de maio era demasiado evidente para todos que as baixas em Dardanelos eram absolutamente catastróficas, ultrapassando em muito o esperado. A previsão confiante de Sir John de que os turcos jamais conseguiriam causar grandes danos provara estar lamentavelmente errada. Assim que Elsie se inteirou da gravidade da situação, assumiu pessoalmente o controlo das coisas. Entrou em contacto com Almina e as duas mulheres conseguiram reunir vinte e sete enfermeiras para serem enviadas para Alexandria. As enfermeiras partiram de Tilbury no dia 15 de maio de 1915, a bordo do navio a vapor *Mongolia*, da P&O.

A esposa de Aubrey, Mary, ajudou Elsie a resolver as coisas no Egito. O processo burocrático provou ser bastante complexo, uma vez que as enfermeiras não possuíam vistos ou autorizações de trabalho que lhes permitissem ficar, e as autoridades militares estavam inicialmente mais preocupadas em seguir as regras e o orçamento. Mary e Elsie argumentaram que estavam dispostas a pagar o salário de duas libras e dois *pennies* semanais por enfermeira, o que resolveu um dos obstáculos; sugeriram também que, tendo em conta o facto de as enfermeiras já lá se encontrarem e serem urgentemente necessárias, talvez estivesse na altura de mudar as regras relativamente aos vistos e às autorizações de trabalho. Tratava-se de um argumento convincente e, por fim, Elsie conseguiu as suas enfermeiras. O facto de Sir John Maxwell ser um grande amigo pessoal também deve ter ajudado.

Elsie, agora com sessenta anos, era uma dessas mulheres incríveis com uma capacidade enorme para obter resultados. O calor intenso não parecia incomodá-la e ela nunca se queixava. Sempre que faltavam macas, revistava a cidade à procura de uma máquina de costura e de tecido, organizando equipas de trabalho para criar o equipamento necessário. Montou uma cantina para as forças da ANZAC e providenciou toda a cutelaria e faiança. Um dia, os homens exaltaram-se de tal maneira que partiram vários pratos e copos. Elsie decidiu entrar pela cantina adentro e exigir saber o que se passava. O que diriam as mães deles face àquele comportamento? A atitude dela pôs fim à desordem e quando os homens se aperceberam de quem ela era, e o que fizera por eles, puseram-se em fila para lhe pedir desculpa.

Entretanto, David Campbell fora bafejado pela sorte. Foi autorizado a regressar à Grã-Bretanha e, tendo evitado os hospitais militares egípcios, partiu de Alexandria no navio *Aquitania*. Dizer que as condições a bordo eram básicas é pouco. Toda a gente contraiu disenteria, incluindo David. Retiraram-lhe os estilhaços de chumbo dos ferimentos de bala sem a ajuda de qualquer anestesia. Previsivelmente, o pé dele ficou gangrenoso e foi marcado para amputação, mas o cirurgião adoeceu também e não pôde realizar a operação, pelo que David chegou à Grã-Bretanha ainda com ambos os pés. Em Southampton a sua sorte continuou e ele foi enviado para Highclere. Em meados de setembro, partiu da costa sul numa ambulância, na companhia de três pacientes que gemiam em uníssono sempre que o veículo passava por cima de um buraco na estrada. A viatura ribombou até à entrada da casa e um criado ajudou David a sentar-se numa cadeira de rodas, empurrando-o com todo o cuidado ao longo da entrada coberta de gravilha e transpondo a porta da frente de Highclere.

Como de costume, Almina estava presente para receber os novos pacientes, acompanhada de duas enfermeiras. Foram necessários dois criados para ajudar David a subir a escadaria ornamentada e alcatifada, passando pela estátua de mármore italiana do quarto conde e da sua irmã Eveline no primeiro patamar e percorrendo a tapeçaria flamenga do século XVII até chegarem ao quarto que lhe havia sido destinado. Uma vez no interior do quarto, as enfermeiras ajudaram-no a lavar-se. Ainda estava sujo da imundice dos campos de batalha e todas as peças de roupa tiveram de ser queimadas. Arranjaram-lhe pijamas e um roupão e, depois de ele ter tomado banho e de estar confortavelmente instalado, Almina e o Dr. Johnnie visitaram-no para procederem à avaliação do paciente.

O pé dele tinha um aspeto terrível. Estava inchado, escuro e incrivelmente sensível ao toque. Porém, Almina havia tomado uma decisão. Queria evitar amputações a todo o custo, convencida de que eram realizadas com demasiada frequência, por vezes para conveniência dos médicos e não para o bem-estar do paciente. No campo de batalha talvez fosse uma questão de vida ou de morte, mas ali em Highclere, onde o risco de infeção era bastante mais reduzido, ela exigia que a equipa médica fosse ambiciosa relativamente à redução no número de amputações.

Almina lavava e ligava o pé de David diariamente, e aparecia por altura das refeições para saber se ele tinha tudo o que necessitava. Os excelentes cuidados de enfermagem compensaram: ao fim de uma semana, ele foi encorajado a sentar-se ao ar livre e daí progrediu para as muletas. Alguns amigos foram visitá-lo e quase não o reconheceram, visto estar bastante mais magro e ter o rosto chupado por causa dos efeitos da disenteria e do cansaço mental. Porém, estava a recuperar tanto mental como fisicamente. Escreveu à família: «Não deve haver maior consolação do que passear por entre a relva viçosa e sentar-me debaixo dos cedros.»

Na verdade, David não estava totalmente certo. Houve um paciente felizardo que obteve um consolo ainda maior, sob a forma das atenções da menina querida de Highclere, uma enfermeira particularmente bonita com o cabelo castanho-avermelhado. Porchy, nessa altura um estudante de dezassete anos que também se apaixonara ligeiramente por ela, adorava contar a história de como, certa noite, durante o seu turno, Almina fora dar com o felizardo major George Paynter, das Guardas Escocesas, a beijar a enfermeira. Almina retirara-se delicadamente do quarto, mas, na manhã seguinte, mandara chamar a enfermeira. Aparentemente, a dedicação de Almina aos cuidados holísticos tinha o seu limite: «Ouça, minha querida, lamento, mas vou ter de a mandar embora. Não posso ter enfermeiras a comportarem-se desta maneira. O coração do paciente deve ter sofrido uma forte emoção. Ele podia inclusivamente ter morrido!» A enfermeira bonita e de cabelo cor de fogo foi-se embora, para grande tristeza do paciente.

Pouco depois, David recebeu alta médica e foi chamado a apresentar-se perante o Conselho Médico do Exército, no dia 4 de novembro. Deixou relutantemente Highclere, mas sabia que tinha de ceder o lugar a outros pacientes, bem como informar as autoridades. Foi-lhe atribuído um mês de licença até ser obrigado a comparecer de novo, pelo que partiu rumo à Irlanda. A viagem provou ser um esforço demasiado para o pé dele e David regressou ao hospital, em Dublin. Passou lá um mês antes de receber alta e regressar finalmente a casa, mas duas semanas mais tarde recebeu outro telegrama a mandá-lo apresentar-se perante o Conselho Médico. Dessa vez, David foi considerado apto e foi-lhe ordenado que se dirigisse aos Fuzileiros irlandeses para se apresentar ao serviço de imediato.

13
HOSPITAL AMBULANTE

O Natal de 1915 chegou e Almina já não tinha energia suficiente para se dedicar às festividades. O hospital era um sucesso: ela via como os pacientes beneficiavam imenso e lia a sua gratidão nas cartas que eles lhe enviavam. Estava a treinar um grupo seleto de enfermeiras e a contratar os melhores médicos da altura para realizarem operações pioneiras que salvariam inúmeras vidas. Tinha os meios para permitir que o seu pessoal tratasse todos os pacientes com o máximo de competência e atenção. Estava a ganhar o respeito do Comando Sul das autoridades militares, que confiavam plenamente na sua opinião, a ponto de, sempre que ela dizia que determinado homem não se encontrava suficientemente recuperado para comparecer perante o Conselho Médico, nem sequer duvidarem. O hospital de Almina em Highclere era um sucesso em todos os aspetos: ela tinha a certeza absoluta de que havia encontrado a sua vocação. Ainda assim, sentia-se exausta e frustrada por não conseguir fazer mais. E só chegavam más notícias vindas de todo o lado.

Tinham chegado relatos sobre mais uma morte em Highclere. George Cox, um moço de estrebaria, havia sido morto em Ypres em maio, mas as autoridades demoraram seis meses para informar a mãe dele. Quando a guerra começara não fora criado nenhum sistema para registar os mortos e os feridos, e a extensão das baixas era tal que somente no final de 1915 é que a Comissão das Sepulturas da Guerra Imperial conseguiu implementar um sistema. Após a oferta do terreno, por parte do governo francês, para a criação dos cemitérios de guerra para os soldados aliados da Frente Ocidental, deu-se início à sinalização das sepulturas. Os capelães do Exército tinham utilizado garrafas contendo pedaços de papel escritos com o nome do soldado, por forma a assinalarem as sepulturas, e agora estas podiam ser substituídas por cruzes de madeira. O corpo de George Cox estivera enterrado nos campos de França durante seis meses, enquanto a mãe perdia cada vez mais a esperança de ter notícias dele, mas isso não impediu que mais dois homens de Highclere se alistassem.

Maber e Absalon eram ambos couteiros que decidiram juntar-se ao recentemente centralizado Batalhão de Metralhadoras. Lidavam diariamente com armas no seu local de trabalho, por isso eram provavelmente considerados elementos indispensáveis. Não obstante as falhas estratégicas, a falta de progresso e o número desmoralizante de baixas, o estado de espírito público em finais de 1915 continuava a ser de determinação. Não havia, até à data, falta de recrutas.

Todavia, os últimos meses tinham sido deprimentes até para o patriota mais convicto e positivo. Na Frente Ocidental, os Aliados haviam perdido quase noventa mil homens em comparação com os vinte e cinco mil alemães, e Sir John French, o comandante da Força Expedicionária Britânica, continuava a vacilar e a discutir tanto com os seus colegas como também com o comando francês. Em dezembro foi-lhe ordenado que regressasse à Grã-Bretanha e foi substituído por Sir Douglas Haig.

O mesmo aconteceu em Dardanelos. Kitchener deu finalmente autorização para evacuarem; ironicamente, essa parte da operação foi a única vez em que foram bem-sucedidos, isto é, houve relativamente poucas baixas. Contudo, a ANZAC e a Força Expedicionária Mediterrânea perderam quase trinta e cinco mil homens entre ambos, até 70% em alguns regimentos, e o total de baixas (incluindo os efeitos terríveis das doenças) rondava o meio milhão. Todo o processo foi um autêntico desastre e despoletou o colapso do governo liberal. Winston Churchill, que fora um dos primeiros e principais apoiantes da campanha de Gallipoli, foi forçado a demitir-se do seu cargo no Ministério da Marinha. Enquanto secretário de Estado dos Negócios Estrangeiros e da Guerra, Kitchener foi duramente criticado pelos dois fracassos e o grande herói jamais recuperou a sua reputação de invencibilidade. O país encontrava-se terrivelmente desanimado.

Um dos poucos motivos de alegria para Almina era a relação que tinha com a filha. Almina recebera imenso apoio nesse ano por parte de Lady Evelyn. Em 1915, Eve tinha catorze anos e continuava a ser educada em casa, pela governanta. Sentia imensa falta de Porchy, que se encontrava a estudar em Eton; todavia, ao contrário do irmão, Eve era muito próxima de ambos os progenitores. Era frequente servir de mediadora entre o irmão e os pais, mas com pouco sucesso. Como Winifred comentou numa das cartas enviadas ao marido, Lorde Burghclere: «Almina foi fantástica aquando da organização do hospital, mas falhou no que diz respeito ao filho.»

Mas a verdade era que, ao contrário de Porchy, Eve não dava problemas. Era mais tímida, pelo que raramente irritava a excêntrica mãe. Tinham imenso em comum, uma vez que ambas gostavam de festas e de moda, para além de possuírem uma energia imensa, o que significava que nenhuma delas era capaz de estar parada durante muito tempo. Em contrapartida, as personalidades de Almina e de Porchy chocavam imenso, em parte porque ambos eram obstinados e gostavam de ser o centro das atenções. Eve era também mais trabalhadora e estudiosa que o seu querido, mas frágil, irmão, e possuía uma curiosidade e um entusiasmo genuínos relativamente às explorações do pai no Egito. O mesmo não se podia dizer de Porchy. Talvez o peso da expectativa sobre ambos fosse também menor, uma vez que Eve não era herdeira. De qualquer maneira, ela fora sempre alvo do afeto familiar. Lorde Carnarvon venerara-a toda a vida, e Porchy também, e ela e Almina adoravam-se uma à outra. Eram incrivelmente parecidas; Eve era pequenina, com pouco mais de metro e meio de altura, e era bastante magra. Tornou-se uma bela rapariga, com uma boca bonita, as maçãs do rosto salientes e os olhos escuros.

Quando a guerra foi declarada e a mãe dela decidiu transformar o castelo num hospital, Eve mergulhou numa rotina muito diferente daquela que havia desfrutado durante a infância. Em vez dos dias tranquilos, com aulas e visitas ocasionais à cidade com a mãe, para visitar Alfred e a Coleção Wallace, onde o avô era curador, ela deu por si a viver numa casa cheia de soldados gravemente feridos. O ambiente alternava constantemente entre o tenso e o triunfante, dependendo do quão bem corriam as coisas na sala de operações ou de quantos nomes de amigos apareciam publicados diariamente na lista de baixas do jornal *The Times*. Foi um enorme abalo que acordou Eve de um modo de vida privilegiado e a forçou a crescer rapidamente. A filosofia de Almina em relação ao desejo de fazer serviço público estendia-se aos tempos livres da filha. Assim que terminava as aulas, Eve costumava ajudar Almina nas suas rondas, conversando com os pacientes e levando a cabo tarefas básicas de enfermagem. A rapariga doce e bonita era compreensivelmente uma das grandes favoritas dos pacientes. Um deles tinha trazido um cachorro lobo-da--alsácia de França, às escondidas, e oferecera-o a Eve. O cão dormia no quarto dela, no segundo piso do castelo, e tornou-se absolutamente dedicado a ela. Eve era uma excelente cavaleira e costumava passear a cavalo nos jardins, na companhia do chefe dos estábulos, Arthur Hayter. O cachorro ia sempre com ela, correndo para a acompanhar.

Nem mesmo o assistente de Lady Evelyn conseguia esconder o facto de Highclere estar a chegar ao seu limite. A equipa composta por Almina, pelo Dr. Johnnie e por Mary Weekes, apoiada fortemente por Streatfield e pela Sr.ª Macnair, funcionava no máximo da sua eficiência, mas Almina continuava atormentada com a sensação de que precisava de fazer muito mais. Por volta do início de dezembro, decidira que o projeto excedera a dimensão de Highclere e que estava na altura de transferirem o hospital para Londres. Almina podia ter convertido os quartos do piso inferior em enfermarias gigantes, como é evidente, e assim albergar até vinte homens em cada espaço, mas estava convencida de que uma grande parte do seu sucesso assentava no facto de a relação enfermeira-paciente ser bastante importante e de os homens terem o luxo da tranquilidade e do espaço pessoal. O hospital era gerido com muito amor e ela queria que assim continuasse. Seria uma mudança complicada: Highclere possuía uma essência invulgarmente terapêutica. Almina tinha imensa pena de ficar sem os jardins maravilhosos e o fornecimento abundante de fruta e legumes frescos, por isso decidiu que as novas instalações teriam pelo menos acesso a um jardim e que ela garantiria o envio de alimentos de Highclere para o hospital.

Almina conseguiu arrendar o n.º 48 da Bryanston Square, uma encantadora residência urbana em Mayfair, com vista para um jardim tranquilo e cercada por uma vedação de ferro. Os administradores da Cadogan Trustees assentaram nas suas atas que «eram desfavoráveis à aprovação da candidatura» de Lady Carnarvon, porém, caso a recusassem, o Ministério da Guerra poderia servir-se dos seus poderes para requisitar o espaço para fins militares. Como tal, aceitaram o pedido de Almina. A casa possuía duas vantagens distintas em comparação a Highclere: os médicos especialistas nunca estavam a mais de meia hora de distância e o espaço poderia ser mais bem equipado que o castelo, proporcionando assim a capacidade para tratar uma maior variedade de ferimentos. Almina mandou instalar um elevador, uma sala de operações construída propositadamente para o efeito e uma máquina de raios X. Em seguida, transferiu todo o seu pessoal do campo para a cidade e colocou-o sob a orientação da irmã Macken, a enfermeira-chefe.

O hospital de Londres não só seria melhor como também seria maior: Almina sacrificou o seu adorado conceito de quartos individuais, por forma a duplicar a capacidade. Agora havia quarenta pacientes em simultâneo, com alguns quartos individuais, mas o mais normal era serem dois a quatro homens por quarto, e ela batizou as pequenas enfermarias com os mesmos nomes dos quartos de Highclere: Stanhope, Sussex, Arundel e por aí fora. Os pacientes continuavam a achar que se tratava de um espaço incrivelmente acolhedor, com camas confortáveis, lençóis da melhor qualidade e pijamas e outras peças de roupa adicionais, até as famílias conseguirem enviar as deles. Almina continuava a dar prioridade à ligação com a família, enviando telegramas e cartas com atualizações regulares sobre o estado de saúde dos pacientes que não tinham hipótese de o fazer pessoalmente. De acordo com a visão dela para o novo hospital, os pacientes passavam algum tempo no jardim da praça e comiam os legumes e queijos que chegavam diariamente de Highclere.

O hospital de Londres tinha acabado de abrir as suas portas quando foi honrado com a visita de dois dos primeiros apoiantes de Almina. No dia 4 de janeiro, Lorde Kitchener inspecionou as novas instalações e manifestou o seu profundo agrado. Duas semanas mais tarde, a irmã Keyser, um elemento de inspiração e aconselhamento fundamental no início da guerra, também o visitou. Almina estava praticamente a rebentar de orgulho quando mostrou os cantos da casa à sua convidada.

O castelo retomou o seu dia a dia normal, à exceção, claro, de que a guerra continuava apesar de o hospital já não existir. As enfermeiras foram transferidas para a cidade e o mesmo aconteceu a Mary Weekes, mas o Dr. Johnnie continuava a exercer entre Londres e Highclere. Almina contratou os serviços adicionais de Dr. Sneyd para Bryanston Square. Streatfield, a Sr.ª Macnair e o resto do pessoal permaneceu em Highclere; após a azáfama dos últimos dezasseis meses, o descanso era mais que merecido. Lady Evelyn e Lorde Carnarvon continuaram a viver entre a casa de Berkeley Square e Highclere, e Almina visitava-os aos fins de semana, sempre que possível. No futuro próximo adivinhavam-se poucas festividades, mas os Carnarvon não tencionavam despedir ninguém e os empregados tinham apenas menos trabalho para fazer.

Um grupo tristonho, composto essencialmente por mulheres, manteve as aparências em Highclere durante o ano de 1916. Todas as conversas da sala de estar dos criados giravam em torno da guerra e da sina dos homens de Highclere em particular. Florence, uma das criadas, fora-se embora porque se casara com o jardineiro Tommy Hill. O casal planeara fazer uma vida totalmente diferente. Agora, ela receava que o seu Tommy se alistasse e achava que não ia aguentar a pressão caso ele o fizesse. Estavam casados há menos de dois anos e Florence queria começar uma família.

As únicas notícias que chegavam à casa eram relacionadas com a lista de mortos ou de feridos em combate. Havia sempre uma grande tensão entre a plena noção de que todos tinham de fazer sacrifícios e o pavor perfeitamente normal de perder um ente querido. A capacidade do povo de fazer sacrifícios foi variando ao longo da guerra, com a sensação generalizada de descontentamento a aumentar de dia para dia. Felizmente, Florence não tinha como adivinhar que Tommy seria apanhado no meio de eventos em 1916 que converteriam a disposição da nação num desespero furioso.

Outro romance de longa data entre membros do pessoal doméstico teve a sua consagração no final desse ano. Minnie Wills trabalhava nas cozinhas desde 1902, altura em que entrara ao serviço como a criada com a posição mais baixa. Em 1916 já tinha sido promovida a cozinheira, primeiro em Highclere e depois no n.º 48 de Bryanston Square, quando Almina mudara o hospital para Londres. Minnie usava um avental branco comprido por cima da farda e uma touca branca muito engomada, e seguia à risca o livro *Book of Household Management: A Guide to Cookery in All Branches*, da autoria de Mrs. Beeton. [*Livro de Gestão Doméstica: Guia de Gastronomia em Todas as Suas Vertentes.*] Tendo alcançado o auge da sua profissão, decidiu que tinha chegado o momento de aceitar a proposta de casamento de Arthur Hayter. Após o enlace, ambos deixaram de trabalhar para os Carnarvon e compraram um *pub*. O pessoal feminino de Highclere ficou encantado por ela, embora lamentasse o facto de não ter antes comprado um restaurante: não a podiam visitar num *pub*, uma vez que era um local frequentado exclusivamente por homens.

A vontade de se alistar tanto assaltou Porchy como Tommy. No início de 1916, Porchy tinha apenas dezasseis anos, mas estava absolutamente ansioso para deixar Eton e alistar-se em Sandhurst. Lorde e Lady Carnarvon tinham muitas reservas por causa da idade dele, mas o filho insistia e eles sentiram que era errado dissuadi-lo de cumprir o seu dever. Porchy fez o exame de admissão e passou a tudo exceto no teste de Matemática, disciplina a que chumbou redondamente. Alguém mencionou que Lorde Kitchener era amigo pessoal da família e, como por magia, essa falha de Porchy foi completamente apagada. Como tal, partiu rumo a Sandhurst e deixou a irmã e os pais preocupadíssimos com o seu bem-estar. Porchy estava destinado a ser um oficial de cavalaria, o que era uma sorte visto ter o pé chato.

Almina necessitava mais que nunca da distração do trabalho, por isso dedicou-se de corpo e alma ao dia a dia em Bryanston Square. Tinha trazido a maior parte do equipamento hospitalar de Highclere e usara o seu próprio dinheiro para adquirir mais camas, lençóis e louça. Porém, Alfred continuava a suportar as despesas de pessoal, tanto no que dizia respeito às enfermeiras como também ao pessoal doméstico. Havia uma cozinheira, uma dúzia de criadas e vários criados. Mais importante ainda, ele entrou com mais dinheiro para mandar instalar o equipamento ultramoderno e o material médico indispensável de que Almina tanto necessitava para salvar mais vidas.

Alfred era, por essa altura, um homem destroçado. Sempre fora hipocondríaco, mas agora sofria verdadeiramente. Vivia atormentado pelo efeito combinado de vários anos de vida boa e de fadiga emocional. Sentia-se destroçado desde o início da guerra e nada do que tinha acontecido entretanto conseguia aliviar o seu tormento. A sua família extremamente unida, mas espalhada pelo mundo, encontrava-se em lados opostos do conflito, tal como ele sempre receara. Havia membros da família Rothschild na Europa Central dos quais ele não tinha qualquer notícia e o mundo em que tinha vivido toda a sua vida — os bancos, as férias em família com os primos da Europa continental e a roda-viva social — fora completamente destruído.

A única coisa que servia de consolo a Alfred era apoiar o trabalho de guerra dos Aliados. Mais tarde nesse mesmo ano, por ocasião do banho de sangue na batalha do Somme, ele ofereceria as maravilhosas faias de Halton House ao Conselho de Controlo de Madeiras para serem utilizadas como suportes nas trincheiras empapadas do Norte da França. Para já, ele estava concentrado em manter o hospital de Almina em pleno funcionamento.

A máquina de raios X de Almina era a menina dos olhos dela. Os raios X tinham sido descobertos em 1895 e a sua relevância para os cirurgiões militares tornou-se imediatamente evidente: a possibilidade de localizar uma bala com precisão, sem recorrer a intervenções cirúrgicas complicadas, era de uma utilidade incalculável. Bryanston Square agora possuía os meios para levar a cabo operações revolucionárias a fraturas e a ferimentos de bala. Pacientes não lhe faltavam.

Em fevereiro deu-se a batalha de Verdun, que acabaria por ceifar trezentas e seis mil vidas, e um homem chamado Bates deu entrada no hospital de Almina. Harold Bates era capelão do Exército, uma pessoa reservada e pouco emotiva que, mesmo quarenta anos mais tarde, se recusaria a revelar o que vira e o que fizera durante a Primeira Guerra Mundial. Ele estava na Frente Ocidental desde agosto de 1914, altura em que fora destacado juntamente com a 6.ª Divisão. No final de 1915, fora ferido em Ypres, com um tiro na perna.

Os capelães militares existiam desde sempre, mas, por uma questão de necessidade, o seu papel tomou novas proporções durante a Primeira Guerra Mundial. Pela primeira vez na História, grandes contingentes de homens viviam nos campos de batalha em condições atrozes, semanas e meses a fio. Necessitavam desesperadamente de conforto e orientação, e os capelães, na sua qualidade de não-combatentes desarmados, encontravam-se frequentemente no meio desse horror. Era por demais evidente que o Sr. Bates estivera envolvido o suficiente para ser atingido, e o seu ferimento era bastante complicado até, a ponto de ter permanecido sete meses em Bryanston Square, ao cuidado de Almina. Era um eclesiástico dedicado que continuou a servir a Igreja Anglicana até à data da sua morte, na década de 1960.

No hospital, ele desempenhou as suas funções com determinação e dignidade, acompanhando Almina nas rondas logo que conseguiu sair da cama e caminhar, ainda que a coxear. Não obstante a máquina de raios X, a operação e os excelentes cuidados de enfermagem, Bates, que era um homem alto e corpulento, ficou aleijado para o resto da sua vida. Caminhava com a ajuda de uma bengala e tinha imensa dificuldade em subir lanços de escada. Quando, por fim, ficou em condições de ter alta hospitalar, foi aposentado pelo Exército. Era um excelente capelão, mas os seus dias de chafurdar na lama para ir confortar os soldados feridos haviam chegado ao fim. E a verdade era que escapara mesmo a tempo.

14
MORTE NAS TRINCHEIRAS

A guerra do Sr. Bates havia terminado, mas Aubrey Herbert, não obstante a desilusão imensa no rescaldo da campanha de Gallipoli, preparava-se para regressar ao Médio Oriente. Em março de 1916, partiu num navio rumo à Mesopotâmia, na companhia do comandante-supremo do Egito, do comandante-supremo do Mediterrâneo e do príncipe de Gales. Era a primeira vez que Aubrey conhecia o filho mais velho de Jorge V e da rainha Maria, que fora temporariamente Eduardo VIII até o seu desejo de casar com Wallis Simpson ter provocado a crise da abdicação. Aubrey, claramente pouco impressionado, comentou que pelo menos «era uma pessoa mais imaginativa do que eu pensava. Disse que detestava estar em casa e que lhe custava imenso pensar nos homens que estavam nas trincheiras».

O envolvimento militar britânico na Mesopotâmia começara por ser uma operação para salvaguardar os campos petrolíferos do atual Iraque; de extrema importância, tendo em conta que a campanha naval em particular dependia fortemente do petróleo. Contudo, agora estava a mergulhar numa humilhante espiral de calamidade e a competência de Aubrey a nível de línguas, assim como o seu conhecimento local, fazia dele uma pessoa indispensável.

A 6.ª Divisão Indiana fora destacada para a região vinda das bases militares de Bombaim, sob o comando do general Townshend, mas infelizmente encontrava-se muito mal equipada, tanto em termos de alimentos como também de transporte. À medida que os problemas militares se foram agravando, esses cortes orçamentais provaram ser catastróficos. Aubrey tinha um mau pressentimento em relação à situação, mas esperava estar enganado. Quando chegou, escreveu uma carta ao seu grande amigo Sir Mark Sykes, que continuava no Ministério de Guerra: «A situação aqui é muitíssimo sangrenta.»

O general Townshend batera em retirada para Kut al-Amara, que ele tentava defender contra as forças turcas incrivelmente superiores. As tentativas para o obrigar a render-se e acabar com o cerco haviam falhado. As tropas deles estavam a morrer à fome; haviam sido levadas a cabo entregas de mantimentos por via aérea, mas, ainda assim, por volta de abril, os homens estavam reduzidos a cem gramas de comida por dia e achavam-se atingidos por inúmeras doenças. Não havia outra solução senão renderem-se.

Aubrey escreveu ao coronel Beach, o chefe da Inteligência Militar na região, a oferecer-se para acompanhar o general Townshend às negociações. Ele conhecia bastante bem alguns dos turcos mais importantes. Enquanto esperava pela resposta, visitou os prisioneiros de guerra turcos nos campos do Exército britânico e apercebeu-se de que o estado de espírito geral era bastante animado. Estavam convencidos de que depois de Gallipoli, Salonica e agora Kut iriam certamente sair vitoriosos. A reação de Aubrey foi típica da determinação impetuosa que persistia nas forças e no povo britânicos, não obstante o choque das várias derrotas. Informou os turcos confiantes de que o seu país tinha por hábito «ser derrotado no início das guerras e sair vitorioso no final».

Precisamente um ano após a chegada de Aubrey a Gallipoli, reencontrou o seu amigo T. E. Lawrence e foi nomeado para negociar com o Alto Comando turco. Os dois homens esperavam conseguir assegurar um período de tréguas que permitisse que os soldados feridos embarcassem num navio com destino a casa, mas o governo britânico parecia ter um objetivo a longo prazo em mente. Os homens foram autorizados a oferecer dois milhões de libras e a promessa de não voltar a atacar o Império Otomano. Essa oferta foi rejeitada e, embora tivesse havido um período de tréguas para permitir a troca de prisioneiros, no dia 29 de abril de 1916 o general Townshend rendeu-se. Foram capturados treze mil soldados britânicos e indianos.

O incidente foi uma tremenda humilhação para o Exército britânico. Deve ter sido quase impossível, inclusivamente para Aubrey, acreditar que o seu país teria alguma hipótese, enquanto contemplava o rio Tigre repleto de cadáveres inchados. Os corpos eram levados para as margens do rio e iam de encontro às pequenas embarcações que balouçavam para cima e para baixo. Tinha havido um surto de cólera que dizimara as tropas já de si enfraquecidas. Dos treze mil prisioneiros de guerra, mais de metade morreu de fome ou às mãos dos seus captores.

Aubrey não era o único homem de Highclere naquela região. O major Rutherford, administrador do Conde, tinha um filho a servir como tenente na 1.ª Companhia do 4.º Regimento de Hampshire. O jovem acabou por ser enviado para o hospital de Almina, sobrevivendo à guerra. Lorde Carnarvon escreveu a Aubrey para lhe pedir que descobrisse o que tinha acontecido «aos rapazes que trabalhavam na coudelaria e na propriedade». Ele «contava enviar-lhes dinheiro ou pequenos presentes». A notícia demorou uma eternidade a chegar. Albert Young, Charlie Adnams e George Digweed eram jardineiros e alistaram-se juntos, tendo servido também na 1.ª Companhia do 4.º Regimento de Hampshire durante a malfadada tentativa para controlar Bagdad. Talvez quando as moscas, o ar sufocante e o fedor dos cadáveres empestados de cólera se tornaram insuportáveis, eles tivessem sonhado com os jardins murados e tranquilos e tivessem conversado sobre as azáleas holandesas que deveriam estar a florir nos relvados da zona leste do castelo. Foram todos sepultados na Mesopotâmia. Adnams e Digweed foram feitos prisioneiros em Kut e morreram no campo prisional. Thomas Young foi morto em combate durante a travessia do Shumran Bend, no dia 21 de janeiro de 1916, e o mesmo aconteceu a Frederick Fifield. O seu corpo nunca foi encontrado. O irmão mais novo continuava em casa, em Highclere, a trabalhar no serviço da construção. Somente Tom Whincup, que trabalhava sob a chefia do seu meio-irmão, Charlie Whincup, na coudelaria, e Charles Steer, que trabalhava no mesmo lugar, sobreviveram à campanha e tiveram a sorte de conseguirem evitar ser capturados.

Aubrey regressou à Grã-Bretanha no início de julho e foi para Highclere. Queria ver o irmão. Toda a sua vida, mesmo depois de se ter definido como um homem imprescindível para negociar a vida de soldados, Aubrey sentira a necessidade de manter o contacto com o irmão. Lorde Carnarvon ficou claramente satisfeito por Aubrey se encontrar a salvo e em posição de lhe contar exatamente o que se havia passado. Também se sentia infinitamente frustrado por somente poder desempenhar um papel à margem dos acontecimentos. Através da sua amizade com Moore-Brabazon, passara a estar fortemente envolvido no desenvolvimento de máquinas fotográficas e na interpretação de fotografias aéreas, um trabalho levado a cabo pelo Corpo Real de Aviação, mas desejava ardentemente que a sua saúde lhe permitisse fazer mais.

Era a segunda vez, no espaço de um ano, que Aubrey regressava do Médio Oriente com a sensação de impotência e desespero. Procurava o conforto do lar.

Escassas semanas mais tarde, mais sete homens abandonaram a propriedade de Highclere. Henry Berry, da serração; Charles Brindley, canalizador; Charles Choules, carpinteiro; Willie Kewell, um trabalhador da quinta; Ernest Barton, também carpinteiro; Gilbert Attwood e William Bendle, ambos do serviço da construção. Todos se sentiram compelidos pela notícia da morte dos seus colegas, comunicada por Aubrey. Dirigiram-se para França. Viajavam rumo a Somme.

O verão de 1916 foi dominado pela dor e pelo desânimo da nação em relação ao falecimento de Lorde Kitchener. Ele podia ter perdido a sua aura de herói incontestável, mas na morte foi-lhe restaurado o estatuto mítico. A batalha naval agravara-se substancialmente, à medida que os efeitos do bloqueio britânico às rotas comerciais alemãs e ao fornecimento de alimentos começaram a fazer-se sentir. A guerra no mar assistiu ao seu número de baixas mais elevado quando o navio de Sua Majestade *Hampshire* foi afundado por uma mina, no dia 5 de junho. Seiscentos e quarenta e três homens, incluindo Lorde Kitchener, perderam a vida.

Os Carnarvon ficaram ainda mais devastados que a maioria, uma vez que ele tinha sido amigo pessoal da família. Porchy, que tinha ainda mais dois meses de serviço em Sandhurst, ficou verdadeiramente de rastos: Kitchener fora a sua grande inspiração no que dizia respeito a uma carreira no Exército. Porchy partiria rumo à Irlanda no final do verão, para um treino de quatro meses, mas andava macambúzio e estranhamente pensativo havia várias semanas. Se a morte de Kitchener foi um duro golpe para o estado de espírito britânico, já de si em frangalhos por causa do impasse e subsequente rendição, ninguém poderia imaginar o quanto as coisas estavam prestes a piorar.

A batalha do Somme fora planeada pelo general Haig como um avanço decisivo para a situação de impasse que se vivia em França. Em vez disso, instalou-se na consciência britânica e canadiana como o epítome da perda de vidas catastrófica e vã. No dia em que começou, 1 de julho de 1916, o Exército britânico sofreu sessenta mil baixas — o número mais elevado alguma vez suportado num único dia de combate. O 1.º Regimento da Terra Nova foi totalmente aniquilado, enquanto unidade de combate, com quinhentos homens abatidos do total de oitocentos e um. Ao longo dos quatro meses de duração da batalha, a história repetiu-se vezes sem conta. Batalhões inteiros de homens provenientes de comunidades muito unidas foram totalmente dizimados, originando gerações inteiras perdidas no país de origem. Highclere, tal como milhares de outros lugares um pouco por todo o império, estava prestes a testar os limites da sua capacidade de autossacrifício.

O impacto sentido em todos os hospitais do país foi tremendo. Quatrocentos médicos foram mortos e feridos em julho, aumentando a pressão sobre o corpo médico já de si terrivelmente sobrecarregado. Os pacientes eram enviados de volta para a Grã-Bretanha numa enchente muito pouco controlada. O Somme caracterizou-se pela utilização de artilharia bastante pesada. Marcou também a estreia de uma arma nova: o tanque de guerra. Para além dos danos físicos, os homens sofriam também de um trauma de guerra devastador. A estrutura humana não conseguia suportar o impacto daquela nova e inteiramente mecanizada chacina em grande escala, e o número de casos de esgotamentos nervosos começou a aumentar exponencialmente.

Lady Almina viu-se forçada a suportar a pressão. O pessoal de Bryanston Square trabalhava incansavelmente, com a habitual atenção a todos os pormenores. O trabalho era duro, mas as rotinas estavam em marcha e havia a sensação palpável de que os resultados eram suficientes para justificar todo o trabalho envolvido. Toda a gente se sentia cansada e desmoralizada com a guerra, mas ao mesmo tempo estava profundamente dedicada e mantinha-se positiva em relação ao trabalho do hospital. No seio dessa estabilidade abateu-se o vasto número de oficiais que chegavam com ferimentos complexos e traumas severos, vindos dos campos de batalha do Somme.

Um desses homens foi Charles Clout, com vinte e um anos, um linguista formado em Cambridge e proveniente de um modesto lar de classe média do Sul de Londres, que fora recrutado pelo Ministério da Guerra em agosto de 1914, com base no seu treino na escola militar da Universidade de Cambridge. Clout juntara-se ao Exército Territorial e fora nomeado para o posto de segundo-tenente do 20.º Batalhão do Regimento de Londres. Era um homem sério que, mesmo com mais idade, não aprovava a utilização dos primeiros nomes, a não ser que fosse entre amigos próximos e do mesmo sexo. Essa seriedade fazia dele um excelente oficial e ele treinou orgulhosamente os seus homens até embarcarem para França, no dia 9 de março de 1915. Clout ficou profundamente desiludido quando, ao desembarcar, foi transferido para outro batalhão que necessitava de um bom oficial para os pôr novamente em forma.

Em agosto de 1916, Clout já tinha cerca de ano e meio de experiência de ação na Frente Ocidental. Estivera de reserva durante a primeira batalha de Neuve Chapelle e combatera durante meses na batalha de Loos. Vira um soldado ser atingido na cabeça por um atirador alemão enquanto corria direito a si por uma trincheira abaixo. O cérebro do bombista fora «extraído como se estivesse numa mesa operatória», indo cair no chão atrás dele e partindo-se em dois hemisférios perfeitos, ficando «a cintilar sob a luz do sol». Quando os homens de Clout se recusaram a mexer no cérebro do soldado, Clout pegara numa pá e limpara os resíduos para fora da trincheira.

Em agosto de 1916, após duas semanas de licença em que fez uma visita aos pais na localidade de Blackheath, Clout viu-se novamente na linha da frente da batalha do Somme. A sua primeira tarefa era acompanhar um oficial menos experiente enquanto ele se aventurava para fora da trincheira a fim de recolher todos os pertences dos cadáveres espalhados na lama para que fossem enviados para Inglaterra. Clout estava sentado a examinar um mapa, tentando localizar o último poiso do batalhão que eles estavam incumbidos de encontrar, quando um atirador o atingiu no rosto. A bala entrou-lhe diretamente entre os olhos, passando pelo céu da boca e estilhaçando-lhe o lado direito do maxilar. Um pedaço de osso rompeu-lhe uma artéria do pescoço. Instintivamente, levou a mão ao pescoço e, ao encontrar o sítio de onde o sangue jorrava, tentou estancá-lo, ao mesmo tempo que cambaleava de volta para o abrigo subterrâneo militar, gritando ao seu subalterno para ter cuidado, pois o atirador continuava decerto à procura deles.

Clout estava praticamente inconsciente quando alcançaram o abrigo e foi enviado de imediato para o hospital central em Le Touquet, na costa. O hospital era financiado pela duquesa de Westminster e — em mais um contraste surrealista da Primeira Guerra Mundial — havia sido montado no casino da elegante estância de férias. Clout teve o azar de ter sido atingido no seu primeiro dia no novo posto (embora esse tipo de ocorrência não fosse propriamente invulgar no Somme), mas foi certamente bastante felizardo, e resistente, por conseguir sobreviver ao ferimento até chegar a Le Touquet. A ciência das transfusões de sangue estava nos seus primórdios, em 1916, e tais operações raramente eram realizadas, pelo que a única esperança ao tratar um paciente que estava a perder imenso sangue era mantê-lo imobilizado e administrar-lhe medicamentos como a morfina, por forma a desacelerar o ritmo cardíaco.

Clout foi submetido a uma operação para remover uma parte da bala alojada no maxilar e, duas semanas mais tarde, assim que se encontrou estabilizado, foi transferido para o navio-hospital a fim de regressar à Grã-Bretanha. De Dover partiu de comboio até Victoria Station; de lá, deitado na plataforma juntamente com centenas de outros feridos, foi enviado para o hospital da condessa de Carnarvon, no n.º 48 da Bryanston Square. Clout ainda insistiu que preferia ir para o General Hospital, no Sul de Londres. Devia estar a contar com as possíveis visitas por parte dos seus familiares, desejando ficar o mais próximo possível de casa. Porém, foi enviado para Bryanston Square, chegando ao fim da noite do dia 2 de outubro de 1916.

Clout recordava o prazer que era poder dormir até tarde no hospital de Almina. Em Le Touquet, a enfermeira-chefe fazia as suas rondas ao raiar do dia. No ambiente ligeiramente mais tranquilo de Bryanston Square, os homens dormiam até à hora do pequeno-almoço e depois tinham uma consulta com a equipa médica. Clout esteve internado até ao dia 13 de novembro e teve uma recuperação razoável, embora tenha voltado em janeiro para uma série de operações, para continuar a remover fragmentos de osso e estilhaços de bala. Depois disso ainda fez uma cirurgia reconstrutiva para poder comer alimentos sólidos, mas a sua voz ficou afetada durante vários anos. Começou a usar uma ligadura à volta do pescoço porque tinha vergonha da voz e receava que as pessoas não percebessem que era resultado de um ferimento de guerra.

Cerca de duas semanas após a sua chegada, quando já era capaz de se sentar na cama e o inchaço e a dor que sentia na face haviam melhorado o suficiente para ele tornar a interessar-se pelo mundo que o rodeava, Charles reparou que Almina tinha uma assistente encantadora que a acompanhava nas rondas, tirando apontamentos num bloco de notas sob a orientação de Almina.

Mary Weekes, que era bastante alta, vestia-se bem e tinha uma maneira de ser carinhosa e eficiente, contava vinte e seis anos na altura. Trabalhava para Almina há cinco anos, primeiro como secretária e depois como administradora do hospital, e as duas mulheres não passavam uma sem a outra. Charles escreveu nas suas memórias que Almina a considerava mais como uma filha que uma funcionária, o que vem corroborar a generosidade de Almina para com ela.

Charles captou a atenção de Mary. Trocaram-se palavras e ela visitava-o diariamente; a atração começou a desenvolver-se e no espaço de umas semanas havia progredido para um manifesto namoro. Charles e Mary davam frequentemente passeios nos jardins para lá do gradeamento de Bryanston Square. Almina achava que passear ou ir ao teatro eram atividades bastante terapêuticas. Talvez tivesse discretamente encorajado Mary. Charles pediu Mary em casamento no início de 1917.

Não obstante a insistência dele na formalidade, Charles tinha um ar ligeiramente malandro e ficava lindamente de farda. No seu livro de memórias, escreveu que quando regressara a King's College Cambridge após o treino no Exército, para informar as autoridades de que ia partir para França, também visitara uma colega de Newnham que ele havia conhecido num encontro da universidade sobre leitura de peças de teatro em línguas estrangeiras. A Tabard Society era uma das poucas oportunidades que os estudantes universitários tinham para conhecer pessoas do sexo oposto, e, embora as raparigas estivessem sempre acompanhadas, decerto voavam faíscas pelo ar enquanto os jovens recitavam textos juntos. Sentados a tomar chá na sala da colega, «os comentários lisonjeadores dela relativamente à minha aparência de farda deixaram-me algo desconcertado, em especial porque uma série de raparigas havia sido chamada para me ver. Parecia que eu era uma espécie de troféu para ser exibido perante os amigos dela».

Noutra ocasião, antes de Charles ter sido ferido e hospitalizado em Londres, encontrou um alojamento militar bastante agradável. Uma vez que falava francês, era costume pedirem-lhe ajuda sempre que outro oficial tinha problemas com a acomodação. Os oficiais ficavam hospedados em habitações locais, mas não era obrigatório as residências de mulheres aceitarem hóspedes. Uma jovem rapariga que vivia com a mãe recusara autorizar um oficial britânico a hospedar-se em sua casa, dado que os problemas de comunicação tinham originado vários mal-entendidos. Clout foi investigar com o seu colega oficial e a questão ficou resolvida, tendo sido encontrada uma acomodação alternativa. «Ofereci-me para acompanhar a jovem a casa. No caminho, ela olhou-me de lado e disse: "Se fosse você a querer arrendar o quarto eu não teria recusado."» Charles não ia deixar passar a oportunidade. «Como ela era bastante bonita, aceitei a oferta de imediato e mandei o meu assistente mudar as minhas coisas para a casa dela. O meu amigo nunca iria acreditar que eu não lhe tinha passado a perna. Nessa noite, a jovem apareceu no meu quarto, e durante o resto do período em que estivemos em ação naquela secção da linha pude visitá-la sempre que tinha folga, o que provavelmente me ajudou a preservar a minha sanidade mental.»

Mary e Charles casaram-se em julho de 1918, quando Charles «estava convencido de que a guerra iria arrastar-se durante bastantes anos». Tinham decidido esperar até ele ter recuperado por completo e todas as operações ao maxilar terem sido realizadas. Lorde e Lady Carnarvon foram os convidados de honra e, aliás, foram também as testemunhas. Almina organizou tudo para que eles contraíssem matrimónio na elegante Igreja de St. George, em Hanover Square. Em seguida, instalou-os numa casa em Paddington e ofereceu-lhes todo o mobiliário. Tiveram três filhos e, até ter ficado temporariamente enferma após o nascimento do terceiro filho, Mary continuou a trabalhar para Almina.

Durante toda a sua vida Almina tivera uma atitude despreocupada em relação ao dinheiro. Às vezes podia ser bastante fanfarrona, mas era também generosa até mais não, muitas vezes indiscriminadamente. Tratava-se de um hábito que lhe arranjaria imensos sarilhos mais tarde na vida, mas naquela ocasião em especial a sua generosidade provinha do carinho sincero e do reconhecimento pelos vários anos de trabalho árduo de Mary. Almina também emprestou ao casal a Lake House [Casa do Lago], situada nos terrenos de Highclere, para a lua de mel e, como lembrança, ofereceu a Mary um leque feito por encomenda, pintado com a imagem da casa. Era uma moradia lindíssima, uma elegante casa de campo ao nível do rés do chão e situada à beira do lago, um paraíso de tranquilidade para duas pessoas que haviam trabalhado rodeadas de morte e destruição durante tantos anos. Almina, que tinha imenso jeito para os pormenores, certificou-se de que havia sempre comida e pessoal doméstico para tratar da casa para que o casal não tivesse de fazer nada.

Charles escreveu uma carta a Almina na noite do casamento, logo após o casal ter chegado à Lake House, a agradecer-lhe todos os presentes e tudo o que ela havia feito por ambos. «Devia tratá-la por Minha querida fada madrinha, pois é dessa forma que sempre a verei. [...] Os botões de punho são absolutamente deslumbrantes, obrigado pela oferta da louça, que é tão maravilhosa que julgo nunca mais querer jantar fora de casa...» O homem que não gostava de tratar as pessoas pelo nome exprimiu-se de um forma deveras exagerada a Almina, a mulher que lhe restituíra a saúde, o apresentara à futura esposa e lhe proporcionara uma vida boa para o futuro. «[...] tentarei estar sempre à altura da confiança que depositou na minha pessoa. [...] Com votos de felicidade e amor. Atenciosamente, Charles Clout.»

No dia seguinte, Mary escreveu à sua «Querida senhorinha» para dar conta a Almina da felicidade perfeita que sentia na Lake House, bem como fazer os seus próprios agradecimentos: «Nem sei por onde começar a agradecer-lhe tudo o que fez por mim. Anseio poder dizer-lhe o que sinto em relação ao seu amor e carinho maravilhosos, mas a verdade é que não tenho palavras para expressar adequadamente o que sinto de facto [...] Espero ser sempre motivo de orgulho da senhora mais generosa que conheço, que na verdade tem sido uma mãe para mim nestes últimos sete anos e sei que continuará a sê-lo. [...] Com muito amor de nós dois. Carinhosamente, Mary (C).»

Carta de Charles Clout para Lady Almina, 1918.
Ver página 256 para a transcrição completa da carta.

Milford Lake House.
Wednesday

My dearest Little Lady.

Thank you so much for your sweet letter which I was so pleased to get this morning.

How can I even try to thank you for all you have done for me. I just long to tell you what I feel about your wonderful love and affection, but alas! no words of mine could adequately express what I really feel. Had I been Eve you

Carta de Mary Weekes para Lady Almina.
Ver página 257 para a transcrição completa da carta.

could not have done more. What a wonderful memory I have to carry into the future and if I can only be half as good and kind as you are I shall be pleased. I hope I shall always be a credit to the kindest little lady I know, who has indeed been a mother to me for the last 7 years & I know will go on being so in the future.

I think Charles wrote you last evening after tea. I was rather tired so had a bath and went & lay down.

It is glorious down here and there — could want for. The — attention on all — to write to Lord — too sweet to me on — made one long to know — better. What a wonderful Father & Mother Eve & Porchy have got and it made me wonder on Tuesday if they realized it.

Well, my darling little lady, a thousand thanks for all you have and are doing for me.

With love from us both.

Yours affectionately,
Mary (C)

Estas vozes provenientes de uma época supostamente conservadora transbordam de emoção pura. Não restam dúvidas de que Almina podia ser fútil e autoritária, mas também transformou a vida de muita gente com o seu desejo ardente de tornar as pessoas felizes. Por essa razão, muitas delas eram-lhe totalmente dedicadas.

15

OS TEMPOS NEGROS

O romance entre Charles Clout e Mary Weekes foi um momento invulgarmente resplandecente num ano sombrio. Charles não tornou a ser enviado para a linha da frente — o seu ferimento era demasiado grave —, como tal passou o resto da guerra a treinar batalhões de novos recrutas. Todavia, o ritmo angustiante dos ferimentos, da recuperação e do regresso à guerra repetia-se vezes sem conta para centenas de milhares de homens. Alguns tinham de encontrar forças para regressar duas, três e até quatro vezes, perfeitamente cientes de que, embora tivessem tido imensa sorte até então, a sorte podia não durar para sempre.

Ao mesmo tempo que Charles Clout estava a ser evacuado do Somme, via marítima, com uma bala alojada no maxilar desfeito, Almina andava a puxar os cordelinhos para assegurar um bilhete para França para o pai de um jovem que ela tratara em fevereiro. Monty Squire estivera internado no «48», como o hospital de Bryanston Square era então conhecido, durante um mês inteiro e fizera uma recuperação total como resultado dos excelentes cuidados de enfermagem que lá recebeu. Como de costume, Almina decidira contactar pessoalmente a família de Monty e os pais dele escreveram uma carta de agradecimento a Almina depois de o filho ter tido alta. Assim que ele ficou em condições, foi novamente destacado para França, mais precisamente para a batalha do Somme. Em agosto, o Sr. e a Sr.ª Squire receberam a notícia que tanto receavam. Monty fora atingido e encontrava-se retido a ser tratado num hospital de campanha em França. Era um dado adquirido que ele iria morrer.

Os Squire escreveram novamente a Almina, dessa vez a suplicar-lhe que fizesse algo para os ajudar a obter uma autorização por parte das autoridades militares para viajarem e estarem à cabeceira do filho. Mais uma vez, os contactos de Almina, e a sua disponibilidade para se servir deles, obtiveram resultados. Conseguiu arranjar um bilhete para levar rapidamente o Sr. Squire até ao hospital onde o filho se encontrava à beira da morte. Monty passou os últimos quatro dias da sua vida inconsciente, com o pai sentado à cabeceira a conversar e a ler para ele. A mãe de Monty escreveu a Almina mais tarde, para lhe dizer que se sentira confortada pelo facto de Monty não ter morrido sozinho. «Tenho de ser forte pelo meu marido e também pelo meu filho», escreveu ela.

O sobrinho de Winifred Burghclere, Richard Maitland, cujo irmão fora morto em combate, também se encontrava a prestar serviço no Somme. Tinha sido gravemente ferido na perna, pelo que fora enviado de volta para Southampton e de lá para Bryanston Square. Esteve internado durante cinco meses e sobreviveu à guerra, embora, mesmo após a última operação em 1917, caminhasse a coxear por causa da perna algo rígida.

Nenhuma família estava imune à morte e os Carnarvon, apesar de se sentirem quase dormentes devido à interminável perda de amigos próximos, ficaram devastados ao saberem em novembro que o primo deles, Bron Herbert, se encontrava desaparecido em combate. Aubrey Herbert era particularmente próximo de Bron, que se alistara no Corpo Real de Aviação. Perdera uma perna na guerra dos bóeres e depois seguira a tradição de família ao tornar-se político e ao servir no governo de Asquith como subsecretário de Estado das Colónias, o mesmo cargo ocupado pelo tio, o quarto conde de Carnarvon, aquando da sua morte. O seu falecimento foi confirmado em dezembro. Aubrey escreveu à prima, irmã de Bron: «Oh minha querida, nem consigo escrever, lamento imenso, de uma forma profundamente egoísta. Eu adorava-o.» Na carta que escreveu à esposa, Mary, Aubrey disse: «Para mim, a morte do Bron é mais do que consigo suportar.»

Mary receava que a notícia afetasse demasiado Aubrey e o levasse a cometer algum disparate. O seu sistema nervoso estava fragilizado por causa dos horrores a que assistira na campanha de Gallipoli e da futilidade que ele via em tudo. Aubrey já não suportava ler o jornal *The Times*, com receio de ver noticiada a morte de amigos pessoais, pelo que começou a manifestar a opinião de que a «solução militar» havia falhado e, como tal, não podia continuar. Não se tratava de uma posição particularmente popular, apesar de tudo, e Aubrey começava a ser visto como um excêntrico e um potencial perigo para si próprio.

Aubrey continuava a trabalhar como membro do Parlamento, contudo, e levava o seu cargo muito a sério. Como tal, estava em posição de sustentar a sua opinião de que o novo governo não era de confiança. Em dezembro, o Sr. Asquith, cada vez mais considerado culpado pela mudança de estratégia e pela falta de progresso decisivo, já tinha sido destituído. David Lloyd George, que fora nomeado secretário de Estado dos Negócios Estrangeiros e da Guerra após o falecimento de Lorde Kitchener, assumiu o cargo de primeiro-ministro liberal do governo de coligação maioritariamente conservador.

Não era uma boa altura para aceitar o cargo mais importante do país. O público andava irrequieto, os generais estavam manifestamente confusos e a guerra era um autêntico desastre. Como se isso não bastasse, a Revolta da Páscoa em Dublin viera reacender a questão do governo regional da Irlanda, que era o pesadelo recorrente de todos os primeiros-ministros britânicos há mais de cinquenta anos. Havia ainda um número praticamente inimaginável a lançar uma sombra escura sobre a situação que se vivia. Quando a batalha do Somme cessou finalmente, em novembro de 1916, quatrocentos e quinze mil soldados dos exércitos britânico e neozelandês haviam sido mortos, feridos ou encontravam-se desaparecidos em combate. O número total de baixas de todas as nações participantes perfazia 1,5 milhões. Com o tempo, Lloyd George acabaria por ficar associado à vitória, sendo considerado um dos grandes políticos do século XX, mas, para já, herdara um cálice envenenado.

Lorde Carnarvon adoecera novamente no outono de 1916 e Almina suplicara-lhe que se mudasse para Londres e ficasse na casa de Berkeley Square, para ela o poder vigiar. Ele andava irritado com o novo governo, em especial por causa das políticas agrícolas de requisição de terras, e escreveu a Winifred dizendo-lhe que estava preocupado com o filho, Porchy, porque subitamente lhe parecia demasiado novo para servir no Exército. No dia 26 de dezembro de 1916, Lorde e Lady Carnarvon tiveram de se despedir de Porchy, enquanto ele partia de navio com o seu regimento rumo à guerra. O seu maior consolo era saberem que o filho não se dirigia para França ou para os Balcãs, mas, e para já, para o fim do mundo que era a Índia.

Lorde Porchester tinha apenas dezoito anos quando desembarcou em Bombaim, um adolescente pomposo e presunçoso que tivera os seus primeiros casos amorosos nos intervalos da instrução militar de cavalaria. A atitude de Porchy era a personificação da incapacidade de os jovens interiorizarem a sua própria mortalidade, a noção de que algo lhes podia acontecer. Recordava bem a terrível sensação de angústia ao perscrutar as listas de baixas à procura dos nomes dos seus colegas de escola, mas, e apesar de ser muito jovem, era perfeitamente capaz de resistir à melancolia e ao desespero, ao contrário do seu tio Aubrey.

Nada do que Porchy encontrou ao chegar ao Quartel de Gillespie, para se juntar ao 7.º Regimento de Hussardos, o fez abandonar a sua expectativa bem-disposta de que a vida lhe iria continuar a correr de feição. Tal como escreveu nas suas memórias: «Os modelos de mudança da guerra na Frente Ocidental não haviam chegado à Índia. O Exército indiano continuava a exercitar um modelo que permanecia inalterado há duzentos anos: exercícios de esgrima, combates a cavalo com lanças, treino de pistolas e jogos de polo, para treinar a arte da cavalaria.»

Em Meerut dava-se uma atenção especial ao pormenor. O estilo de vida militar anglo-indiano encontrava-se totalmente desfasado da austeridade que se fazia sentir na Grã-Bretanha. Havia quatro mudanças de farda por dia e a farda de gala era envergada durante o jantar, que era sempre servido na melhor baixela de prata por um séquito de pessoal que punha Highclere a um canto.

Porchy divertia-se imenso, mas também se sentia frustrado, tal como o resto do regimento, porque, não obstante as notícias terríveis provenientes de França e da Frente Oriental, não havia sinal de que pudessem ser chamados ou lhes fosse atribuída qualquer tarefa.

Porchy seria obrigado a suportar a tranquilidade luxuosa até ao final do outono, apesar de reinar o caos em todo o lado. A batalha naval estava a ser intensificada por parte dos alemães, uma vez que fora decidido que o domínio dos mares era a forma de acabar com o apoio do povo à guerra na Grã-Bretanha. A partir de fevereiro de 1917 passou a prevalecer a política de «afundar assim que avistado», e as embarcações civis eram cada vez mais afetadas. Os navios norte-americanos também estavam a ser afundados no Atlântico e a Alemanha contava vergar o estado de espírito do povo britânico antes de a neutralidade dos Estados Unidos ser testada até ao limite. O Alto Comando alemão subestimou esse facto e os Estados Unidos declararam guerra aos poderes centrais no dia 6 de abril de 1917. Tal provar-se-ia decisivo, mas, a princípio, o envolvimento dos norte-americanos não conseguiu alterar o facto de a Alemanha estar a vencer a guerra.

Tanto o Exército francês como também o russo estavam a ser alvo de motins. A capacidade de os russos combaterem na Frente Oriental, em verdadeira decadência desde 1915, encontrava-se à beira do colapso. Em março de 1917, a aversão do povo russo à guerra e o desprezo que nutria pelos líderes do seu governo deram origem a violentas manifestações. O czar abdicou; o Exército russo não estava particularmente preocupado em ganhar a guerra. O governo provisório iniciou um incentivo muito pouco popular contra os poderes centrais, em julho, o que foi o suficiente para preparar o terreno para a Revolução de outubro, quando Lenine e os bolcheviques tomaram o poder.

Em Bryanston Square, o hospital estava mais agitado que nunca. Em janeiro e fevereiro ainda havia homens internados vindos do Somme, homens que necessitavam de demasiados cuidados médicos para poderem ser enviados para clínicas de convalescença, alguns deles internados há cinco meses. Novos pacientes chegavam de França todos os dias. Suplicavam a Almina que os deixasse regressar ao hospital dela da próxima vez que fossem feridos em combate. Ninguém tinha esperança de que a guerra terminasse em breve e também ninguém queria regressar à Frente. Uma sensação de entorpecimento apoderou-se das pessoas; a guerra começava a parecer uma condição permanente. Almina instruiu as suas enfermeiras para passarem o máximo de tempo possível a fazerem companhia aos homens, conversando, escutando-os e jogando às cartas. Ela defendia o princípio de viver um dia de cada vez e de se manter constantemente ocupada. Não havia muitas alternativas.

Em fevereiro, os ânimos dos residentes do «48» foram consolidados com a visita do rei Jorge e da rainha Maria. Almina já conhecia o casal real, claro, estivera presente na cerimónia de coroação vestida com as suas melhores sedas e joias. Agora recebia-os à porta do castelo envergando a farda de enfermeira, com uma enorme touca engomada e um avental até aos pés. Somente o cabelo ondulado, a sua imagem de marca, e o sorriso enorme continuavam a ser os mesmos. Nunca perdia uma oportunidade para ser encantadora, pelo que recebeu os seus convidados de forma efusiva. Eles falaram com todos os pacientes, médicos e enfermeiras, visitaram todas as enfermarias e elogiaram o equipamento fantástico, assim como o nível de cuidados de enfermagem. Almina estava obviamente extasiada com todo o reconhecimento e ficou encantada quando, após o relatório entusiasmado do rei, recebeu a visita do tio dele, o príncipe Artur, duque de Connaught, na semana seguinte.

O rei e a rainha encontravam-se acompanhados do almirante Louis Battenberg e de Sir Thomas Myles, um oficial de topo do Corpo Médico da Armada Real. O almirante Battenberg era um príncipe alemão, primo de Jorge V. Estava a servir na Marinha Real há já quarenta anos quando a guerra começara e era primeiro-lorde do Almirantado desde 1912. Começara a traçar os planos navais de guerra, mas uma onda de germanofobia obrigara-o a reformar-se. Tal como a família de Alfred de Rothschild se encontrava em ambos os lados do conflito, também a família real britânica tivera de lidar com o facto de alguns membros poderem sentir-se divididos na sua lealdade. A questão veio à baila no verão de 1917, quando o antigermanismo se tornou de tal forma intenso que o rei Jorge emitiu uma proclamação, mudando o apelido da família real de Saxe-Coburgo-Gota para Windsor.

A lealdade era um tema cada vez mais polémico em 1917. A lei do serviço militar, de janeiro de 1916, introduzira o recrutamento obrigatório de todos os homens solteiros entre os dezanove e os quarenta e um anos. A lei foi alterada em maio, por forma a incluir homens casados sem filhos. A questão era que, por volta de 1917, embora o Exército tivesse atingido o objetivo de recrutar oitocentos mil homens adicionais, o número de soldados em boa condição física e capazes de servir na linha da frente estava a diminuir. Os que se encontravam a prestar serviço já só podiam usufruir de metade da licença a que tinham direito. Começava a aumentar o ressentimento generalizado para com aqueles que se julgava não estarem a cumprir com a sua parte.

A Frente Ocidental continuava a aumentar a sua pilha de cadáveres de jovens soldados. Em junho de 1917, os britânicos obtiveram um sucesso significativo quando tomaram a Messines Ridge, perto de Ypres, utilizando uma tática diferente: a explosão de minas antes do ataque da artilharia. Porém, o ímpeto inicial perdeu-se por completo porque houve um compasso de espera de oito semanas até ao ataque seguinte. Após o sucesso estratégico em Messines e o número relativamente reduzido de baixas, as expectativas eram elevadas. Passchendaele fê-las cair novamente por terra.

A batalha iniciou-se no dia 31 de julho e durou até ao início de novembro. Tratou-se de mais uma troca desgastante e impiedosa, com pesadas bombas a caírem em cima das defesas de ambos os exércitos, e da terra de ninguém que os separava, dia e noite. O terreno, lamacento mesmo durante o verão seco, ficou completamente destruído com as detonações, que deixavam para trás crateras sobrepostas e buracos imensos que se enchiam de água, lama e cadáveres. Entretanto, começou a chover. Choveu diariamente, à exceção de três dias em agosto. Não havia como escapar à lama. As trincheiras ruíram, enterrando homens vivos, afogados em lama, tanto na parte de cima como na parte de baixo das linhas. Não havia um único momento de alívio do barulho, do medo e da ameaça de um ataque com gás. Dependendo da quantidade de veneno libertado, o gás costumava ser mais irritante do que outra coisa, mas havia alturas em que era uma espécie de neblina terrivelmente intoxicante que causava cegueira. Durante os piores ataques de gás, os homens morriam afogados porque o produto dissolvia-se nos seus pulmões. Havia muitas maneiras de morrer durante a Primeira Guerra Mundial.

O pequeno grupo de trabalhadores de Highclere que se alistara no verão de 1916, que treinara em conjunto e passara seis meses em França, esquivando-se das balas e dando graças à sua sorte, combateu em Passchendaele. Stan Herrington aguentou-se durante vários meses, mas foi morto em setembro, aos dezanove anos. Em outubro foi a vez de Tommy Hill. A esposa dele, Florence, suportou a ausência do marido o melhor que pôde, preservando cada carta e recusando-se a acreditar que o seu Tommy jamais iria regressar. O corpo dele, como o de muitos outros em Passchendaele, jamais foi encontrado.

Quando recebeu o telegrama a informá-la de que o marido se encontrava desaparecido em combate, Florence decidiu esperar por notícias melhores. Talvez estivesse convencida de que ele fora feito prisioneiro. Florence esperou e esperou, até que, por fim, mais de dois anos após o Armistício, foi obrigada a aceitar que o marido estava morto. Nunca voltou a casar. Quando o seu sobrinho nasceu, batizaram-no com o nome de Tommy, em homenagem ao tio que ele nunca conhecera.

Henry Crawley combatera em Ypres em 1917; fora ferido e subsequentemente enviado para o hospital de Lady Carnarvon. Já combatera em Gallipoli e agora conseguira sobreviver também ao Somme. Os pais dele moravam em Bethnal Green, Londres, pelo que tinham facilidade em visitar o filho. Apreensivos devido ao *stress* dos três anos anteriores, despediram-se dele quando partiu novamente para se juntar ao seu batalhão em França. Dessa vez, as cartas cessaram e, tal como muitos outros pais, só puderam visitar a campa assinalada com o nome dele no cemitério de guerra em França. Foi morto em maio de 1918.

Em contrapartida, Almina ficou maravilhada quando David Campbell lhe apareceu à porta do hospital em Bryanston Square. Não tinha notícias desde que ele deixara Highclere. «Ela recebeu-me calorosamente», escreveu ele, e depois levou-o para o piso superior para lhe mostrar o seu maravilhoso hospital e apresentá-lo a todos os pacientes. Ela ficou satisfeitíssima por ele ter sido condecorado com a Cruz Militar e fê-lo prometer que regressaria na semana seguinte, para ela poder mimá-lo e levá-lo a almoçar fora.

16
O FINAL PROMETIDO

Em 1917, Highclere estava repleto de fantasmas. Encontrava-se praticamente encerrado; Lady Evelyn era o único membro da família que ainda passava a maior parte do seu tempo na casa. Lorde Carnarvon vivia entre Londres e o castelo, dependendo do seu estado de saúde e da necessidade de resolver questões relacionadas com a propriedade. Almina detestava deixar Bryanston Square sem vigilância, mas preocupava-se com a filha e visitava-a sempre que podia, aos fins de semana.

Eve tinha saudades de Porchy e sentia-se sozinha e insegura; tinha dezasseis anos e sentia que a sua vida nunca mais começava, um sentimento exacerbado pelo eterno sofrimento da nação. A casa possuía um ambiente triste sem a azáfama do hospital, de que Eve tanto gostara, e embora ela se sentisse naturalmente inclinada para se aplicar bastante nas aulas, era difícil estar confiante em relação a um futuro risonho. O velho caminho traçado para uma rapariga da sua posição — o período de debutante que conduziria a um bom casamento — era uma espécie de acontecimento secundário face ao trauma a que o país estava a ser sujeito. Eve aguardava com ansiedade os passeios à cidade e as visitas dos pais, e devorava as cartas que o irmão lhe enviava que a ligavam a um mundo mais abrangente.

Quando o pai dela estava no castelo, jantavam juntos na sala de jantar principal, sentados à mesa por baixo do retrato que mostrava Carlos I montado a cavalo, da autoria de Van Dyck. A maravilha de uma casa como Highclere prende-se com o facto de, apesar das inúmeras mudanças, a sua essência permanecer totalmente reconhecível. Há um certo conforto na forma como tantas coisas subsistem. Eve deve ter tido momentos em que se sentiu sozinha, mas certamente nunca se sentiu completamente perdida quando estava na casa onde vivera toda a sua vida, uma casa que era um monumento à continuidade da sua família.

Eve e o pai sempre foram muito dedicados um ao outro e agora as suas conversas sobre assuntos relacionados com a propriedade, a guerra e o hospital fortaleciam ainda mais essa relação. Lorde Carnarvon estava ansioso para regressar ao Egito e prosseguir com o trabalho da sua vida, e Eve, que sentia o mesmo fascínio que o pai pela elegância da arte do antigo Egito, adorava escutar os seus planos para retomar as escavações. Recebiam notícias esporádicas de Howard Carter, que se apresentara ao serviço no Cairo e fora destacado para trabalhar no Departamento dos Serviços Secretos do Gabinete de Guerra. Carter escrevera a informar Lorde Carnarvon de que conseguira levar a cabo algum trabalho de desobstrução no Vale nos Reis, mas que só poderiam fazer progressos quando vencessem a guerra.

Tendo em conta o seu instinto reservado, um assunto que Lorde Carnarvon optou certamente por não discutir com Eve foi a sua preocupação em evitar ceder qualquer terreno de Highclere ao governo. Desde 1916 que vigorava a política de requisição de terras, com compensações para os proprietários, para que mais alimentos pudessem ser produzidos. Todavia, Lorde Carnarvon considerava as políticas agrícolas oficiais totalmente absurdas. Em dezembro de 1916 escreveu à irmã: «A maioria dos projetos agrícolas que vejo discutidos é demasiado disparatada para sequer ter em conta. Como se fosse possível semear trigo num terreno qualquer, assim sem mais nem menos.» Ele estava a fazer tudo o que podia para manter homens suficientes em Highclere, para que a quinta continuasse a produzir, e estava convencido de que essa forma de maximizar a produção era mais eficaz que entregar terreno de cultivo a um grupo de estranhos, em nome do governo central. Carnarvon pedira ao seu administrador de longa data, James Rutherford, para escrever às autoridades a solicitar a dispensa de Blake, o jardineiro-chefe, retirando-lhe assim a obrigação de se voluntariar. «É muito mais importante o hospital continuar a receber um fornecimento regular de fruta e legumes que o Blake ser obrigado a levar a cabo uma tarefa perfeitamente inadequada.»

Aubrey e Mary eram visitas ocasionais a Highclere e Eve ansiava sempre a chegada deles, agora que era adolescente e se encontrava tantas vezes necessitada de companhia. Aubrey fora sempre um dos familiares favoritos, tanto da sobrinha como também do sobrinho, ambos o adoravam, mas o seu irmão mais velho ficava transtornado com algumas das conversas que aconteciam à mesa da sala de jantar. Não havia como evitar a temática da política quando Aubrey estava presente, e as suas opiniões estavam a tornar-se cada vez mais controversas. Aubrey estava cada vez mais do lado do Partido Trabalhista e dos pacifistas da Câmara dos Comuns. Mary alertou-o para o facto de Lorde Northcliffe, o barão da imprensa que era proprietário dos jornais *The Times* e *Daily Mail*, ter por hábito destruir a reputação de homens como Aubrey. Senão vejamos o exemplo de Lorde Lansdowne, que foi censurado por ter escrito «o prolongamento da guerra seria desastroso para o mundo civilizado e um aumento incomensurável da carga de sofrimento humano que já existe».

Porém, se houve altura para a posição pacifista ser levada a sério, essa altura foi a segunda metade de 1917. A esperança dos Aliados esmorecia a olhos vistos. O marechal de campo Haig insistia que a Alemanha se encontrava à beira do colapso e que a guerra de desgaste estava a resultar, mas essa posição não era sustentada por resultados. Na verdade, os alemães tinham beneficiado imenso com dois desenvolvimentos específicos. Primeiro, conseguiram afastar a Itália do conflito em apenas dois meses, através de uma gestão logística soberba, e, como tal, aguentar o Império Austro-Húngaro em desintegração durante mais algum tempo. Depois, em dezembro, os russos, derrotados e desmoralizados, iniciaram o processo de paz. A Ucrânia, a Geórgia e os países do Báltico transformaram-se num protetorado alemão e quarenta divisões alemãs puderam ser transferidas da Frente Oriental para a Frente Ocidental. Os poderes centrais acreditavam que o fim estava próximo. Iriam fazer o derradeiro esforço para vencer no Ocidente e derrotar os Aliados. O estado de espírito em Inglaterra não podia estar mais em baixo. Oitocentos mil soldados britânicos haviam sido mortos ou feridos em 1917.

O final do ano assistiu ao ganho e à subsequente perda de terreno, um vaivém deprimente no lodaçal em que se transformara o Norte de França. O ataque do Exército britânico na batalha de Cambrai envolveu tanques de guerra, assim como artilharia mais leve e portátil, e foi planeado com a ajuda de reconhecimento aéreo. Mas as vitórias iniciais não conseguiram ser mantidas e os britânicos depararam-se com a resistência das tropas de assalto alemãs.

Ao mesmo tempo que a dança mortífera na Frente Ocidental reclamava mais vidas, Lorde Porchester comemorava a chegada do telegrama por que esperava há quase um ano. O 7.º Regimento de Hussardos ia ser enviado para combater contra os turcos. A Mesopotâmia reclamara a vida de milhares de soldados britânicos e indianos após o cerco humilhante a Kut al-Amara, mas a necessidade urgente de defender os campos de petróleo não diminuíra e desde então assistira-se a uma mudança de sorte. Os duzentos mil homens destacados para essa região haviam conseguido tomar Bagdad em março de 1917. Porchy iria juntar-se à brigada de reforços necessários para fazer face ao suposto contra-ataque do Exército otomano.

A guerra na Arábia era a última campanha onde a cavalaria ainda podia presumivelmente desempenhar um papel. Escassos meses antes, o marechal de campo Haig desistira finalmente da enorme vontade de atacar as trincheiras alemãs, ao ordenar a uma infantaria montada que esperasse por uma oportunidade em Passchendaele e depois transpusesse as linhas e atacasse. A oportunidade nunca surgiu, os cavalos revolveram o piso até o transformarem num lodaçal ainda mais pantanoso e o plano para utilizar a cavalaria em França foi finalmente abandonado. Porém, as areias do deserto do Médio Oriente eram muito diferentes: não havia trincheiras fortemente protegidas para enfrentar. O regimento de Porchy juntou-se a uma força que havia sido enviada da Índia com destino a Basra e de lá deram início à marcha de oitocentos quilómetros até Bagdad.

O entusiasmo das tropas por verem finalmente alguma ação dissipou-se quase de imediato debaixo do calor intenso. Logo que partiram, Porchy e os seus homens foram informados de que tinha havido trezentas e sessenta mortes por insolação no dia anterior. O calor era infernal durante o dia e à noite fazia imenso frio. A disenteria, a malária e a febre da mosca-da-areia alastravam-se desenfreadamente.

Todavia, ficou provada a razão do Alto Comando dos Aliados relativamente à utilidade de homens e cavalos altamente treinados. Um grupo de homens cavalgou até ao deserto, para lá do rio Eufrates, por forma a isolar o flanco do Exército otomano, e Porchy e os seus homens montaram uma emboscada na estrada de Alepo com o intuito de capturarem as forças turcas quando elas batessem em retirada. O plano resultou tal como delineado e a 50.ª Divisão do Exército otomano foi derrotada. Contudo, mesmo no meio daquele sucesso conseguido com poucas baixas, uma brincadeira de crianças quando comparada com a chacina em França e na Bélgica, havia horror. Porchy encontrou uma gruta nos montes do deserto onde uma aldeia árabe inteira se abrigara do conflito. Tinham sido completamente isolados pelo Exército otomano e centenas de pessoas haviam morrido à fome. A princípio, ele pensava que não havia sobreviventes, que a gruta estaria cheia de cadáveres macilentos, mas depois reparou que algumas pessoas continuavam agarradas à vida. O regimento de anglo-indianos bem-dispostos, que estivera a jogar polo dois meses antes, mal podia acreditar no destino daqueles homens, mulheres e crianças civis. Quanto tentaram desesperadamente alimentar os aldeãos com as suas rações de leite condensado, foi demasiado para a estrutura enfraquecida dos árabes. Os últimos sobreviventes morreram nos braços dos soldados.

A guerra espalhava sofrimento por todo o lado — de forma ininterrupta —, mas Bryanston Square funcionava como uma espécie de enclave onde a guerra podia ser atenuada com mestria, paciência e conforto. O contraste entre o que os homens tinham visto e a sua experiência sob os cuidados de Almina era quase surreal, um pouco como a incompatibilidade angustiante entre os aldeãos famintos e o leite condensado.

Sidney Roberts fora enviado de França para o hospital de Lady Carnarvon, com a perna direita completamente desfeita. O oficial que o encaminhara dissera-lhe que o ia enviar para o sítio de Lady Carnarvon porque «lá eles gostam de casos de cirurgia como este». Sidney descreveu perfeitamente a singularidade e a tranquilidade magnificente do dia a dia no «48» quando escreveu a Almina para lhe agradecer, enumerando-lhe as coisas de que se recordava em especial. O maravilhoso pequeno-almoço na cama servido pelo mordomo de Almina, enquanto o criado lhe perguntava educadamente não se queria ler o jornal, mas qual jornal gostaria de ler primeiro. Tal como muitos dos correspondentes de Almina, Sidney fora claramente contagiado pela boa-disposição das enfermeiras irlandesas. O Dr. Johnnie também causara uma excelente impressão. Era sem dúvida um excelente médico, mas pelos vistos nunca conseguiu trabalhar corretamente com a máquina de raios X. Durante o primeiro exame que fez a Sidney, ligou e desligou vários interruptores «para os experimentar» e por fim disse: «Bom, o mais certo é isto ir tudo pelos ares. Não faz mal, pois não?» Ainda bem que Sidney Roberts lhe achou piada, porque é impossível não nos passar pela cabeça que alguns dos pacientes de Almina talvez levassem a gracinha um pouco a peito.

Sidney teve alta hospitalar no Natal de 1917 e pôde regressar a casa dos pais, em Worthing, com a perna fixa numa tala. Porém, nem todos os pacientes de Almina sobreviveram. Sid Baker chegou a Bryanston Square por volta da mesma altura que Sidney, mas nem a competência nem os cuidados de enfermagem de Almina lhe valeram. Quando ele faleceu, deixou uma filha pequenina, e a sua viúva, Ruth, escreveu a agradecer a Lady Carnarvon por esta não se ter limitado a enviar uma bonita coroa de flores e ter ido pessoalmente ao funeral. Deparamo-nos com a dificuldade típica em exprimir gratidão e reconhecimento eternos: «Não consigo encontrar as palavras certas para manifestar o meu agradecimento pelo seu carinho e bondade.»

Chegava ao fim um ano absolutamente pavoroso. Os campos de batalha de todo o mundo continuavam a amontoar cadáveres e as cidades estavam a encher-se de viúvas como Ruth. Independentemente de quem ganhasse oficialmente a guerra, começava a parecer impossível visualizar a vitória. O desgaste moral e mental era demasiado para permitir fazer uma avaliação séria.

Os Carnarvon entraram no ano de 1918 com as suas próprias dificuldades com que se preocuparem. Em meados de janeiro, o Conde passou a manhã à caça com um amigo e, quando estava a acabar de almoçar no castelo, sentiu uma dor abdominal excruciante. Almina recebeu o telegrama em Bryanston Square e largou tudo o que estava a fazer para ir buscar o marido a Highclere e levá-lo para o hospital, onde foi operado de imediato a uma apendicite aguda. O colega de longa data de Almina, Sir Berkeley Moynihan, que correra a ajudá-los, informou Lorde e Lady Carnarvon logo após a operação de que mais meia hora e o Conde poderia ter morrido. Lorde Carnarvon escreveu à irmã Winifred para lhe contar o sucedido e atribuiu a sua recuperação à «competência e dedicação da minha mulher».

A sorte do Conde foi ensombrada pela morte de Alfred de Rothschild, três semanas depois. O homem já de idade, que nunca recuperara a sua *joie de vivre* depois de a guerra ter começado, há anos que andava a ficar cada vez mais debilitado. Faleceu no dia 31 de janeiro, após um curto período de doença. Almina, que já andava exausta, tinha acabado de recuperar a tranquilidade após o incidente com o marido. Ficou completamente de rastos com a notícia. Lady Evelyn deslocou-se a Londres logo que soube e foi dar com a mãe a chorar copiosamente à cabeceira do leito de morte de Alfred, em Seamore Place.

Alfred foi sepultado com grande pompa no dia seguinte, no Willesden United Synagogue Cemetery, no Norte de Londres. A sua generosidade imensa e o carinho incondicional que ele nutrira pela família garantiram a Almina a posição invejável de ter sido simultaneamente bastante acarinhada e muito presenteada com todas as coisas materiais que desejava. A morte dele foi um duro golpe e teria profundas consequências na vida futura de Almina.

Almina perdera o pai, salvara o marido por um triz e tinha um filho a combater no Médio Oriente com que se preocupar. Mais uma vez, lançou-se de corpo e alma ao trabalho; era a melhor distração possível. Lorde Carnarvon permaneceu em Londres até março, a recuperar da sua operação e preocupado com Porchy. Sempre que recebia um recado escrevinhado por ele, corria até à casa da sua irmã Winifred, ao virar da esquina, para lho ler. Andava igualmente preocupado com Aubrey, cujo apoio ao Partido Trabalhista o tornara muito pouco popular junto do seu eleitorado conservador e o obrigara a partir para Itália e Albânia, deixando Mary a lidar com as repercussões.

As notícias que chegavam da Europa continental eram péssimas. Os poderes centrais haviam concluído que estava na altura de assegurar uma vitória decisiva, antes que as tropas norte-americanas chegassem a França em número suficiente para tornar inevitável a vitória dos Aliados. O general Ludendorff planeava uma ofensiva na primavera para a Frente Ocidental e aplicou os últimos recursos nessa batalha. Setecentos e cinquenta mil homens receberam treino e, no dia 21 de março, uma quantidade abismal de artilharia caiu sobre as posições britânicas. O Exército alemão avançou quarenta quilómetros e os britânicos foram obrigados a bater em retirada até Amiens, abandonando as planícies do Somme que haviam conquistado lentamente ao longo dos últimos três anos. Somente quando a paisagem começou a ser mais rigorosa, e a artilharia pesada alemã começou a afundar-se na lama, é que a ofensiva abrandou. Os reforços britânicos foram enviados para Amiens em autocarros vermelhos de dois andares e os dois exércitos fizeram uma pausa para avaliarem a situação.

Tratava-se da maior movimentação em qualquer sentido desde 1914 e, retrospetivamente, o princípio do fim da guerra, mas era também o fim do domínio do marechal de campo Haig. Colocou-se sob o comando de um ilustre general francês, Ferdinand Foch, e no dia 26 de março, o general Foch foi nomeado comandante supremo das Forças Aliadas.

Os alemães continuavam a avançar e, no dia 13 de abril, Haig disse às suas tropas que se encontravam «encostados à parede», incitando todos os homens a «lutar até ao fim». Todos rezavam para que o Exército norte-americano, sob o comando do general Pershing, chegasse a tempo de proporcionar às Forças Aliadas o empurrão de que elas tanto necessitavam. Os alemães perderam pelo menos cento e dez mil homens na batalha de La Lys e os Aliados muitos mais. Porém, por volta do final de abril, tornou-se evidente que os alemães se encontravam completamente esgotados e sem provisões. Os britânicos, apesar de terem perdido o terreno que haviam passado vários anos a defender, na realidade tinham cedido pouco mais que um pântano lamacento. No dia 29 de abril, o extraordinário avanço alemão foi mais uma vez temporariamente interrompido. O resultado da guerra permanecia em aberto. Ambos os exércitos reuniram as suas forças, chamaram reforços e depois Ludendorff investiu energicamente contra os franceses, no Nordeste de Paris, em Aisne, apanhando-os completamente desprevenidos. O Exército alemão alcançou o rio Marne e Paris estava à vista. O *kaiser* Wilhelm ficou eufórico; os alemães estavam absolutamente convencidos de que a vitória estava próxima. O seu estado de euforia não durou muito tempo.

A batalha de Château-Thierry, no dia 18 de abril, foi um dia de combate tão feroz como todos os que o antecederam. Por essa altura, a Força Expedicionária Norte-Americana havia finalmente chegado: centenas de milhares de homens em boa condição física e cheios de energia. Foi um ponto de viragem. Soldados norte-americanos armados com metralhadoras combateram lado a lado com as tropas coloniais francesas do Senegal, obrigando os alemães a retrocederem. Por fim, os Aliados venceram a iniciativa.

O verão de 1918 foi palco de uma série de vitórias estratégicas, mas continuavam a morrer soldados e Bryanston Square continuava a rebentar pelas costuras. O major Oliver Hopkinson, dos Seaforth Highlanders, foi ferido pela terceira vez em França e, para seu alívio, o ferimento era suficientemente grave para ter de ser evacuado e voltar para casa. Pediu encarecidamente para ser enviado para o hospital de Lady Carnarvon. «Se soubesse a diferença que fez, da última vez que estive em França, o facto de saber que se fosse novamente atingido poderia ficar sob os seus excelentes cuidados...», escreveu ele a Almina quando teve alta do hospital, da última vez.

Almina tornou-se grande amiga de alguns dos homens que regressaram ao hospital e convidou-os a continuarem a sua recuperação física em Highclere. Kenneth Harbord fazia parte do Corpo Real de Aviação e passou um mês internado em Bryanston Square, em 1916. Os pilotos britânicos da Primeira Guerra Mundial tinham imensa sorte ao sobreviverem a ataques aéreos, porque, ao contrário do que acontecia com os seus homólogos alemães, os aviões não estavam equipados com paraquedas. Quando os seus aviões eram abatidos, eles não tinham outro remédio senão tentar aterrá-los em segurança. Muitos deles sofriam queimaduras terríveis, porque os aviões incendiavam-se enquanto desciam a pique e os pilotos não tinham tempo de saltar. Kenneth Harbord sobreviveu a essa situação terrível não uma, mas duas vezes. Pedira para ser considerado apto após a sua primeira aterragem forçada e subsequente recuperação, mas fora novamente abatido e regressara ao hospital de Almina no final de 1917. Tornou a recuperar e Almina, que ficara profundamente impressionada com a sua coragem, convidou-o a passar o fim de semana em Highclere, na companhia de Lorde Carnarvon.

Almina tinha obviamente o bem-estar de Kenneth Harbord em mente, mas estava também a pensar no marido, que passara uns meses terríveis e precisava de ser animado em boa companhia. O seu amigo de infância, o príncipe Victor Duleep Singh, morrera com um ataque cardíaco em junho, em Monte Carlo. Victor tinha comido em excesso durante toda a vida e estava clinicamente obeso quando falecera. Lorde Carnarvon ficara completamente de rastos. Além disso, também estava furioso com Aubrey, que entretanto envolvera o nome dos Carnarvon num processo por difamação.

Lorde Carnarvon vira o arguido do processo uma única vez por acaso, e somente durante dez minutos, mas Aubrey, que era totalmente desprovido de espírito crítico, havia-o convidado inúmeras vezes para Pixton. O processo girava em torno de um norte-americano excêntrico e paranoico e um poema intitulado «O culto do clítoris». Conduzido pelo juiz Darling, o julgamento descambou numa farsa pegada, se bem que a imprensa tivesse adorado. Quando o caso foi finalmente a julgamento, nesse mesmo verão, Aubrey encontrava-se novamente no estrangeiro, a chefiar a missão britânica no Adriático e a coordenar os serviços secretos especiais em Roma. Coube ao irmão mais velho lidar com as repercussões, à medida que os jornais vasculhavam a vida de qualquer pessoa remotamente ligada ao arguido. Carnarvon teve de contratar os serviços de Sir Edward Marshall Hall, advogado da Coroa britânica, Aubrey recusou-se a regressar e Carnarvon tentou ignorar o assunto.

Kenneth Harbord provou ser uma companhia deveras agradável e foi convidado a visitar Highclere inúmeras vezes. O Conde, é claro, partilhava o interesse de Harbord pela aviação. Convidou mais uma pessoa, um amigo de longa data, para participar nas suas conversas sobre aeronaves e reconhecimento aéreo. John Moore--Brabazon havia sido o primeiro inglês a voar, ainda que num aparelho francês, e, em agosto de 1914, alistara-se no Corpo Real de Aviação. Os conhecimentos de Lorde Carnarvon sobre técnica fotográfica eram altamente respeitados e ele discutiu inúmeras questões de reconhecimento aéreo com Moore-Brabazon durante a guerra. Quando os Aliados lançaram a Ofensiva dos Cem Dias, o que acabou efetivamente com o conflito, o Corpo Real de Aviação uniu-se ao Serviço Aeronaval Real e deu origem à Força Aérea Real, desempenhando um papel crucial nos serviços secretos.

Os alemães estavam convencidos de que as imensas baixas sofridas pelos Aliados em 1917 iriam impedir os britânicos e os franceses de levarem a cabo qualquer ofensiva significativa em 1918. Os alemães sabiam que tinham de atacar antes que as tropas norte-americanas chegassem em massa e a opinião geral era de que não haveria tropas norte-americanas suficientes em França antes do início de 1919. Como tal, a atividades dos Aliados em 1918 teria de se cingir a ir ao encontro do planeado avanço alemão. Os norte-americanos não queriam fundir as suas tropas com os batalhões franceses ou britânicos, preferindo esperar que um Exército norte-americano independente pudesse ser enviado de navio para o território francês, o que exasperou os Aliados. Os eventos sobrepuseram-se rapidamente às disputas assim que os extremos dos batalhões começaram a ser empurrados para a frente ou a resistir, e a previsão da chegada da força norte-americana para o início de 1919 provou estar crucialmente errada.

Agosto de 1918 acabou realmente por ser a fase final. Por essa altura, duzentos mil tropas norte-americanos estavam a chegar todos os meses e o Exército britânico foi reforçado graças ao regresso de vastos números de soldados provenientes do Médio Oriente e da Itália. O bloqueio da Marinha britânica à Alemanha destroçara o estado de espírito do povo alemão e a determinação dos poderes centrais multiplicou-se numa série de pesadas derrotas. No final, após quatro anos devastadores de morte, a vitória chegou em apenas três meses de combates duros e decisivos que custaram aos alemães dois milhões de soldados mortos, capturados ou feridos. Assim que as Forças Aliadas irromperam a linha de defesa de Hindenburg, o Exército alemão bateu em retirada. Em outubro, os Aliados reclamaram a vitória e o exausto general Ludendorff, que quatro meses antes estivera certo de que os seus homens estavam à beira de tomar a cidade de Paris, sofreu um esgotamento nervoso. Naquilo que havia sido o Império Austro-Húngaro, os países estavam a declarar a independência; agora era a vez de os políticos iniciarem o longo e penoso processo de estipular os termos de como pôr fim a um conflito que aniquilara milhões de pessoas.

O *kaiser* Wilhelm abdicou no dia 9 de novembro e os tiros cessaram às onze horas do 11.º dia do 11.º mês de 1918. A guerra aproximava-se do fim, com as tropas da retaguarda a combaterem até ao último momento. Os alemães sentaram-se para negociar a proposta de paz do presidente norte-americano Woodrow Wilson, com o general Foch. O Armistício foi assinado numa carruagem do seu comboio privado, parado no meio do campo, no Norte de Paris. A notícia foi rapidamente enviada aos exércitos e centenas de milhares de homens provenientes de dezenas de países diferentes atreveram-se finalmente a acreditar que a guerra havia chegado ao fim.

O fim não chegara suficientemente depressa para todos os que faziam parte do último pequeno grupo de homens de Highclere que havia partido para a guerra. Fred Bowsher, que trabalhara provavelmente nos jardins, alistara-se juntamente com vários rapazes das famílias Sheerman e Maber, nos dias sombrios de 1917. Ambos os rapazes Maber regressaram a Highclere, mas um dos rapazes Sheerman, Harry, morreu afogado quando o navio de Sua Majestade *Leinster* foi afundado por um submarino alemão, no mar da Irlanda, precisamente um mês e um dia antes do Armistício. Fred Bowsher foi morto no dia 21 de junho, com vinte e um anos. O seu amigo Arthur Fifield, cujo irmão havia sido morto em combate na Mesopotâmia, em 1916, foi sepultado em França no verão de 1918. O último rapaz Fifield aguentou-se até ao dia do Armistício e regressou a casa, para junto da sua mãe.

Uma das enfermeiras de Lady Carnarvon, no Castelo. As suas enfermeiras andavam sempre impecavelmente vestidas e Lady Carnarvon financiou pessoalmente todas as fardas.

Uma das inúmeras fotografias existentes nos Arquivos do Castelo de soldados da Grande Guerra em pleno recobro.

A alçada sul do Castelo de Highclere durante a Grande Guerra, completa com as persianas que entretanto foram retiradas.

Carta redigida à mão pelo general Sir John Cowans, Quartel-Mestre do Exército Britânico durante a Grande Guerra, endereçada a Alfred de Rothschild, após a visita dele ao «Hospital de Highclere». (...) «É simplesmente o melhor (...) e a sua mentora é maravilhosa, outra Florence Nightingale...»

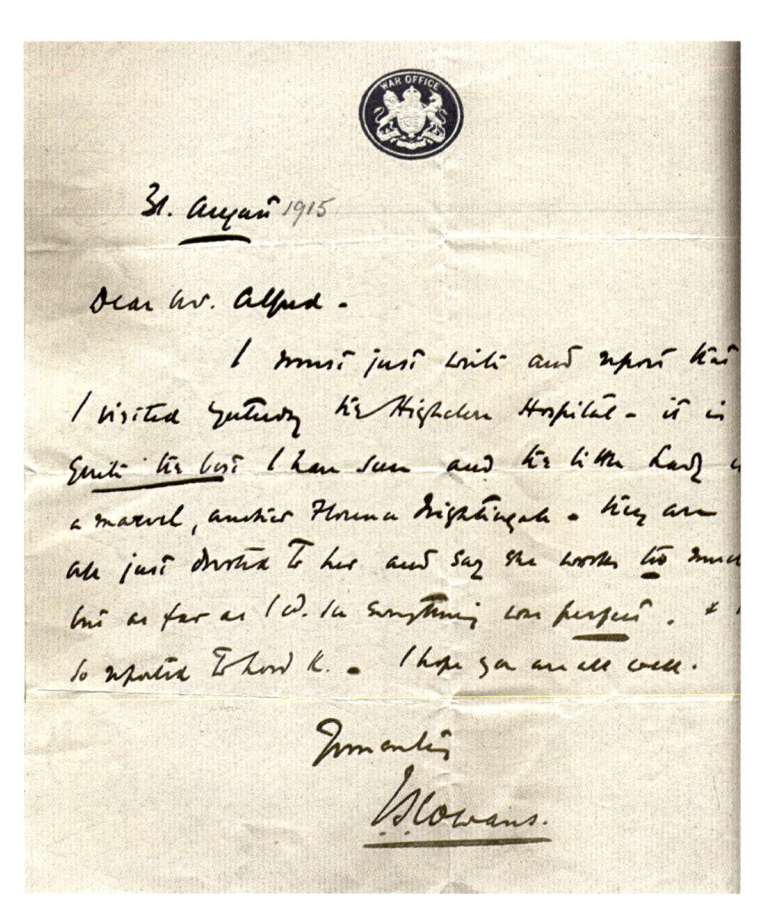

Pacientes em recobro no Castelo.

Este banco ainda pode ser visto (e utilizado!) nos jardins do Castelo.

Um soldado ferido nos Relvados Sul do Castelo, junto à ala sudeste.

Fotografia de um oficial totalmente recuperado, tratado no hospital em 1915, doada generosamente ao Castelo por um descendente.

O major J. A. Rutherford com os cinco filhos; todos serviram na Grande Guerra. O major Rutherford era o administrador do quinto conde de Carnarvon. Três dos seus filhos foram reformados por invalidez pelo Exército, devido a ferimentos de guerra. Na Lista de Honra de Highclere constam 75 nomes daqueles que combateram na Grande Guerra. Treze nomes estão assinalados como «mortos em combate». O major Rutherford aparece com uma «menção honrosa pelos serviços prestados».

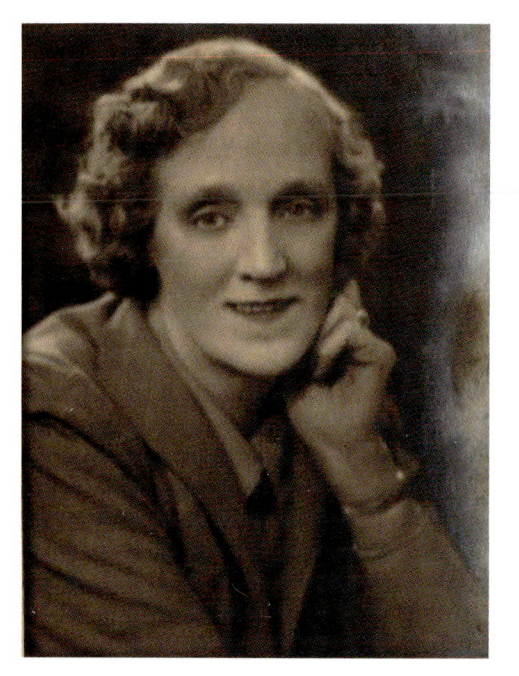

Mary Weekes, a secretária de confiança de Almina, e o marido, Charles Clout. Charles foi enviado para Highclere após ter sofrido um ferimento na Primeira Guerra Mundial e, pouco depois, ambos se apaixonaram.

O leque que Almina ofereceu a Mary como prenda de casamento.

Sir Berkeley Moynihan, famoso cirurgião, major-general do Exército Britânico durante a Grande Guerra, e presidente do Royal College of Surgeons. Operou o quinto conde em 1918, quando este quase morreu vítima de uma peritonite. A experiência médica de Lady Almina contribuiu para salvar a vida do marido, quando cuidou dele até à sua recuperação total.

Uma das inúmeras fotografias da Grande Guerra encontradas nos arquivos do Castelo.

Um desfile comemorativo da vitória, pouco depois do Cenotáfio ter sido erigido.

Um certificado oferecido à quinta condessa pelos soldados em recuperação, a agradecer-lhe todos os cuidados.

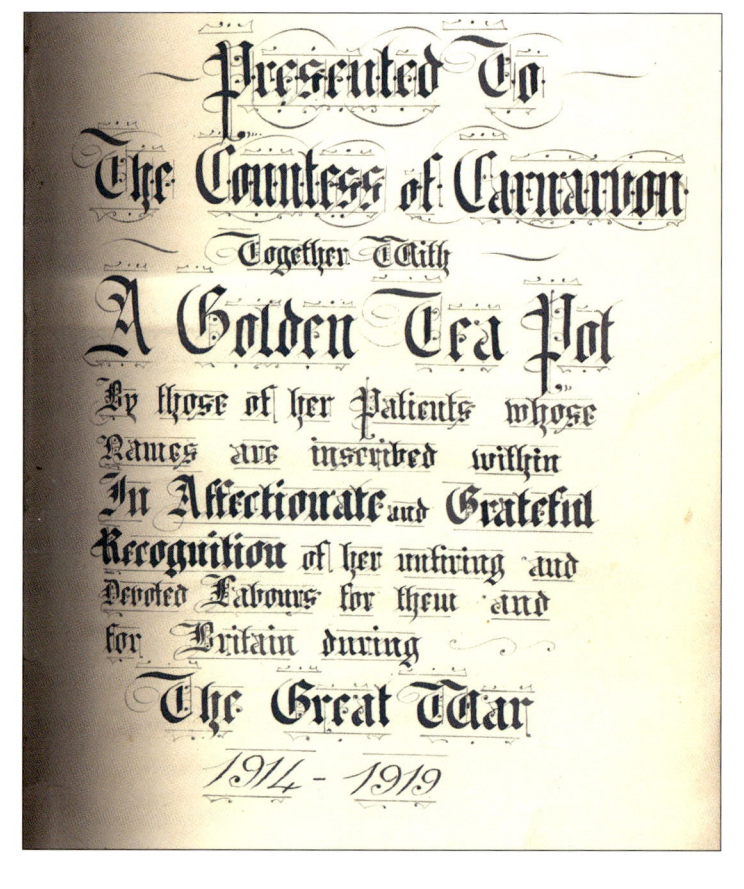

> Presented To
> The Countess of Carnarvon
> Together With
> A Golden Tea Pot
> By those of her Patients whose Names are inscribed within In Affectionate and Grateful Recognition of her untiring and Devoted Labours for them and for Britain during
> The Great War
> 1914 - 1919

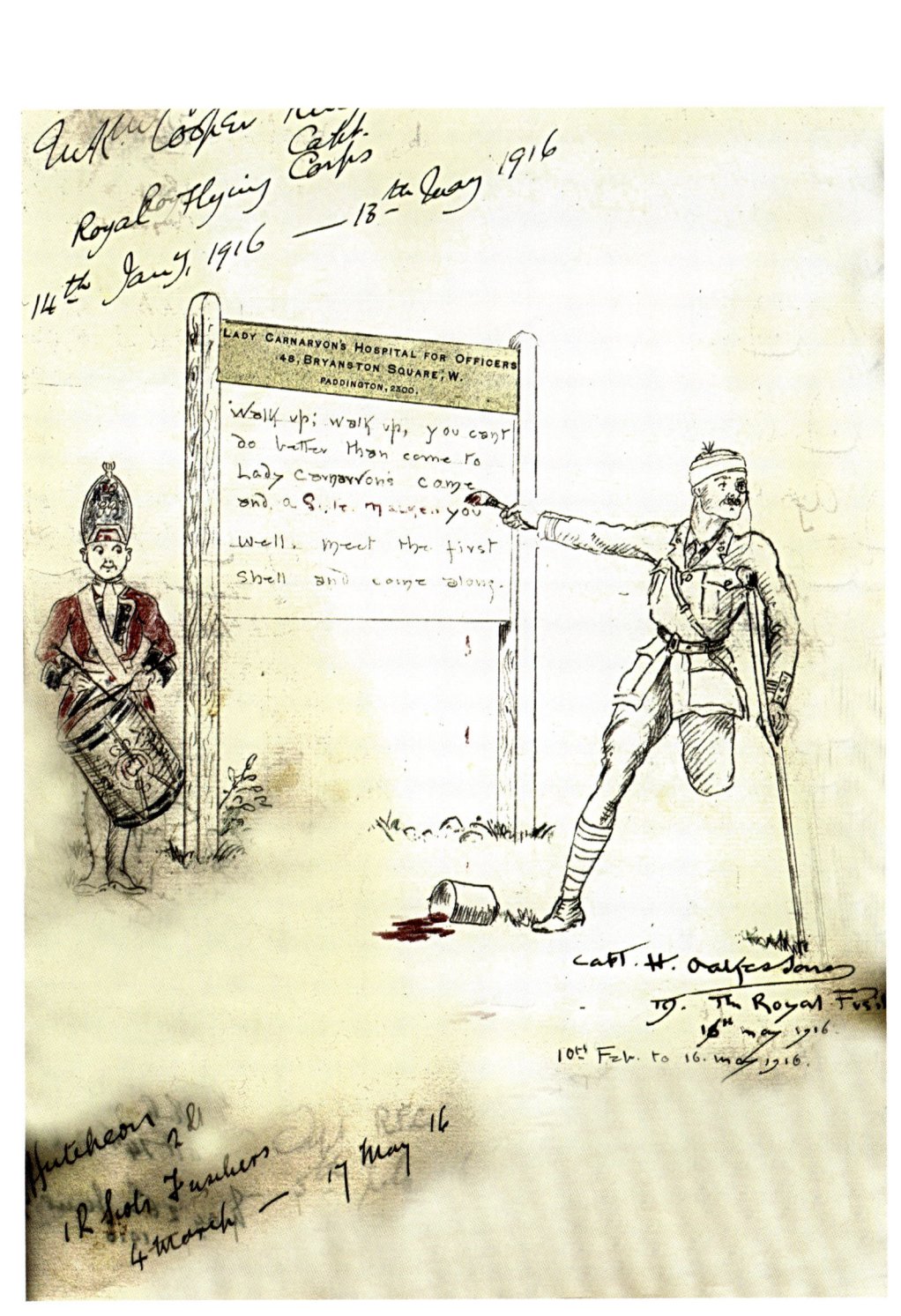

Um desenho notável encontrado nos arquivos do Castelo, mais precisamente no livro de visitas do tempo da guerra, elaborado por um soldado em recobro como forma de elogiar os esforços da quinta condessa por ocasião da transferência do hospital para Londres.

Retrato de Lady Evelyn Herbert (1901-1979), pintado durante a Grande Guerra.

17

DA GUERRA À PAZ

É claro que, após a incredulidade inicial, a euforia fez-se sentir em todo o lado, desde os campos de batalha de Flandres à sala de estar dos serviçais de Highclere. David Lloyd George emitiu um comunicado oficial às 10h20 do dia 11 de novembro a anunciar o cessar-fogo e, no final desse mesmo dia, Newbury estava completamente enfeitada com bandeiras e o jornal local fazia referência a fogo de artifício e a «animação» nas ruas. Aubrey deambulou por entre as multidões em Londres, que, segundo o jornal *Daily Mirror*, «estavam completamente loucas de alegria», e observou as celebrações. Somente uns dias e umas semanas depois é que a fadiga se apoderou das pessoas, tanto civis como soldados. No Médio Oriente, no Norte de África e por toda a Europa, milhões de homens viajavam de um lado para o outro, tentando chegar a casa. Florence, a antiga criada de Highclere, cujo corpo do marido, Tommy, nunca havia sido encontrado, foi obrigada a encarar o futuro sem o homem que ela amava, tal como muitas mulheres em todo o mundo. Os nervos das pessoas haviam sido testados quase até ao limite durante quatro anos e agora, ao iniciar-se a Conferência de Paz de Versalhes, era altura de colocar a questão: qual fora o propósito da guerra?

No domingo, dia 17 de novembro de 1918, uma missa de ação de graças foi celebrada no Corn Exchange de Newbury. Lorde Carnarvon discursou na sua condição de alto magistrado e disse à multidão de dignitários locais que, embora fosse normal que quisessem comemorar, as pessoas ali presentes jamais poderiam compensar os homens que tinham combatido. Almina e Eve encontravam-se ao seu lado, mas Porchy é claro que não. Mandara dizer que o seu regimento iria permanecer na Mesopotâmia durante pelo menos dois meses, antes de dar início à longa viagem de regresso. No final do ajuntamento, apelou-se ao patriotismo com o cântico do novo verso do hino nacional: *Deus salve os nossos corajosos homens.*

Almina não perdeu tempo a regressar a Bryanston Square imediatamente a seguir ao serviço religioso. O hospital teria de ser desmontado, assim como o resto da maquinaria de guerra, mas para já continuava a albergar cerca de vinte pacientes, assim como um grupo de enfermeiras.

Assim que Almina regressou a Londres, adoeceu com a gripe espanhola e o mesmo aconteceu a alguns dos seus pacientes. Notícias sobre essa calamidade ouviam-se desde o verão e agora o número de pessoas afetadas estava a aterrorizar uma população já de si traumatizada. A Europa debilitada foi invadida por uma pandemia de gripe de tal forma mortífera que ceifou ainda mais vidas que a guerra que terminara recentemente. Pelo menos cinquenta milhões de pessoas morreram em todo o mundo, do Ártico às ilhas do Pacífico. A guerra não desencadeara a gripe, mas o facto de homens com o sistema imunitário enfraquecido terem vivido quatro anos em grupo deve ter facilitado a incubação da mesma. Os pacientes mais enfermos foram hospitalizados e enviados para casa juntamente com os feridos, disseminando a doença por toda a Europa continental e posteriormente por todo o mundo. Tratava-se de uma estirpe invulgar, dado que afetava jovens adultos saudáveis em vez de atacar as vítimas habituais, e era terrível de tratar, uma vez que o doente se afogava na sua própria mucosidade.

Dr. Sneyd, o médico de Bryanston Square, foi um dos afetados; Almina transferiu-o para Highclere, para ele ter oportunidade de recuperar. Ela havia contraído uma estirpe ligeira, pelo que permaneceu no hospital e, assim que se sentiu melhor, continuou a cuidar dos seus pacientes. A sorte foi madrasta para um jovem que ela não foi capaz de salvar: depois de ter sobrevivido três anos e meio na Frente, morreu vítima da gripe poucas semanas após o Armistício.

No final do ano, Almina andava igualmente preocupada com a questão da sua herança. Alfred de Rothschild deixara-lhe praticamente tudo. Fora generoso na morte, tal como durante toda a vida. Foram feitas doações consideráveis a amigos e familiares, assim como cinquenta mil libras para instituições de caridade, das quais vinte e cinco mil libras foram para o Fundo Memorial Lorde Kitchener, para amenizar o sofrimento entre os membros das Forças Armadas. A National Gallery recebeu uma pintura fantástica da autoria de Sir Joshua Reynolds. A adorada Halton House de Alfred ficou para o sobrinho dele, Lionel, uma vez que era «o único Rothschild que não possuía uma grandiosa moradia», mas Seamore Place, e todo o seu recheio, foi deixada a Almina. Tratava-se de uma moradia enorme, e absolutamente extraordinária, localizada em Mayfair, recheada de coisas bonitas e de pinturas inestimáveis, algumas das quais Alfred solicitara a Almina que jamais as vendesse, por serem antiguidades que se encontravam na família há várias gerações. Para além disso, Almina recebeu ainda uma herança no valor de cinquenta mil libras, livre de impostos, e Lorde Carnarvon, Porchy e Lady Evelyn receberam vinte e cinco mil libras cada. Tratava-se de uma fortuna a uma escala desconcertante, em especial se tivermos em conta que, em 1918, um jardineiro de Highclere auferia 24 libras por ano e o salário do jardineiro-chefe rondava as cento e cinquenta libras por ano.

A partir de então, Seamore Place passou a ser a casa de família dos Carnarvon em Londres; Berkeley Square foi vendida. Almina, que toda a sua vida adorara decorar uma casa mais do que tudo, estabeleceu um plano para as renovações. A propriedade, não obstante a decoração estilo museu, deixava aparentemente muito a desejar no que dizia respeito à canalização. Em dezembro, Almina pediu aos seus advogados, Frere and Co, para escreverem aos advogados de Alfred de Rothschild a solicitar uma contribuição substancial para a sua conta. Explicou-lhes que se vira obrigada a fazer obras de grande monta em Seamore Place e que também incorrera em despesas volumosas no que dizia respeito ao hospital. Como tal, tencionava vender duas das pinturas que lhe haviam sido deixadas livres de impostos desde que ela as mantivesse e pedia ao executor testamentário de Alfred para arcar com a despesa do pagamento dos ditos impostos.

Se havia pecado do qual Almina podia ser considerada culpada era a sua incapacidade para gerir dinheiro. Era inabalavelmente generosa quando o oferecia e adorava gastá-lo; e era também totalmente despreocupada em relação a obtê-lo. O facto de a morte de Alfred significar que o dinheiro dele era agora, por definição, limitado, não parece ter ocorrido a Almina. Limitava-se a pedir mais, tal como havia feito toda a vida.

O executor testamentário de Alfred era o distinto advogado Sir Edward Marshall Hall, que assumiu uma posição e se recusou a ceder às exigências algo imperiosas de Almina. Ainda assim, ela vendeu as pinturas, não obstante a condição imposta por Alfred para que não o fizesse, e teve de pagar os impostos sobre as mesmas. Foi um pequeno ajuste à nova realidade da vida sem o seu querido benfeitor.

A adaptação à nova realidade era a tarefa que cabia à nação em janeiro de 1919. Elsie, a condessa viúva de Carnarvon, tinha sessenta e três anos em 1919, mas, com uma energia tipicamente infatigável, estava determinada a fazer a sua parte para aliviar o rescaldo da vida dos combatentes. Tornou-se vice-presidente da Sociedade de Terapia Vocal, uma entidade determinante para o desenvolvimento da terapia da fala moderna. O objetivo era devolver a capacidade da fala a milhares de ex-soldados que estavam a aprender a viver com as suas deficiências físicas. Muitos deles sofriam de traumas de guerra, assim como de amnésia e ataques de pânico; gaguejavam ou simplesmente não conseguiam falar. Elsie angariou fundos e sensibilizou as pessoas para esse problema, mas o seu grande objetivo era utilizar a música e o canto para ensinar os pacientes a respirarem de uma forma mais eficaz, a descontraírem--se e a divertirem-se. Fundou os King's Services Choirs, que foram muito bem-sucedidos no melhoramento da fala dos pacientes, permitindo-lhes recuperar as suas vidas sociais e procurar trabalho. Alguns homens descobriram uma paixão pelo canto e tiveram aulas individuais; outros tiveram aulas de espanhol. Um homem que gaguejava fez uma recuperação tão fantástica que Elsie conseguiu arranjar-lhe trabalho como jardineiro numa propriedade não muito longe de Highclere. Num concerto em Lancashire, perguntaram a um ajudante de moleiro sobre o seu ferimento. Ele replicou: «Perdi a perna e a voz, mas como a minha voz voltou, a perna já não me importa!»

Almina estava a braços com o processo de encerramento do hospital, mas antes de este ser oficialmente fechado no dia 15 de fevereiro de 1919, ela, a sua equipa de médicos e enfermeiras e os últimos residentes receberam mais uma visita do príncipe Arthur, duque de Connaught. Ele ficara tão impressionado e sensibilizado com o que vira na visita anterior que decidira agradecer pessoalmente à equipa todo o trabalho levado a cabo.

O encerramento do hospital era motivo de satisfação, claro, mas era também comovente deixar um espaço que unira tantas pessoas de uma forma tão intensa. Nas palavras de Kenneth Witham Wignall, um dos últimos pacientes: «Foi muito comovente deixar o "48". Tenho a certeza de que se não fosse a competência e os cuidados fantásticos [...] o mais certo era nem sequer ter a perna que ainda me resta.» As cartas continuavam a chegar vindas de pacientes e dos respetivos familiares. Lizzie Hooper escreveu, numa caligrafia irregular, a agradecer a Lady Carnarvon tudo o que ela havia feito pelos seus dois rapazes: «Estou-lhe eternamente agradecida por todos os cuidados que eles receberam.»

Almina escreveu cartas de agradecimento a todos os cirurgiões com quem trabalhara durante quatro anos. Enviou presentes a muitos deles, latinhas de chá feitas de prata, com os nomes e as datas de serviço gravadas, recordações do tempo que eles haviam passado em Highclere e em Bryanston Square. Hector Mackenzie respondeu-lhe a agradecer todo o apoio e a quantidade imensa de energia que despendera a incutir nos colegas a ideia de que estavam a fazer tudo o que podiam. «Vejo-a como uma espécie de anjo, feliz quando os seus esforços são coroados de sucesso, sem nunca perder a esperança, sempre a lutar por uma causa perdida, e triste quando todos os seus esforços são em vão.»

Tal como Almina, muitas pessoas trabalharam durante a Primeira Guerra Mundial com o objetivo de proporcionarem um serviço médico indispensável. Ela tinha a perfeita noção de que jamais o teria conseguido sem a ajuda dos seus médicos e enfermeiras. Era obviamente agradável ser reconhecida pelos seus esforços e é claro que Almina se sentia lisonjeada, mas os infindáveis pequenos atos de caridade (os funerais a que fora pessoalmente; a sua atenção especial aos pormenores fazia com que todos os pacientes se sentissem como autênticos convidados; a capacidade de pôr mãos à obra e ligar pessoalmente o coto gangrenoso de um soldado) tinham sido feitos de livre vontade e sem esperar nada em troca.

A combinação da generosidade e da energia de Almina no seu trabalho hospitalar, com o intuito de produzir algo de verdadeiramente significativo, captou a atenção das autoridades máximas. Sir Robert Jones, inspetor dos Hospitais Militares, escreveu-lhe no dia 28 de janeiro para exprimir o seu agradecimento pessoal:

> Sempre a vi como uma das grandes revelações da guerra. Dedicou-se aos nossos soldados feridos e estou certo de que a nação lhe ficará profundamente grata por isso. Guardarei sempre recordações muito agradáveis de Highclere, os momentos tão bem passados que os nossos soldados lá tiveram e em especial a forma altruísta com que a senhora deu assistência a todas as suas necessidades mentais e físicas.

Tendo-se dedicado à saúde dos outros durante anos, Almina estava a necessitar desesperadamente de descanso. Em fevereiro, logo que o último paciente foi transferido para uma clínica de recobro de confiança e a última enfermeira conseguiu outro emprego, a família partiu para o Egito pela primeira vez desde 1915. Lorde Carnarvon estava entusiasmadíssimo e ansioso para se juntar a Howard Carter e reatar o trabalho de ambos. Londres estava particularmente fria nesse inverno, com muita neve e ventos gélidos, o que o incentivou ainda mais a partir.

Fizeram a travessia até Bolonha e de lá apanharam um comboio para Paris. França estava a levar a cabo uma colossal operação de limpeza. Em Versalhes, as consequências políticas estavam a ser examinadas ao pormenor por delegações representantes de todas as nações combatentes. No Norte de França e na Bélgica procedia-se à tarefa de sepultar os mortos em cemitérios de guerra.

Os Carnarvon fizeram uma paragem em Paris para visitar Aubrey, que se deslocara rapidamente a essa cidade assim que ouvira dizer que o seu grande amigo, o coronel Sir Mark Sykes, que fizera parte da delegação britânica para as negociações de paz, estava a morrer de gripe. Sir Mark, que visitara Almina no início da guerra para a informar de que Aubrey havia sido alvejado, faleceu no dia 16 de fevereiro, com trinta e nove anos. Fora o criador do Gabinete Árabe, que existia para «harmonizar a atividade política britânica no Próximo Oriente». Aubrey e T. E. Lawrence também trabalhavam para o gabinete e os três homens costumavam passar fins de semana em Highclere e Pixton a discutir o futuro da política no Médio Oriente, enquanto bebiam vinho do Porto e fumavam charutos. Sir Mark andava a tentar levar as causas do nacionalismo árabe e do sionismo à ordem de trabalhos de Versalhes quando fora dominado pela doença. Aubrey ficou horrorizado por os seus amigos continuarem a morrer mesmo depois do cessar das hostilidades. Quando também sucumbiu à gripe, ele e a esposa, Mary, decidiram passar o inverno em Itália, para garantir a sua recuperação.

O casal passou três meses na casa que o pai de Aubrey, o quarto conde, adquirira em 1882 e à qual chamara «Alta Chiara», Highclere em italiano. Ficava situada no cimo de um penhasco, voltada para o ancoradouro de Portofino e com uma vista fabulosa sobre o Mediterrâneo. Devia ser um lugar incrivelmente romântico e tranquilo para apaziguar o espírito e recuperar as energias.

Os Carnarvon seguiram para Marselha e depois embarcaram rumo a Bizerte, na Tunísia, e de lá para Alexandria. A guerra acabara quatro meses antes e as viagens ainda estavam bastante afetadas, com consequências potencialmente mortais. O navio onde os Carnarvon viajavam havia sido utilizado para transportar homens enfermos e feridos e não fora desinfetado convenientemente antes de ser devolvido para uso civil. A pressão para que as coisas regressassem à normalidade levara a que se saltasse uma série de passos essenciais. Naquele caso em concreto, as condições higiénicas eram de tal modo que vários passageiros morreram de infeções que contraíram a bordo. Almina tinha acabado de recuperar da gripe e o Conde nunca estava a 100%, mas ambos chegaram a terra sem problemas. Pela primeira vez em quatro anos, Lorde Carnarvon encontrava-se novamente em terras quentes e, ao desembarcarem em Alexandria, ele e Almina foram invadidos pela familiar cacofonia de sons e barafunda. Mas as coisas estavam diferentes lá também. O final da guerra fomentara uma nova visão de nacionalismo e independência entre o povo egípcio.

Os Carnarvon viajaram até ao Cairo e apanharam o comboio até Luxor, onde foram recebidos por Howard Carter. Carter e Carnarvon estavam ansiosos para prosseguir com o trabalho no Vale dos Reis. Haviam decorrido cinco longos e frustrantes anos desde que haviam obtido a concessão para procederem a escavações no vale, imediatamente antes do romper da guerra. Não tinham a certeza se o local estaria mesmo esgotado, como lhes diziam repetidamente, mas não iam desistir de um sonho de longa data sem fazerem pelo menos uma escavação.

Almina e Eve ficaram hospedadas no Hotel Winter Palace, que estivera praticamente encerrado durante a guerra, mas que ressuscitara o mais rapidamente que conseguira para fazer face às necessidades dos viajantes que começavam a regressar. Lorde Carnarvon ficou com Carter na casa deste, que era bastante mais conveniente tendo em conta a localização da escavação. O «Castelo Carter», como era conhecido, fora construído nove anos antes com tijolos ingleses enviados por barco pelo próprio Lorde Carnarvon. Fora projetado com base num *design* egípcio tradicional e possuía uma abóbada no pátio central que o mantinha fresco, para além de todos os confortos modernos.

Os dois homens estavam entusiasmadíssimos por estarem novamente juntos e poderem começar a trabalhar. Ambos estavam convencidos de que havia mais tesouros para serem encontrados no

Vale dos Reis; o local que haviam identificado para testarem o seu palpite ficava situado em frente ao túmulo de Tutmés I. Todas as manhãs, assim que o dia raiava, partiam montados em cima dos respetivos burros, para supervisionarem o progresso da escavação. A maior parte das vezes, Almina e Eve iam ter com eles.

Almina sentia-se aliviada por ter algo com que se distrair, ainda que não fosse propriamente um projeto seu. Não estava acostumada à inércia, mesmo que relativa, e, embora o luxo familiar do Winter Palace fosse bastante revigorante, ela sentia alguma incerteza no que dizia respeito ao regresso à velha rotina, mais do que o marido ou mesmo a filha. Ao contrário de Carnarvon e Eve, Almina passara os últimos cinco anos a trabalhar numa tarefa importante e muito esgotante, mas altamente gratificante. Agora essa tarefa estava concluída e Almina sentia a falta de fazer algo com relevância para o mundo. Inconscientemente, não conseguia parar de tecer planos para o seu próximo hospital. Depois de descobrir que tinha jeito para a enfermagem e para a administração hospitalar, e uma vez que a necessidade de cuidados extremosos e de qualidade não iria propriamente desaparecer, queria dar continuidade à sua missão de alguma forma. Seria a continuação do trabalho filantrópico levado a cabo pelo pai dela. Para já, contudo, Almina estava a reunir forças e era uma participante entusiasta nas escavações. Ao que se revelou, a vida de Almina seria irreversivelmente alterada por eventos que surpreenderiam a família Carnarvon, e decorreriam mais oito anos até ela conseguir finalmente concretizar o seu plano.

No dia 26 de fevereiro, eles descobriram um depósito secreto com treze recipientes de alabastro na entrada do túmulo do rei Merenptah, filho de Ramsés II: Lady Carnarvon ajoelhou-se na areia para ajudar a desenterrá-los com as suas próprias mãos. Foi um momento empolgante, mas não era a descoberta decisiva por que os dois homens tanto ansiavam. Para isso iriam esperar mais dois anos.

A agitada situação política do Egito estava a complicar-se e Lorde Carnarvon receava pela segurança da esposa e da filha. No dia 9 de março de 1919, deu-se uma revolta, conduzida pelo nacionalista egípcio Saad Zaghloul. Saad Zaghloul fora ministro durante vários anos, mantendo uma postura cautelosa entre os nacionalistas extremistas e o poder governamental britânico. Todavia, tudo mudara após o famoso discurso dos «catorze pontos» do presidente Wilson, em janeiro de 1918. Durante a guerra, a Grã-Bretanha declarara o Egito um protetorado britânico, com muito pouca consideração pelo nacionalismo egípcio emergente. Os egípcios, contudo, sentiram-se inspirados com a afirmação do presidente Woodrow Wilson de que «todas as nações que ambicionam a paz e que, tal como nós, desejam viver a sua própria vida e definir as suas próprias instituições merecem ser tratadas com igualdade». O fim das hostilidades e a conferência de paz em França proporcionou-lhes uma excelente oportunidade.

Zaghloul iniciou uma campanha com o objetivo de enviar uma delegação a Versalhes para negociar a autonomia egípcia, mas as suas atividades não eram do agrado das autoridades britânicas, que se apressaram a detê-lo e depois o enviaram para o exílio. Esse incidente serviu apenas para exacerbar a situação. Seguiram-se manifestações de estudantes, greves gerais e tumultos. Alguns europeus foram mortos e várias centenas de egípcios morreram no decorrer dos meses seguintes.

Face ao caos que se seguiu após a detenção de Zaghloul, Lorde Carnarvon decidiu mandar Almina e Eve de volta para casa. Conseguiu arranjar-lhes bilhetes num navio que partiria de Port Said e ficou imensamente aliviado quando recebeu um telegrama de Almina a informá-lo de que haviam embarcado e que estavam a caminho de Inglaterra.

Lorde Carnarvon permaneceu no Cairo. Estava profundamente envolvido na política local e conhecia vários elementos-chave tanto do lado egípcio como do lado britânico. Afinal de contas, recebera-os em Highclere, muitas vezes nas mesmas festas, durante muitos anos. Quando o general Lorde Allenby foi despachado de Londres no dia 25 de março e foi incumbido de restaurar a ordem no Cairo, Lorde Carnarvon cedeu-lhe os seus préstimos como mediador. Jantou com vários ministros e com o sultão Fuad do Egito, que deu cabo do estômago de Carnarvon ao mandar servir um almoço com treze pratos no espaço de meia hora.

A diplomacia pareceu acalmar a situação. Zaghloul foi libertado pelos britânicos no dia 7 de abril e no dia 11 de abril de 1919 alcançou o seu objetivo depois de ter conduzido uma delegação até à Conferência de Paz de Versalhes a fim de exigir a independência do Egito. Ironicamente, o dia em que eles chegaram coincidiu com a data em que os Estados Unidos da América emitiram um comunicado a reconhecer o Egito como um protetorado britânico. Em Paris ninguém estava interessado na causa de Zaghloul: obter uma indemnização por parte da Alemanha pelos danos causados era o assunto na ordem do dia e tudo o resto estava relegado para segundo plano. Tal atitude provar-se-ia fatal para a estabilidade a longo prazo na Alemanha e também no Médio Oriente.

18
MAIS UMA TEMPORADA BRILHANTE

Num belo dia cheio de sol, em junho de 1919, Porchy tocou à campainha da casa de Seamore Place. Chegara finalmente a casa, vindo da Mesopotâmia. Roberts, que fora promovido de encarregado do guarda-roupa de Highclere à posição de mordomo de Seamore Place, abriu-lhe a porta, estupefacto. Roberts, que fora um aliado de Porchy desde que este era criança e era mandado para a cama sem jantar, ficou encantado por vê-lo. Porchy perguntou-lhe se a mãe estava em casa e, recompondo-se o suficiente para apertar calorosamente a mão de Sua Senhoria, Roberts respondeu-lhe que sim. Porchy esperava possivelmente uma receção de boas-vindas digna de um herói, mas quando Almina o viu exclamou: «Oh, meu querido, que grande surpresa!»

Almina continuava claramente no seu papel de enfermeira, pois, de imediato, perguntou ao filho se a farda dele havia sido fumigada e se ele estava livre de piolhos. A limpeza das cabeças, algo que devia ser realizado nos navios que transportavam os homens provenientes da guerra, não era uma tarefa fácil, uma vez que as infestações da mosca-da-areia podiam ser bastante desagradáveis. Ainda assim, Porchy ficou um tanto surpreendido. Não se viam há mais de dois anos e meio e muita coisa tinha acontecido entretanto. Porchy amadurecera e Almina assumira por completo o seu papel de enfermeira respeitada; não admira que tivessem demorado alguns instantes a adaptarem-se um ao outro antes de avançarem com o processo das boas-vindas. O seu filho acabava de chegar a casa são e salvo, ao contrário de tantos outros jovens, e Almina tinha plena noção disso.

A família inteira ficou encantada por tê-lo de volta. Viveram um período de alguma ansiedade, quando Porchy teve uma apendicite pouco depois de ter chegado, mas Almina entrou de imediato em ação, tal como fizera com o marido no ano anterior. Certificou-se de que Sir Berkeley Moynihan operava o seu querido filho e depois supervisionou pessoalmente a recuperação dele na casa de Seamore Place.

O verão de 1919 ficou marcado por um misto de regresso ao que costumava ser a normalidade e a sensação de que nada voltaria a ser como antes. Almina andava à procura de novas formas de gastar a sua energia, mas, para já, dava-se por satisfeita por poder cuidar de Porchy; Lorde Carnarvon andava satisfeitíssimo por poder fazer as suas escavações. Elsie estava envolvida no seu novo projeto de terapia da fala e Eve era uma animada rapariga de dezoito anos em plena temporada de debutante. Contudo, para alguns elementos da família, assim como no país em geral, existia uma intensa sensação de falta de esperança.

Aubrey era um homem amargo. Sentia-se profundamente desiludido com tudo o que vira na Conferência da Paz de Versalhes. Sentia que a Inglaterra se encontrava «de alguma forma associada ao ódio que proliferava na Europa continental». Durante os encontros de Versalhes, Aubrey jantara praticamente todas as noites na companhia de T. E. Lawrence, que andava a tentar obrigar o governo britânico a honrar as várias promessas que fizera durante a guerra. A colega deles, a escritora e especialista em política do Médio Oriente Gertrude Bell, escreveu que era tudo uma confusão torturante: «Conseguimos imaginar todas as coisas terríveis que vão acontecer e não podemos fazer nada para as evitar.»

O tratado da paz foi assinado no dia 28 de junho de 1919, na Galeria dos Espelhos do Palácio de Versalhes. Foram vários meses de discussões, durante os quais a esperança de várias nações e aspirantes a nações foi esmorecendo. O Médio Oriente foi dividido em diferentes esferas de influência entre os Aliados, com consequências desastrosas que duram até aos dias de hoje. Os alemães perderam vários territórios, o que provocou um ressentimento enorme, e, além disso, foram multados em biliões e biliões de marcos de ouro. A França estava decidida a dominar por completo o seu vizinho e a Grã-Bretanha queria pagar a sua imensa dívida de guerra. A escala das reparações exigidas pelos Aliados era considerada excessiva por muitos, não só na Alemanha como também por figuras como John Maynard Keynes, o principal representante da Tesouraria britânica nas negociações. O valor foi reduzido em 1924 e novamente em 1929, mas por essa altura a Alemanha já se sentia vexada e a eleição de Hitler estava a escassos quatro anos de distância.

Quando as conversações de Versalhes chegaram ao fim, muitos dos amigos dos Carnarvon do Egito foram passar um fim de semana dedicado às corridas em Highclere. A temporada de festas de verão estava novamente em força e, pela primeira vez em vários anos, Highclere preparava-se para receber dezenas de convidados. Streatfield, que continuava a ser o mordomo da casa, estava encarregado de garantir que os padrões habituais permaneciam inalterados. Já só tinha mais três anos de serviço para cumprir. Era um homem com sessenta e três anos e começava a sentir-se cansado. Porém, continuava a ser tão meticuloso como sempre e a sua equipa de criados não o deixou ficar mal.

Todavia, não foi exatamente como de costume. Como é que podia ser, se o mundo antes da guerra, um ambiente político e social que o quarto conde reconhecia, havia desaparecido para todo o sempre? Milhões de homens haviam morrido ao serviço dos antigos regimes e a dor e o ressentimento públicos estavam inflamados pelas medidas de austeridade combinadas com a recessão. Carnarvon anotou no livro de visitas da festa «Corridas» e «Greve». Houve imensas em 1919. Praticamente meio milhão de trabalhadores das fábricas de têxteis despediu-se em junho, a Polícia saiu para as ruas em agosto e em setembro foi a vez dos trabalhadores das linhas férreas. Os salários eram baixos e havia muita falta de empregos: veteranos desiludidos pediam esmola nas ruas.

Até o conde de Carnarvon tinha preocupações financeiras, ainda que a uma escala inteiramente diferente. O seu rendimento agrícola estava em queda desde antes do início da guerra e os impostos que tinha de pagar em 1919, após a legislação introduzida por Lloyd George, perfaziam a avultada quantia de sete mil e quinhentas libras. Havia vendido uma parte do mobiliário da sua casa em Bretby em maio de 1918 e agora vendera o recheio da biblioteca de Bretby por intermédio da Sotheby's. O Conde estava perfeitamente ciente de que Almina já não tinha rendimentos e que a orçamentação não era propriamente o forte dela.

Almina, contudo, não sentia nenhuma ligação afetiva ao enorme legado que lhe havia sido deixado por Alfred de Rothschild, pelo que não via motivos para parar de gastar esse dinheiro. Enquanto o Conde andava preocupado com a impossibilidade de os seus arrendatários pagarem a renda, Almina andava a planear um baile em honra de Eve, que faria a sua primeira aparição na alta sociedade nesse verão. E não se pouparia a despesas. Centenas de pessoas foram convidadas para dançar até de madrugada e o *The Times* noticiou que a festa estava apinhada de gente. As festas em Seamore Place eram uma constante. Foi solicitado ao chefe de cozinha que se certificasse de que a comida combinava com o ambiente opulento, o que, tendo em conta que a casa era um monumento ao amor de Alfred por preciosidades, não era uma tarefa fácil. O chefe de cozinha devia ter uma das posições mais invejadas em Londres. Tinha liberdade suficiente para dar asas à sua imaginação e o orçamento para a sustentar.

Não havia declaração mais evidente da intenção de Almina aumentar, em vez de atenuar, a posição preeminente dos Carnarvon na sociedade pós-guerra do que a sua paixão pela organização das maiores e melhores festas. Tal facto ficou simbolizado numa ocasião no ano seguinte, na temporada de 1920. Almina e Eve tinham ido a um baile realizado por Sir Ernest Cassel, um dos financeiros mais abastados dessa época, em honra da sua filha Edwina. Almina divertiu-se tanto que disse à filha: «Vamos organizar o nosso próprio baile amanhã à noite.» Eve ficou alarmada, sem saber como tal seria possível de realizar. (Eve foi sempre bastante mais pragmática que Almina; talvez tivesse imaginado a reação do chefe de cozinha quando lhe pedissem para confecionar um banquete digno de Seamore Place com menos de vinte e quatro horas de antecedência.) Almina informou Eve: «Já convidei todos os presentes aqui hoje, pelo que estou certa de que vamos divertir-nos imenso.»

Contudo, ao que parece, Almina não informara o marido. Não que ele gostasse de festas grandiosas. O dia seguinte era uma sexta-feira e Carnarvon partia todas as sextas-feiras no comboio das seis da tarde com destino a Highclere. Almina sabia que o marido pressentia algo no ar, a julgar pela forma como ele deambulava pela casa. Ela estava ansiosa para poder dar início aos preparativos e perguntava repetidamente a Roberts se Sua Senhoria já havia partido. Por fim, o Conde assim fez, mas Roberts viu-se obrigado a informar Almina de que Lorde Carnarvon saíra pela porta das traseiras no preciso instante em que os criados traziam dez dúzias de lagostas para o interior da residência. O baile foi um verdadeiro sucesso e, quando Almina chegou a Highclere no dia seguinte, Carnarvon limitou-se a perguntar-lhe, com um sorriso, se ela não se sentia por demais esgotada. Um homem inteligente sabe escolher as suas batalhas.

Lorde Carnarvon era perito em lidar com as extravagâncias dos membros mais caprichosos da sua família. Aubrey andava a tentar abstrair-se da sua própria angústia passando cada vez mais tempo na sua adorada Albânia. No final do verão de 1920, ia ele a caminho de Constantinopla quando descobriu que o primeiro-ministro da Bulgária se encontrava no mesmo comboio. Stamboliski apresentou-se pessoalmente a Aubrey, que mais tarde escreveria ao irmão dizendo: «O tipo parecia um salteador a mexer-se por entre um canteiro de silvas.» Pelos vistos, não era uma postura tão condenatória como parece, porque Aubrey solicitou a Carnarvon que convidasse Stamboliski a visitar Highclere, o que Carnarvon se prontificou a fazer. O primeiro-ministro búlgaro assinou o livro de visitas no dia 17 de outubro. A Bulgária estivera do lado dos poderes centrais durante a Primeira Guerra Mundial e Carnarvon tinha algum receio em relação ao seu convidado, não obstante a garantia de Aubrey de que ele era totalmente a favor dos britânicos. Decidiu então convidar também alguns dos seus conhecidos orientalistas para manter a conversa fluida; Sir William Garstin e T. E. Lawrence também estavam presentes. No final, toda a gente se divertiu imenso. Carnarvon mostrou a Stamboliski a coudelaria e a quinta e descobriu que, como seria de esperar, uma vez que o seu convidado nascera de pais agricultores, podiam conversar a fundo sobre gado.

A família inteira encontrava-se em Londres para a cerimónia comemorativa do Armistício, no dia 11 de novembro de 1920. Era um dia de luto nacional e de ação de graças. Centenas de milhares de pessoas alinharam-se nas ruas para prestar a sua homenagem à medida que a carreta, puxada por seis cavalos negros e transportando o caixão do Soldado Desconhecido, começava o seu percurso pelas ruas de Londres. O rei Jorge V inaugurou o cenotáfio e, após dois minutos de silêncio, o corpo do Soldado Desconhecido, que havia sido transportado de uma sepultura não identificada em França, foi levado para a sua última morada. Foi acompanhado por cem recetores da Cruz Vitória e foi sepultado com solenidade na nave central da Abadia de Westminster. Jorge V lançou um punhado de terra do campo de batalha da Flandres para o interior da sepultura. As famílias dos homens cuja localização da campa era desconhecida, como era o caso de Frederick Fifield e Tommy Hill, puderam retirar algum conforto da homenagem prestada àquele companheiro desconhecido. A ocasião decretou o fim do luto nacional. Pessoas de uma ponta à outra do país continuavam traumatizadas, mas pelo menos a nação havia honrado os seus mortos.

Em abril seguinte, Aubrey e Mary tiveram um filho, Auberon Mark Henry Yvo Molyneux, batizado com o nome do primo e amigo que Aubrey perdera na guerra. Aubrey fora sempre tipicamente excêntrico no seu trato com as crianças. Escreveu ao irmão Mervyn sobre a gravidez de Mary: «É algo exasperante. Sempre vi as crianças como uma infelicidade — da mesma forma que falar em público é uma obrigação e uma chatice pegada —, mas enfim.» Porém, ele e a família precisavam de boas notícias. Era bom receber um bebé novo quando durante anos a vida parecera uma longa sucessão de funerais.

Os Carnarvon foram para o Egito, como de costume, em janeiro de 1921. Depararam-se com uma situação quase tão instável como anteriormente. Começava a tornar-se evidente que os britânicos teriam de renunciar ao seu protetorado. Haviam exilado Saad Zaghloul pela segunda vez, depois de ele ter organizado manifestações de protesto contra a nomeação por parte do sultão Fuad de um rival para primeiro-ministro. A reação do público fora, tal como anteriormente, a revolta. Quando os Carnarvon chegaram, Lorde Allenby estava precisamente a deixar o Cairo para regressar a Londres e tentar persuadir o governo a declarar a independência do Egito.

Nas escavações também se instalara uma familiaridade entediante. Apesar de terem obtido a muito aguardada concessão para escavarem no Vale dos Reis, Carter e Carnarvon ainda não tinham encontrado nada verdadeiramente importante. As preocupações financeiras começavam a agravar-se para o Conde, cuja despesa no Egito era imensa. Em julho de 1921, vendeu o mobiliário do salão principal de Bretby. Já tinha vendido algum terreno ao Conselho Rural de Dulverton, a cinco libras o acre, para efeitos de construção civil.

Lorde Carnarvon podia vender os seus terrenos, mas jamais venderia a sua arte egípcia. Criara a mais importante coleção privada do mundo e transformara a Sala de Estar de Highclere na «Sala de Antiguidades», por forma a ter as peças em exposição. As paredes encontravam-se repletas de pinturas que estavam na família há várias gerações. Por cima da lareira via-se uma natureza-morta pintada por Jan Weenix, o pintor holandês do século XVI, e lá continua nos dias de hoje. Mas a todo o comprimento de duas paredes da divisão havia armários feitos de madeira escura da altura de um homem, nos quais estavam expostas as peças mais requintadas do Conde: um cálice de faiança; joias do túmulo da rainha Tié; um espelho feito de bronze pertencente à XII dinastia e que, como tal, tinha cerca de quatro mil anos; uma bela estátua de ouro argêntico; várias jarras; peças encantadoras com animais delicadamente esculpidos e uma estátua de ouro do deus Ámon como faraó Tutmés III.

Howard Carter passou o verão em Highclere, com amigos do Egito, como Leonard Woolley e Percy Newberry. Um novo convidado nesse ano foi um jovem chamado Brograve Beauchamp, um cavalheiro muito alto e bem-parecido que viria a ser membro do Parlamento pelo Partido Conservador de Walthamstow East, durante catorze anos. Conhecera Aubrey por intermédio do pai, que também era político, e Aubrey convidara-o para Highclere, no seu jeito tipicamente generoso.

Uma pessoa em particular ficou muito satisfeita por conhecê-lo. Há três anos que Eve fazia parte da alta sociedade e cruzara-se com Brograve em vários bailes; ela adorava dançar com ele. Eve era bonita, encantadora e, evidentemente, rica, pelo que jamais lhe faltariam pretendentes. No entanto, não era nenhuma carochinha assustada desesperadamente à procura de marido. Ajudara a mãe a cuidar de soldados feridos quando Highclere fora transformado em hospital e há vários anos que ia ao Egito partilhar a paixão do pai pela arte antiga. Possuía uma mente estudiosa e um temperamento amoroso, e tinha perfeita consciência do seu próprio valor. E os pais dela também. Como tal, Eve fora aconselhada a demorar o tempo que quisesse para escolher o marido e ela assim fez.

Brograve captou a atenção dela em Highclere, nesse verão. O que é natural: com mais de um metro e oitenta de altura, ele destacava-se de todos os outros. Brograve era filho do político liberal e antigo presidente do Llyod's of London Sir Edward Beauchamp, era um homem atraente, atencioso e uma excelente companhia. Os dois jovens namoriscaram subtilmente na Sala de Visitas e Eve apercebeu-se de que sentia uma inegável preferência por ele, mas decidiu esperar para ver o que os meses seguintes lhe traziam em relação a Brograve. A verdade é que se veriam novamente em Londres pouco tempo depois.

Nesse verão, Lorde Carnarvon passou uns dias em Paris, com o filho. Era uma cidade que ambos adoravam. A carreira de Porchy no Exército ia de vento em popa e ele tinha passado a maior parte do ano em Gibraltar. Foi lá que conheceu uma rapariga chamada Catherine Wendell, uma norte-americana sem grandes posses financeiras, mas com imenso encanto e simpatia. Onde quer que estivesse, Porchy sempre tivera um papel proeminente na vida social; agradava imenso às senhoras, mas deixou bem claro que Catherine era «a única mulher que consigo imaginar como sendo a futura Lady Porchester.» Ele, tal como Eve, não era dado a decisões repentinas e, embora também sentisse uma certa atração pela jovem, decidiu esperar.

No final de 1921, Howard Carter estava a ajudar Lorde Carnarvon a desenvolver o catálogo para uma exposição organizada pelo Comité da Sociedade de Exploração do Egito, da qual o Conde era um membro proeminente. Carnarvon emprestou à sociedade uma grande parte da sua coleção para a exposição, que foi realizada no Burlington Fine Arts Club e foi um enorme sucesso. Em seguida, no mês de janeiro, os dois homens partiram para a sua viagem anual. Passaram os primeiros três meses de 1922 no Egito.

Aubrey também estava de volta a um dos seus poisos habituais favoritos: Constantinopla. O mesmo se aplicava a Porchy, que acabara de ser destacado para a Embaixada britânica de lá. As críticas vociferadas por Aubrey relativamente à posição dos britânicos no Médio Oriente valeram-lhe a desconfiança do governo de Sua Majestade, pelo que um membro júnior do pessoal da embaixada fora destacado para o manter debaixo de olho. A pessoa responsável por essa missão não devia estar particularmente atenta porque escolheu enviar Lorde Porchester, o sobrinho de Aubrey. Os dois homens ficaram satisfeitíssimos por se verem, e, na primeira noite, durante o jantar, Porchy revelou ao tio qual era a sua missão. Ambos decidiram inventar umas histórias para manter entretidos os superiores de Porchy.

Porchy estava a divertir-se imenso, tal como era seu costume. Cruzou-se com o general Baratoff, o comandante do Exército Branco russo a quem ele entregara um carregamento de ouro nas praias do mar Cáspio, quando os britânicos ainda estavam a tentar apoiar o Exército russo, em 1917. Porchy fora escolhido porque falava francês, a língua comum, e fora instruído para averiguar exatamente qual era a capacidade de combate dos russos. A resposta era muito pouca: Baratoff andava essencialmente deprimido, embora tivesse ficado claramente satisfeito por receber o ouro.

Desde então, o general perdera uma perna e fora forçado a fugir da revolução bolchevique. Estava falido e ainda mais deprimido do que antes. Porchy cruzou-se também com Miss Catherine Wendell mais uma vez. A jovem estava a acompanhar a mãe nas suas viagens e os três jantaram juntos em várias ocasiões. Foi o suficiente para levar Porchy a tomar uma decisão. Pediu Catherine em casamento e, depois de ter sido aceite, convidou-a a conhecer os pais dele quando regressasse a Londres, no final desse mesmo ano.

Quando chegou a altura, Porchy estava bastante nervoso. Sabia perfeitamente que o pai andava com preocupações financeiras e que preferia que o filho desposasse uma herdeira, tal como ele havia feito. Porchy escreveu a Eve suplicando-lhe que o apoiasse. A irmã interveio para servir de mediadora, mais uma vez. A família reuniu-se em Seamore Place, para receber Catherine e a mãe. Não obstante a desilusão sentida pelo Conde, ele percebeu que Porchy estava apaixonado e que a rapariga era encantadora, pelo que se deixou arrebatar. Almina ficou entusiasmadíssima, como seria de esperar, unicamente preocupada com a felicidade de Porchy e com a ideia de Catherine ser recebida na família em grande estilo. Lançou-se de imediato à organização do casamento.

Almina decidiu organizar um pequeno baile em honra de Catherine, no dia 14 de julho, em Seamore Place: o jornal *The Times* noticiou que mil pessoas haviam sido convidadas. O casamento teve lugar três dias depois, em St. Margaret, Westminster, a mesma igreja onde Almina Wombwell casara com o quinto conde de Carnarvon. Catherine envergava um vestido simples de seda, com um véu comprido até ao chão, por cima do seu corte de cabelo curto muito em voga. Levava oito acompanhantes que envergavam chapéus brancos de aba larga, enfeitados com penas de avestruz, e, na fotografia em que ela aparece com Porchy e o pajem, o casal aparenta um ar descontraído e feliz.

Como seria de esperar, tendo em conta que Almina era a força impulsionadora por trás do evento, a festa foi deslumbrante. A igreja estava cheia de gente e entre os familiares e amigos encontravam-se o príncipe Jorge, o duque de Kent; a marquesa de Milford Haven; o embaixador norte-americano; o duque e a duquesa de Marlborough; Miss Edwina Ashley e Lorde Louis Mountbatten, que iriam casar-se no dia seguinte e, claro, Elsie, a formidável condessa viúva de Carnarvon. A lista de convidados deve ter sido avassaladora para a noiva, com um sem-fim de nobres e aristocratas. Os amigos dela da América constituíam um grupo bastante mais reduzido.

Vendo Catherine desposar o filho, Almina não conseguiu evitar recordar o dia em que ela própria estivera naquele mesmo lugar, a entregar a sua vida à causa Carnarvon. A diferença era considerável, contudo. Quando ela entrara para a família Herbert, embora fosse relativamente desconhecida, tinha uma fortuna associada ao seu nome. O mesmo não acontecia com Catherine, pelo que cabia a Almina olhar por ela. Ajudou a Sr.ª Wendell a encontrar uma casa onde realizar a boda, tal como Elsie a tinha ajudado a ela e a Marie tantos anos antes. O n.º 21 de Grosvenor Square foi arrendado propositadamente para a ocasião e o casal teve direito a uma festa de arromba. Henry e Catherine Porchester passaram uns dias da lua de mel em Highclere antes de partirem rumo à Índia, para se juntarem ao regimento de Porchy.

Almina deleitou-se em dar asas à sua generosidade habitual, mas era uma péssima altura para Porchy enveredar por um casamento sem dinheiro. O Conde passara vários meses a preparar-se para a conversa que tanto receava ter com Howard Carter. Decidira pôr termo às escavações no Vale dos Reis. Pura e simplesmente não tinha dinheiro para continuar. Estima-se que até 1922 o Conde tenha gasto cerca de cinquenta mil libras (o correspondente a dez milhões de libras atuais) ao longo dos catorze anos de escavações no Egito. Tratava-se de uma despesa considerável, mesmo para um homem de posses. Vendera três das quatro propriedades que herdara e era um dos poucos exploradores privados no ativo. A Grã-Bretanha desistira do protetorado e declarara o Egito um Estado soberano no início do ano, pelo que a era dos arqueólogos aristocratas britânicos estava a chegar ao fim. As escavações eram cada vez mais da responsabilidade dos museus ou de entidades governamentais. E, como se isso não bastasse, embora ele tivesse amealhado uma importante coleção de arte e fosse conhecido pela diligência e método científico das suas expedições, não tinha conseguido encontrar o grande tesouro, o túmulo em que ele e Carter haviam acreditado durante tanto tempo.

Comunicou a sua decisão a Carter por ocasião de uma festa em Highclere, durante as corridas de Newbury. Carter ficou desesperado e, incapaz de convencer Lorde Carnarvon a mudar de opinião, limitou-se a responder que financiaria a última temporada ele próprio. Carnarvon sabia que isso implicaria a falência do seu velho amigo. Como tal, reconsiderou a sua posição. Sensibilizado com a vontade de Carter em arriscar tudo o que possuía, o Conde aceitou financiar as despesas da última temporada. Ele era, afinal de contas, um homem que gostava de arriscar e era um facto que ainda havia uma zona por explorar perto do túmulo de Ramsés VI.

Os dois homens tornaram a reunir-se em Londres, em outubro. Lorde Carnarvon tinha vindo diretamente da homenagem aos mortos da guerra, em Newbury, onde o bispo de Oxford presidira a uma cerimónia assistida por oito mil pessoas.

O estado de espírito geral era sombrio. Aquela era a última oportunidade para Carnarvon e Carter conquistarem o grande sonho. Haviam decidido que começariam as escavações mais cedo do que o habitual nesse ano. Em janeiro havia sempre tantos visitantes ao túmulo de Ramsés VI que seria praticamente impossível investigar o que existia debaixo das tendas dos trabalhadores imediatamente em frente.

Carter chegou a Luxor no dia 27 de outubro, uma sexta-feira. Deu início aos trabalhos na quarta-feira seguinte. Na segunda-feira, dia 6 de novembro, menos de uma semana depois, enviou a Lorde Carnarvon o telegrama que mudaria a vida de ambos:

«Fizemos finalmente uma descoberta fantástica no vale. Um túmulo magnífico com o selo ainda intacto. Tudo a postos para a tua chegada. Felicitações.»

19

«COISAS MARAVILHOSAS»

Howard Carter enviou o telegrama e depois regressou ao Vale dos Reis para tapar a escada de acesso à entrada do túmulo. Ele e Carnarvon eram colegas e amigos há quinze anos e não fazia tenção de avançar com o que considerava ser a descoberta da vida dele sem a presença do seu mecenas. Essa decisão deve ter exigido uma contenção quase sobrenatural. A suspeita de Carnarvon e Carter, ou melhor, o seu palpite informado, acalentada durante vários anos, havia sido recompensada. E agora Howard Carter teria de esperar duas ou três semanas até à chegada de Lorde Carnarvon. Entretanto, o local tinha de ser salvaguardado dos assaltantes de túmulos e Carter foi o mais discreto possível, comentando com o menor número de pessoas o que ele achava ter descoberto. E sentou-se à espera.

Partiu de Luxor rumo ao Cairo no dia 18 de novembro e quando chegou descobriu que o navio de Carnarvon estava atrasado. Carter aproveitou essa pausa forçada para começar a reunir uma equipa de peritos para o assistirem na abertura do túmulo. Arthur Callender era um conhecido químico e amigo de longa data. Assim que ouviu a notícia, pediu a Carter para lha repetir. Parecia demasiado bom para ser verdade: o túmulo selado e intocado de um faraó? Se Carter estava certo, então aquele era um momento sem precedentes na história da arqueologia. Callender aceitou de imediato.

Lorde Carnarvon andava de um lado para o outro no convés do navio em que embarcara em Marselha, desejando que este navegasse a uma velocidade maior. Eve estava com ele, mas Almina não. Acompanhara o marido em todas as viagens dele ao Egito desde que se haviam casado, mas agora não se sentia em condições de o fazer, cheia de dores de cabeça e dores no maxilar. A conselho do Dr. Johnnie, decidira relutantemente ficar em casa, para o caso de precisar de fazer um tratamento odontológico. Despediu-se do marido e da filha, exigindo-lhes que a mandassem chamar de imediato caso necessitassem dela.

A família inteira tinha consciência do que estava em jogo. Há anos que discutiam «o túmulo por desvendar». O palpite informado de Carter baseava-se em parte na opinião do egiptólogo norte-americano Herbert Winlock, que defendia que alguns dos interessantes fragmentos descobertos por Theodore David, o antecessor de Carnarvon e Carter, haviam sido utilizados nos ritos fúnebres de Tutankhamon. Na altura, David não ficara minimamente interessado nessas minudências, ao contrário de Winlock, um dos convidados em Highclere. E ao contrário de Carnarvon e Carter.

No dia 24 de novembro, sexta-feira, Lorde Carnarvon e Lady Evelyn chegaram a Luxor. O estado de espírito geral era de grande entusiasmo; toda a gente estava empolgada. Eve gostava imenso de Howard Carter, mas também o achava de difícil trato, um pouco obsessivo e obstinado, e com tendência para ser algo sarcástico. Agora, ela estava preparada para assistir a uma maior tensão. Carter e Callender não perderam tempo e limparam os escombros das escadas, mais uma vez. Somente na tarde de domingo, dia 26 de novembro, é que o grupo de quatro pessoas se deparou com uma entrada. Lorde Carnarvon escreveu: «Interrogámo-nos se iríamos encontrar outro lanço de escadas, possivelmente bloqueado, do outro lado da parede ou se iríamos deparar-nos com uma câmara. Pedi ao senhor Carter para retirar mais umas pedras e tentar espreitar para o interior.»

Carter fez um pequeno buraco com tamanho suficiente para conseguir introduzir uma vela acesa. Descreveria esse momento de descoberta inúmeras vezes à imprensa. «Passado pouco tempo, à medida que os meus olhos se habituaram à luz, os pormenores da divisão do outro lado emergiram lentamente da névoa, animais estranhos, estátuas e ouro — o brilho do ouro por todo o lado. Por uns instantes — o que me pareceu ser uma eternidade —, fiquei deslumbrado e, quando Lorde Carnarvon me perguntou, ansioso: "Vê alguma coisa?", apenas consegui responder: "Sim, coisas maravilhosas."»

Os três companheiros de Carter explodiram de alegria e alívio. Com o coração a bater com toda a força, Carter alargou o buraco e deixou passar Eve, que por sua vez espreitou para o interior da câmara. «Ao habituar-me à luminosidade, percebi que havia cadeiras douradas colossais com cabeças extraordinárias, caixas aqui e caixas ali...» Carter não se conteve mais. Empurrou a parede com força e alargou o buraco o suficiente para conseguir descer até à câmara. Trepou para o interior e começou a caminhar, lenta e respeitosamente, com a vela acima da cabeça por forma a projetar a luz o mais longe possível, a todos os recantos da divisão. Os outros seguiram-no e ficaram absolutamente estupefactos com o que viram à luz bruxuleante da vela. «Sabíamos que tínhamos encontrado algo absolutamente único e nunca visto.» Carnarvon escreveu que havia um trono «de uma beleza extraordinária. [...] De uma delicadeza e elegância indescritíveis. [...] Proveniente de um período em que a arte egípcia havia alcançado o seu expoente máximo». Ali, por fim, após quinze anos de buscas, estavam os tesouros dos faraós. E, à medida que os olhos deles se adaptavam e as mentes interiorizavam o que viam, o grupo apercebeu-se de que igualmente importante, senão mais, era o que *não* estava lá. Não havia sarcófago. O que significava que tinha de haver mais câmaras, quem sabe uma série delas.

Em seguida, avistaram algo «entre duas estátuas de tamanho real, uma parede coberta de selos e mais abaixo [...] vestígios de uma abertura suficientemente grande para deixar passar um homem pequeno». Talvez ladrões do início do milénio tivessem assaltado a câmara interior. Absolutamente avassalado pela situação, Carnarvon mandou parar tudo. Carter estava de acordo com ele: havia certos procedimentos a observar.

O grupo saiu para o exterior e todos se entreolharam à luz do dia que esmorecia. Toda a gente estava empolgada. Carnarvon e Carter deram palmadinhas nas costas um do outro, em jeito de felicitação. Carter parecia prestes a explodir de alegria. Arthur Callender era a imagem de um homem incapaz de acreditar na sua sorte, e Eve, muito feliz pelo seu adorado pai, pensou, melancólica, no quanto Almina iria querer estar ali com eles quando a pusessem ao corrente.

Foram servidas bebidas no terraço do Hotel Winter Palace e depois Lorde Carnarvon fez um telefonema para a esposa, durante o qual, e tal como acontecera quando Carter contara a Callender, se viu forçado a repetir várias vezes a notícia até Almina interiorizar o que o marido lhe estava a dizer. Quem é que conseguiria dormir depois do que eles tinham visto? Nessa mesma noite, um pequeno grupo regressou em segredo ao local, a fim de explorar a outra divisão parcialmente fechada. Não foi complicado deitar abaixo a parede através da qual os assaltantes haviam entrado três mil anos antes. Carter, Lady Evelyn e Carnarvon limitaram-se a aumentar o buraco e esgueiraram-se por ele.

O pequeno grupo saiu sem conseguir proferir uma palavra sobre o que tinha acabado de ver. Colocaram cuidadosamente uns cestos de junco velhos encostados à parte mais baixa da porta falsa. A atenção dos visitantes seria desviada pelo casal de estátuas feito de ouro de tamanho real. Eles haviam-na encontrado: a câmara funerária de Tutankhamon.

Na manhã seguinte, Carter enviou um recado a Engelbach, o inspetor-chefe do Departamento de Descobertas local, a informá-lo dos acontecimentos. Engelbach havia sido informado sobre a descoberta inicial de Carter do lanço de escadas e estivera presente quando Callender e Carter recomeçaram a limpar os escombros. Contudo, e tal como quase toda a gente, estava convicto de que o Vale dos Reis se achava por demais esgotado e que não valia a pena perder a tarde de sexta-feira por causa das escadas de Carter.

Agora enviara um representante do departamento para acompanhar o grupo de Carnarvon quando regressasse ao túmulo.

Haviam combinado ligar-se às linhas de alimentação de eletricidade no vale, pelo que, dessa vez, quando entraram na câmara, puderam ver tudo ao pormenor. Carter escreveria posteriormente no seu livro *O Túmulo de Tutankhamon*: «Decorreram três mil, quatro mil anos talvez desde a última vez que pés humanos pisaram o chão onde nos encontrávamos, e, contudo, a lamparina escurecida, a impressão digital sobre a superfície pintada de fresco, a grinalda de despedida pendurada na entrada — era como se tivesse sido ontem. [...] O tempo é aniquilado por pormenores íntimos como estes [...]»

Carnarvon e Carter estavam absolutamente deslumbrados e começavam a interiorizar a extensão da tarefa gloriosa que ambos tinham pela frente. Iriam precisar de um exército de peritos para os ajudar a remover, a catalogar e a preservar os objetos, todos com pelo menos três mil e duzentos anos. Iriam também necessitar de reforçar a segurança do túmulo, de imediato. Qualquer descoberta que incluísse ouro iria forçosamente atrair os assaltantes de túmulos da região. Nessa noite, um guarda armado foi colocado no cimo do lanço de escadas que conduziam à antecâmara e, na manhã seguinte, Carnarvon contratou o polícia militar Richard Adamson para supervisionar a segurança do local. Carnarvon mandou construir uma cabana que o abrigasse do sol abrasador e Adamson passou praticamente a morar nesse espaço.

A primeira visita aberta ao público teve lugar na quarta-feira, dia 29 de novembro. Iria haver uma visita guiada levada a cabo por Howard Carter, seguida de um almoço comemorativo. Foi um evento discreto. Lady Allenby representou o marido, o alto-comissário britânico. Também foram convidados Monsieur Lacau, o inspetor-chefe das Antiguidades, o chefe da Polícia local e o correspondente do jornal *The Times*, Arthur Merton, de importância vital para os eventos subsequentes.

Tinha havido uma série de homicídios de cidadãos britânicos desde a declaração da independência e da imposição da lei marcial, pelo que havia uma certa relutância em chamar a atenção para o que estava a acontecer. Mas, mais do que isso, ainda ninguém do governo tinha acordado para a enormidade do que acabara de ser descoberto à sua porta. Monsieur Lacau e o seu assistente faltaram inclusivamente à cerimónia de inauguração oficial: estavam demasiado ocupados, pelo que só apareceram no dia seguinte.

Quando finalmente apareceram, o jornal *The Times* já havia publicado o primeiro artigo do que viria a ser a notícia mais duradoura de todos os tempos. Nunca mais apareceu uma notícia que ocupasse tantas colunas do jornal como a de Carnarvon, Carter e Tutankhamon. Merton, como bom jornalista que era, apercebera-se de imediato da importância do que lhe haviam mostrado. A imprensa mundial invadiu Luxor num ápice, acampando nos jardins do hotel quando os quartos ficaram todos ocupados. O *The Times* abordou Almina e pediu-lhe para escrever um artigo exclusivo sobre a sua participação nas viagens de escavação do marido no Egito, o que ela se prontificou a fazer.

Foi montado um cerco em torno do local da escavação, o que provocou imediatamente problemas aos homens que estavam a tentar levar a cabo um trabalho já de si tão árduo. Carnarvon e Carter tomaram a decisão de voltar a selar o túmulo, enquanto lidavam com toda a publicidade, e reuniram uma equipa de peritos para os ajudar.

Ainda assim, para além do desejo de avançar com o trabalho, havia também uma vontade imensa de comemorar. Carnarvon deu uma festa aberta ao público no Hotel Winter Palace. Telegramas de felicitações chegavam vindos de todo o mundo. Um dos primeiros foi enviado pelo rei Fuad, que agradecia calorosamente aos dois homens pelo seu trabalho. Monsieur Lacau, que pelos vistos tinha abandonado a sua postura de indiferença, escreveu a elogiá-los pela postura imparcial e pelas investigações científicas.

O nível de interesse demonstrado em todo o mundo, para não falar na importância histórica e cultural sem precedentes do achado, deixara os descobridores completamente atónitos. Carnarvon decidiu regressar a casa com Eve, para planearem como proceder a partir dali. Partiu algo apreensivo em relação aos direitos adquiridos, às tensões e às rivalidades que os dois exploradores haviam desencadeado.

Carnarvon e a filha chegaram à Grã-Bretanha como autênticas celebridades. No dia 22 de dezembro ele visitou o Palácio de Buckingham a pedido do rei, para regalar Suas Majestades com a história da descoberta. O rei e a rainha pediram-lhe mais e mais pormenores, e Carnarvon enumerou os objetos de valor inestimável e a arte delicada em exposição na antecâmara. E garantiu ao rei que as restantes explorações iriam revelar o túmulo do faraó.

A família passou o Natal em Highclere, ligeiramente aturdida. Todos escreveram a Carter na véspera de Natal. A carta de Carnarvon era um longo sumário dos assuntos atuais e seria despachada juntamente com o velho amigo deles, o Dr. Gardiner, que partiria rumo ao Egito no início de janeiro, após ter sido convidado para integrar a equipa. Carnarvon explicou a Carter que arranjara maneira de eles poderem utilizar um velho automóvel da marca *Ford*, o que lhes facilitaria a vida. Um pudim de Natal ia incluído no embrulho.

Eve escreveu sobre o quanto se sentia entusiasmada por Howard, dizendo-lhe que ele merecia realmente todo aquele sucesso após tantos anos de trabalho. «É claro que não nos largam, dia e noite. [...] Não podemos ir a lado nenhum sem darmos de caras com um repórter.» Comentou o facto de o pai já estar saturado de tanta atenção, mas que bastava falar-lhe sobre a descoberta iminente do sarcófago e essa referência «ao Santo de todos os Santos era o suficiente para ele ficar todo animado». Eve estava claramente deslumbrada com o facto de ter sido a primeira mulher a entrar na câmara funerária. «Jamais lhe poderei agradecer o facto de me ter deixado entrar naquele espaço, foi o momento mais fantástico da minha vida.»

Almina enviou-lhe o seu carinho, desejou-lhe tudo de bom e felicitou-o pelo sucesso obtido após uma perseverança tão penosa. Havia discutido com o marido a melhor forma de lidar com a imprensa e tinha uma série de ideias tipicamente práticas sobre esse assunto. Disse também a Carter que continuava a não se sentir em condições de se juntar a eles. Ao que parecia, teria de ser operada ao maxilar.

A seguir ao Natal, Carter retomou o seu trabalho. Estivera ocupado a examinar as várias ofertas de ajuda e a tentar decidir quais aceitar. O Sr. Lythgoe, do Museu Metropolitano de Nova Iorque, enviara-lhe um telegrama de felicitações e a sua oferta fora prontamente aceite. Quatro egiptólogos norte-americanos juntaram-se a ele, incluindo o distinto professor da Universidade de Chicago James Breasted. Harry Burton integrava o grupo como fotógrafo oficial e o Sr. Lucas, especialista químico do governo egípcio, também tomava parte. A equipa partiu para o Cairo, a fim de adquirir entretelas, corda, material de embalagem e uma cancela de ferro para ser colocada na entrada do túmulo.

Carter era um homem que se irritava com facilidade e detestava as interrupções constantes por parte da imprensa. Apenas estava interessado em levar a cabo o trabalho complexo que tinha em mãos. No dia 27 de dezembro a equipa começou a retirar os primeiros objetos e a transferi-los para o Túmulo de Seti II, onde seria levado a cabo mais trabalho de investigação antes de os objetos serem transportados para o Cairo. Carter estava totalmente concentrado na limpeza metódica da antecâmara e ficava irritadíssimo quando tinha de lidar com o sem-fim de jornalistas e supostos visitantes VIP, sempre na posse de um «passe especial».

O trabalho era árduo e stressante: o espaço era apertado e abafado e as peças eram extremamente delicadas. Todas elas ofereciam as mais variadas dificuldades: como evitar que se desintegrassem, como substituir os fios desfeitos dos colares ou como evitar que a madeira encolhesse assim que fosse exposta ao ar seco. Para Carter, tudo isso era bastante mais importante que falar com a imprensa ou os turistas.

Entretanto, em Londres, Carnarvon concentrava-se exatamente nisso. Falara com a Pathé-Cinéma em relação às filmagens, com os diretores do Museu Britânico e do Museu Metropolitano de Nova Iorque e falara extensivamente com o *The Times*. Descobrira que o jornal havia pago mil libras pela exclusividade de quinze cabos utilizados na expedição feita ao monte Evereste. Após uma longa discussão com Howard Carter (enviara-lhe um resumo dos termos do contrato numa mensagem cifrada), Lorde Carnarvon decidiu assinar um contrato concedendo a esse jornal a exclusividade das entrevistas e das fotografias a preto e branco. Em troca receberia cinco mil libras e ficaria com todos os direitos de qualquer livro, colóquio ou filme. Carnarvon estipulou ainda que o *The Times* teria de reenviar todos os artigos à imprensa egípcia e ao *Newbury Weekly News*, sem custos, e que poderia cobrar um valor aos restantes jornais.

Tratava-se de uma forma de fazer dinheiro, evidentemente, bastante necessária, tendo em conta as despesas da expedição, mas era também uma forma de melhorar as condições de trabalho no local das escavações. Desse modo, e teoricamente, só seriam obrigados a lidar com um determinado grupo de jornalistas. O feitiço virou-se contra o feiticeiro de uma forma extraordinária quando o resto da imprensa, furiosa por ter sido afastada da maior notícia de todos os tempos, apertou o cerco e começou a espalhar todo o tipo de boatos sobre as intenções de Carnarvon e Carter. Os dois homens foram retratados como aventureiros arrogantes que tencionavam vedar o Vale dos Reis aos turistas.

Carnarvon tomou uma decisão quando se preparava para regressar ao Egito. Na sua mente, o assunto da imprensa estava resolvido, independentemente dos cabeçalhos absurdos dos jornais. Despediu-se da «pobre Almina», que, segundo escreveu a Carter, tinha realizado «uma série de coisas, todas fantásticas», mas que ainda se sentia demasiado combalida para viajar. Encorajou-a a ir fazer um tratamento a Paris, onde estaria longe da objetiva dos repórteres, e depois a ir ter com eles logo que pudesse. Em seguida, despediu-se do filho e da nora. Ficou aliviado por os apanhar antes de eles embarcarem novamente para a Índia, com o regimento de Porchy. O casal deixou-lhe *Susie*, a pequena *terrier* com três patas que pertencia a Porchy desde a infância, mas que fora adotada por Lorde Carnarvon e dormia na cama dele quando ele estava em Highclere.

Susie ficou no castelo quando Lorde Carnarvon e Eve partiram de Highclere, mais esperançosos e expectantes do que na última vez que haviam feito a viagem, poucas semanas antes. A atenção do quinto conde estava inteiramente concentrada no seu destino e não no ponto de partida. Não prestou nenhuma atenção especial à imagem da sua casa, enquanto ele e a filha eram conduzidos pelos jardins até ao comboio que os esperava para os levar a Southampton. O que era perfeitamente natural, uma vez que partia do pressuposto de que estaria de volta dali a pouco tempo, cheio de peças novas para a sua «Sala de Antiguidades». A verdade era que jamais tornaria a ver o que fora sempre o seu lar.

Fotografia de grupo do casamento do filho do quinto conde, ainda Lorde Porchester, com Catherine Wendell, em 1922. Esta foto foi tirada quatro meses antes de o quinto conde descobrir o Túmulo de Tutankhamon, em novembro do mesmo ano.

O conde de Carnarvon com a filha, Lady Evelyn, nas corridas de Deauville, 7 de agosto de 1922.

Fotografia do conde de Carnarvon, tirada pouco antes da sua viagem ao Egito, em 1922.

Retrato do conde de Carnarvon, atualmente em exposição no salão principal de Highclere.

O conde de Carnarvon a descansar no Egito, 1923.

O conde de Carnarvon e Lady Almina em Ascot, 1923.

O conde de Carnarvon, a sua filha Evelyn e Howard Carter, num encontro com H. E. Mudirt Jehir Bey, em Luxor, pouco antes da abertura do túmulo.

O general Edmund Allenby, Alto--comissário do Egito, com a esposa, Lady Adelaide, e o quinto conde de Carnarvon.

Howard Carter e o conde de Carnarvon na abertura do túmulo do Faraó Tutankhamon, 1922.

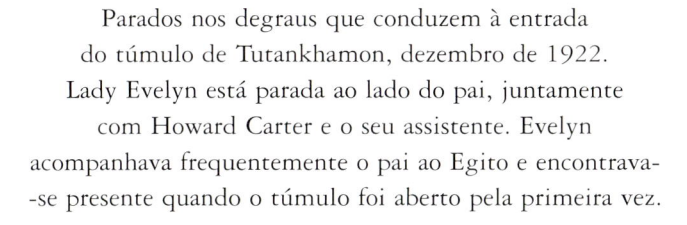

Parados nos degraus que conduzem à entrada do túmulo de Tutankhamon, dezembro de 1922. Lady Evelyn está parada ao lado do pai, juntamente com Howard Carter e o seu assistente. Evelyn acompanhava frequentemente o pai ao Egito e encontrava-se presente quando o túmulo foi aberto pela primeira vez.

Lorde Carnarvon fotografado no cimo de Beacon Hill, pouco antes da sua morte. Por coincidência, o local onde ele viria a ser sepultado.

A viúva quinta condessa de Carnarvon, de vigília em Beacon Hill, após o funeral do quinto conde, no dia 30 de abril de 1923. Permaneceu lá até escurecer.

Susie, a fiel cadela do quinto conde. Reza a história que ela uivou e caiu redonda no chão às duas horas da manhã em que o dono morreu.

A primeira página do *Pall Mall Gazette*, do dia 5 de abril de 1923, a anunciar o falecimento de Lorde Carnarvon.

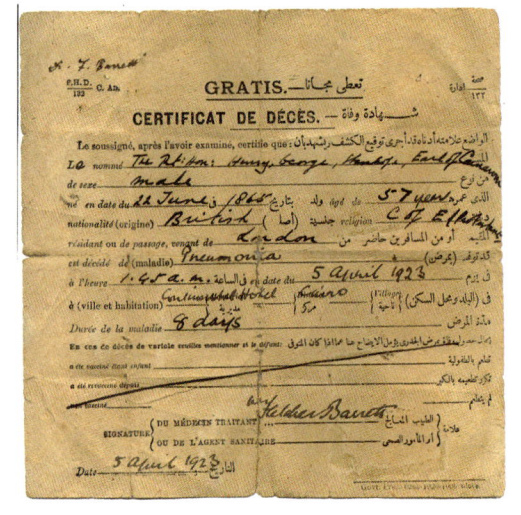

A certidão de óbito do quinto conde. A data de nascimento indicada, 22 de junho de 1865, está errada. Ele nasceu no dia 26 de junho de 1866.

Fotografia de Lady Evelyn tirada pouco depois do falecimento do pai em 1923.

O batizado da filha de Porchy, no Castelo de Highclere, em 1925. Da esquerda para a direita: Sir Brograve Beauchamp, o Sr. Jac Wendell, a sexta condessa de Carnarvon e a bebé, o sexto conde de Carnarvon, Lady Evelyn Beauchamp, o Sr. e a Sra. Portman com o pequeno Lorde Porchester e a Sra. Wendell.

O filho de Almina, Porchy, sexto conde de Carnarvon, com a esposa e a filha, nos anos 30.

Lady Evelyn com a mãe, Almina, na Exposição de Arte Francesa na Royal Academy of Arts, em 1932.

20

O APAGAR DAS LUZES

Um entusiástico comité de boas-vindas recebeu Lorde Carnarvon e Lady Evelyn assim que eles pisaram o tapete vermelho estendido na plataforma da pequena estação ferroviária de Luxor, no dia 25 de janeiro de 1923. Com o entusiasmo, o Conde, que fora sempre muito distraído, deixou a dentadura postiça na carruagem; mais tarde, foi-lhe entregue numa almofada carmesim. Eve foi presentada com um ramo de flores e os *flashes* das máquinas fotográficas da imprensa mundial desataram a disparar, enquanto ela, o pai e Carter avançavam lentamente por entre a multidão. Carter foi diretamente para o local das escavações; Eve deixou o pai instalado confortavelmente no Winter Palace e foi falar com o chefe da cozinha em relação às ementas dos vários almoços e jantares que ela iria ajudar o pai a organizar. Tencionavam realizar uma série de festas e Eve estava encantada por poder servir de anfitriã ao pai. O jornal *The Times* destacou Arthur Merton para fazer a cobertura dos acontecimentos vinte e quatro horas por dia. Ele escreveu que era «impossível não ficar impressionado com a atitude extremamente amigável, afetuosa até, dos egípcios para com Lorde Carnarvon. Ele gosta deles e gosta muito do Egito».

O mesmo espírito positivo não caracterizava a relação com a restante imprensa. O vale estava repleto de pessoas, tanto jornalistas como turistas, a deambularem de um lado para o outro, enquanto tentavam vislumbrar a última obra de arte a ser transportada para o laboratório de campo. Quando se sentiam frustrados, o que acontecia invariavelmente, os nervos esgotavam-se. As críticas dos jornais tornavam-se mais cáusticas e pareciam em vias de afetar severamente as relações com o Departamento de Antiguidades do Egito. Carnarvon decidiu deixar Carter e a equipa a trabalhar e partiu rumo ao Cairo, a fim de resolver as coisas de uma forma diplomática e tratar dos preparativos para a grande cerimónia de abertura da câmara funerária.

O dia escolhido para o efeito foi 16 de fevereiro, uma sexta-feira. As antecâmaras já haviam sido esvaziadas por completo e apenas restavam as duas estátuas guardiãs pretas, com saias feitas de ouro, que se fitavam mutuamente do lado oposto à entrada selada que conduzia à câmara funerária de Tutankhamon. Havia cerca de vinte pessoas reunidas na entrada do túmulo: Lorde Carnarvon; Lady Evelyn; o ilustre Mervyn Herbert (meio-irmão de Carnarvon); o ilustre Richard Bethell (secretário pessoal de Carnarvon, contratado recentemente para o assistir com a atual quantidade imensa de correspondência); Howard Carter; Arthur Mace; Arthur Callender; o professor Breasted; Harry Burton e a sua máquina fotográfica; o Dr. Alan Gardiner; o Sr. Lythgoe e o Sr. Winlock do Museu Metropolitano; Sir William Garstin; Sir Charles Cust, representante do rei Jorge V; Monsieur Lacau, do Departamento de Antiguidades; o Sr. Engelbach, acompanhado de três inspetores locais; e H. E. Abd el Halim Pasha Suleman, representante do governo do rei Fuad.

Carter começou por retirar os pedregulhos da entrada bloqueada, de cima para baixo. Construíra uma pequena plataforma para cobrir a abertura por onde os três haviam entrado da última vez. Após cerca de meia hora, o público pôde vislumbrar o que parecia ser uma faixa de ouro maciço, a escassos metros da entrada. Carter enfiou um colchão pela abertura para proteger o objeto e continuou a trabalhar, ajudado por Lacau e Callender, durante mais duas horas, um processo infinitamente minucioso. Quando terminaram, descobriram um enorme santuário feito de ouro, do tamanho da antecâmara onde eles se encontravam, mas num nível cerca de metro e meio mais abaixo.

Carter, Carnarvon e Lacau desceram pela passagem estreita, deixando correr o cabo elétrico para terem luz no interior. As paredes da câmara estavam vivamente pintadas com imagens do Livro dos Mortos, com figuras de tamanho exagerado. Num canto estavam encostados os sete remos necessários para o faraó morto fazer a travessia de barco até ao Submundo. As duas portas do santuário de ouro estavam cobertas de cartelas e hieróglifos e achavam-se trancadas com uma trave e cordas. Eles soltaram cuidadosamente a trave e desapertaram as cordas. Em seguida, abriram as portas para trás e depararam-se com outro santuário feito de ouro, com os selos ainda intactos.

O resto do grupo seguia-os atentamente. Eve encontrava-se imediatamente atrás deles. Carter voltou a sua atenção para outra câmara, o tesouro, que continha um relicário canópico feito de alabastro macio. Mais tarde descrevê-lo-ia como sendo uma das obras de arte mais fabulosas que alguma vez vira. A câmara funerária encontrava-se agora cheia de pessoas absolutamente estupefactas e com a sensação de deslumbramento privilegiado. Estavam na presença do Santo dos Santos, a contemplar os vestígios fantásticos de um mundo há muito desaparecido.

Aquilo era mais do que suficiente para um dia só. A partir dali teriam forçosamente de mexer no sarcófago, e tanto Carnarvon como Carter queriam fazê-lo com o máximo de reverência possível, cientes de que ele não deveria sair da sua última morada no Vale dos Reis. O grupo retirou-se, incrédulo com o que acabara de ver. Os dois homens que lideravam a iniciativa estavam exaustos e extremamente stressados, divididos entre o regozijo e a preocupação.

Entre 19 e 25 de fevereiro, o túmulo esteve aberto à imprensa e ao público. Carter e Carnarvon esperavam que esse gesto atenuasse a animosidade dos jornalistas. Porém, não resultou. Os jornalistas norte-americanos, furiosos por verem vedado o seu acesso à notícia na ordem do dia, ainda por cima quando havia peritos dos Estados Unidos a trabalhar no projeto, começaram a espalhar a notícia totalmente falsa de que Carnarvon pretendia levar a múmia de Tutankhamon para Inglaterra. O Conde ficou bastante magoado e irritado. Carter estava quase a atingir o seu limite, sentindo-se oprimido com as constantes interrupções. O seu diário regista, num tom seco, «Visitantes no túmulo. Dia dedicado a visitantes» durante oito dias consecutivos.

A relação entre os dois homens estava tensa. No dia 21 de fevereiro, Carnarvon visitou o Castelo Carter para tentar apaziguar as coisas. Os dois homens tiveram uma discussão acesa e Carnarvon saiu disparado em direção ao hotel. Eve era uma mediadora experiente, pelo que ajudou a acalmar o pai e a pacificar Carter. Ela sabia o quão importante era a amizade de ambos. Encorajado pela filha, Lorde Carnarvon escreveu a Carter no dia 23, com o intuito de fazer as pazes, e cinco dias depois tomaram a decisão conjunta de encerrar o túmulo e tirar uma semana de férias. Carter ficou em casa e passou uns dias tranquilo, recebendo apenas a visita de amigos de longa data, como o general Sir John e Lady Maxwell. Carnarvon alugou uma *dahabiyah* (uma casa flutuante) e velejou até Aswan, na companhia da filha Eve, Charles Mace e Sir Charles Cust. Sentia-se totalmente exausto, mas a brisa do rio Nilo e o ritmo calmo eram bastante revigorantes. O único problema eram os mosquitos, durante a noite, que, irritantes, picaram o Conde na face esquerda. Quando finalmente regressou a Luxor, tinha feito um corte na borbulha da picada ao fazer a barba com a sua velha e favorita lâmina com cabo de marfim.

Lorde Carnarvon chegou a Luxor no dia 6 de março; os ânimos haviam-se acalmado e ele e Carter eram novamente amigos. Uns dias mais tarde discutiram os planos para a próxima fase de trabalho no quarto de hotel de Lorde Carnarvon. Ele continuava a sentir-se cansado e ligeiramente indisposto, e queixou-se a Carter de que se sentia algo adoentado.

Os médicos aconselharam-no a descansar e ele decidiu enfiar-se na cama, enquanto Eve dava um salto ao Cairo para ir visitar a sua criada Marcelle, uma das baixas provocadas pelo calor egípcio, que ia regressar a Inglaterra e se encontrava a bordo de um navio rumo a Marselha. Carter visitou Carnarvon todos os dias e ele pareceu-lhe restabelecido, tendo inclusivamente decidido acompanhar Lady Evelyn ao Cairo, no dia 14 de março, ficando hospedado no Hotel Continental. Contudo, ainda não se sentia a 100% e teve de se retirar de um evento social porque se sentia «extremamente indisposto».

Eve cuidou constantemente dele, tentando reprimir a crescente ansiedade que sentia. O pai nunca tivera grande saúde, mas o Egito costumava fazê-lo melhorar e não piorar. Escreveu a Carter uns dias mais tarde, para o informar de que Pierre Lacau se encontrava doente com gripe, mas acrescentou: «No entanto, mais importante do que isso, o meu pai está com péssimo aspeto, tem as glândulas do pescoço extremamente inchadas e também febre alta.» Tendo em conta a perseguição feroz por parte da imprensa, Eve queria a todo o custo manter em segredo a doença do pai, que se agravava. Terminou a carta dizendo: «Gostava muito que o senhor estivesse aqui.»

O Dr. Alan Gardiner também se encontrava presente e escreveu à esposa: «A nossa maior preocupação nestes últimos dias tem sido a doença delicada de Carnarvon. [...] A Evelyn tem sido incrível, a sério, uma jovem fantástica cheia de garra e senso comum, completamente dedicada ao pai. Gosto imenso dela.»

A notícia chegou a Carter através do Sr. Lythgoe: Carnarvon adoecera com uma intoxicação qualquer no sangue e estava gravemente enfermo. Quando Richard Bethell, o secretário de Lorde Carnarvon, lhe escreveu finalmente a informá-lo de que se iria mudar para o hotel para dar assistência ao Conde, Carter já havia recebido um telegrama de Eve a solicitar-lhe que se deslocasse ao Cairo, pelo que estava de partida. O pânico era geral. Eve enviou um telegrama a Almina e o general Sir John Maxwell contactou o comandante de Porchy, na Índia, para que lhe concedesse a licença para acompanhamento de um familiar, com a duração de três meses, e o despachasse de imediato para o Egito. Porchester partiu nessa mesma tarde, deixando a esposa, Catherine, a fazer as malas para regressar a Inglaterra.

Almina estava em Seamore Place quando recebeu o telegrama de Eve. Há umas semanas que se encontrava doente, sem receber ninguém, à exceção do Dr. Johnnie. Adorava conversar ao telefone, contudo, e estivera regularmente em contacto com Eve e com o marido, portanto sabia que ele andava algo enervado e que o trabalho havia sido suspenso até todos terem descansado devidamente. Ainda assim, não estava nada preparada para o agravamento da situação comunicado por Eve. Carnarvon encontrava-se gravemente doente, a três mil e trezentos quilómetros de distância, e a filha de ambos estava claramente aterrorizada.

Era o tipo de situação para o qual Almina possuía as qualidades certas. De imediato, telefonou a De Havilland e pediu-lhe informações sobre como alugar um avião e um piloto. Em seguida, enfiou algumas peças de roupa numa mala, informou o Dr. Johnnie de que iriam partir imediatamente para o Egito e ambos abalaram rumo ao aeródromo de Croydon. Viajaram numa avioneta de três lugares até Paris, apanharam o comboio até Lyon e embarcaram numa segunda avioneta que os levou até ao Cairo. Uma viagem que, na altura, durava cerca de três semanas de barco e comboio levou-lhes três dias a concluir. Almina correu para a cabeceira do marido e, repousando o suficiente para abraçar Eve, assumiu o seu ar de enfermeira calma e paciente e começou a cuidar do Conde. Tinha-o feito inúmeras vezes antes e só descansaria quando ele recuperasse por completo. O seu adorado marido estava a atravessar uma fase de glória; era imperativo que melhorasse.

No dia 27 de março, o *The Times* noticiou que Lorde Carnarvon havia recuperado. O rei enviou uma mensagem de encorajamento. No dia 28, o jornal informou os seus leitores de que o conde de Carnarvon tinha sofrido uma recaída. Seguiu-se um comunicado de imprensa de Seamore Place, no dia 30: «O paciente encontra-se ligeiramente melhor; temperatura 38,5; estado ainda bastante grave.» No dia 3 de abril, a imprensa fazia relatórios de hora a hora sobre o progresso do estado de saúde de Lorde Carnarvon. A doença dele era agora a notícia na ordem do dia: o próximo capítulo da saga Tutankhamon, que captara a atenção do mundo inteiro, dependia do estado de saúde dele.

No dia 1 de abril, Alan Gardiner visitou Carnarvon: «Ele teve uma crise pavorosa pouco antes das seis da manhã. [...] Custou-me imenso. [...] Sinto um carinho imenso por ele. [...] E aquela pobre jovem, fico de coração partido ao ver a dedicação dela, ali sentada dia e noite, completamente de rastos, mas à espera. Ontem deram--no como moribundo, mas Evelyn e Lady Carnarvon insistiram que ele iria aguentar-se. Esta manhã ele insistiu para que o barbeassem e tem estado bastante melhor.»

Quando Lorde Porchester chegou finalmente, Carnarvon havia desenvolvido uma pneumonia e estava a delirar. Almina começava a perder a esperança. Henry fitou o homem febril, o pai que ele mal conhecia e que só agora começava a perceber que amava profundamente. A guerra afastara-os numa altura em que poderiam ter-se tornado grandes amigos, e agora parecia ser tarde demais para recuperar esse tempo perdido.

Na madrugada do dia 5 de abril, uma quinta-feira, Carnarvon pareceu melhorar por uns breves instantes. «Fui chamado, estou a preparar-me.» Pouco depois faleceu.

Almina estava ajoelhada ao seu lado, a chorar baixinho. Carinhosamente, ela fechou-lhe os olhos. Uma das enfermeiras correu a chamar Porchester e Lady Evelyn. Enquanto se dirigiam para o quarto do pai, o corredor do hotel ficou imerso na mais profunda escuridão. Todas as luzes do Cairo se apagaram. Em Highclere, o adorado *terrier* de Lorde Carnarvon, *Susie*, uivou uma única vez, acordando a criada em cujo quarto o animal se encontrava a dormir, e morreu.

Eve estava inconsolável e, após beijar as mãos do pai, foi levada para fora do quarto pelo irmão. Howard Carter, Alan Gardiner, o Dr. Johnnie, os Bethell e os Maxwell encontravam-se todos reunidos na sala de estar e, enquanto Porchy confortava a irmã, o Dr. Johnnie foi até ao quarto para ajudar Almina.

Ninguém dormiu grande coisa nessa noite. Na manhã seguinte, o novo conde de Carnarvon foi dar com Carter, de olhos pesados de exaustão, a ler os obituários do seu querido amigo e mecenas. Todos os jornais egípcios exibiam uma faixa preta em sinal de respeito. Seguiu-se uma segunda vaga de telegramas provenientes de todo o mundo, só que dessa vez eram de condolências e não de felicitações.

Almina estava desolada. Os filhos estavam preocupados, mas ela tranquilizou-os: eles deveriam deixar o Egito e ela trataria das coisas para levar o corpo de Lorde Carnarvon para casa. Como tal, Evelyn e Porchy partiram para Port Said, onde se reuniram com Catherine, acabada de chegar da Índia, e iniciaram a viagem de regresso a Inglaterra. Porchy, que nunca gostara do Egito, estava ansioso para sair de lá. Eve adorava o país; contudo, nunca mais regressaria.

Enquanto Almina tratava das coisas para mandar preservar o corpo do marido, a imprensa dava início a uma especulação tremenda sobre a maldição dos faraós. A maior notícia do mundo continuava a vender jornais. O *The Times* noticiou, num tom ligeiramente mais sóbrio: «Milhões de pessoas que nunca estiveram interessadas em antiguidades acompanharam o desenrolar da grande aventura de Lorde Carnarvon com profundo e crescente interesse.» A questão era: o que aconteceria a seguir?

Howard Carter permaneceu no Cairo com Almina até ela partir com o corpo de Lorde Carnarvon rumo a Inglaterra, a bordo do navio a vapor *Malova*, da P&O, no sábado dia 14 de abril. Carter regressou a Luxor no dia seguinte, completamente de rastos. Não há entradas no diário dele correspondentes a esses dias. Carter era uma pessoa incrivelmente privada, com poucos amigos próximos, e sentia-se perdido sem o amigo com quem havia trabalhado durante quinze anos, com quem ele tinha feito a maior descoberta arqueológica de todos os tempos. Eles deveriam estar a planear juntos a abertura do sarcófago de Tutankhamon. Todavia, Carnarvon jamais veria os segredos mais profundos do túmulo. Caberia a Howard Carter ficar frente a frente com a extraordinária máscara funerária de Tutankhamon, sem a presença do homem que tinha tornado tudo aquilo possível.

Almina e o Dr. Johnnie fizeram a longa e demorada viagem de regresso. Lorde Carnarvon tinha deixado bem claro no seu testamento que queria ser sepultado numa campa simples no cimo de Beacon Hill, próximo do forte com vestígios da Idade do Ferro, com vista para a propriedade de Highclere. Eles desembarcariam em Plymouth, onde seriam recebidos por Lady Evelyn, e levariam o corpo de Lorde Carnarvon num comboio especial até Highclere. Almina tinha perdido toda a sua garra; aquele regresso a casa era um processo angustiante quando comparado à correria esperançosa que caracterizara as semanas anteriores.

Foi na bonita manhã do dia 30 de abril, dois dias após o regresso deles, que os familiares enlutados se reuniram na capela da família. As portas altas que conduziam ao interior do edifício abobadado, feito de argila refratária e tijolo, encontravam-se abertas de par em par. O chão de mosaicos verdes e beges assim como os bancos lindamente esculpidos eram visíveis da entrada, enquanto os cangalheiros vestidos de preto transportavam cuidadosamente o caixão para o exterior e o colocavam na ambulância do Exército. Um jovem soldado observou-os, depois subiu para a ambulância e sentou-se ao lado do caixão. Dois cangalheiros subiram atrás dele e mantiveram o caixão seguro durante a etapa final da viagem.

A família solicitara alguma privacidade durante o evento, mas tal não parecia ser possível tendo em conta a cobertura imensa de que era alvo desde a descoberta do túmulo de Tutankhamon.

A ambulância começou a subir o monte, passando pelo pátio da leitaria, pelas estufas e pelas casas dos arrendatários. Ao passar em frente ao castelo, três carros pretos compridos juntaram-se ao cortejo, com Evelyn; Catherine; as três adoradas irmãs de Lorde Carnarvon, Winifred, Margaret e Vera; e o irmão dele, Marvyn. Lorde Burghclere também estava presente, mas Aubrey encontrava-se na sua casa de férias em Portofino, demasiado doente para fazer a viagem devido aos seus inúmeros problemas de falta de visão. O Dr. Johnnie estava presente, assim como o major Rutherford, o administrador do Conde. Almina tinha partido sozinha, de carro, cerca de quinze minutos antes. O cortejo fúnebre desceu a Lime Avenue, uma avenida magnífica repleta de árvores com uma folhagem verde-pálida e com relvados imensos de ambos os lados, transpôs o arco de Winchester Lodge e parou junto ao campo de golfe que Lorde Carnarvon tinha mandado construir vinte anos antes, na zona mais plana de Beacon Hill.

O novo conde de Carnarvon desceu da ambulância; o major Rutherford e o Dr. Johnnie saíram dos respetivos carros. Um grupo de fiéis criados, à espera no sopé da colina, juntou-se a eles, incluindo o Sr. Streatfield, o Sr. Fearnside, o Sr. Blake, o Sr. Storie e o Sr. Maber. Acompanhados pelos párocos de Highclere e Burghclere, os homens iniciaram a subida até à campa, que tinha sido aberta e consagrada no dia anterior. A subida era bastante íngreme, por entre juníperos com muitos anos e sebes de espinheiros.

A ambulância e os automóveis continuaram até à extremidade do campo de golfe, onde a inclinação era menos acentuada, e a custo conseguiram subir o contraforte do monte. Os carros sobressaíam na linha do horizonte quando alcançaram o topo ventoso, trezentos metros acima no nível do mar, um miradouro acinzentado com vista para a paisagem de árvores verdejantes lá em baixo. A ambulância seguia imediatamente atrás, atrelada a um trator para os últimos metros do percurso.

Almina achava-se parada junto à campa, completamente vestida de preto, e cumprimentou os enlutados à medida que eles foram chegando. Fez-se uma pausa para contemplar a vista fantástica. A adorada Highclere do falecido Conde estendia-se à frente deles, desde a coudelaria à quinta, desde os lagos aos caminhos de entrada e bosques. Aninhado no centro de tudo ficava o castelo vitoriano, os jardins à volta salpicados de construções edificadas pelos vários antepassados. O contraste com a poeira e os desertos do Egito era imenso. O quinto conde escolhera uma última morada isolada e majestosa, impressionante de um modo muito diferente das montanhas áridas e dos penhascos denteados do faraó egípcio Tutankhamon.

Oito empregados da propriedade retiraram o caixão da ambulância e depositaram-no em cima dos suportes de madeira, sobre a sepultura. O caixão tinha sido feito com a madeira de um dos carvalhos dos jardins e estava coberto com o manto roxo e debruado a arminho que o falecido Conde tinha usado na coroação do rei; a sua coroa estava por cima. Às onze da manhã em ponto, os reverendos Jephson e Best conduziram o serviço fúnebre simples solicitado por Lorde Carnarvon. Assim que concluíram, o manto e a coroa foram entregues a George Fearnside, o fiel criado pessoal do falecido Conde. A placa do caixão exibia a seguinte inscrição: «George Edward Stanhope Molyneux Herbert, Quinto Conde de Carnarvon, nascido a 26 de junho de 1866 e falecido a 5 de abril de 1923.»

Quando as pessoas se dispersaram, enxugando os olhos com lenços, Almina deixou-se ficar ajoelhada junto à campa do marido. Um biplano alugado pelo jornal *Daily Express* sobrevoou a zona; no seu interior, um fotógrafo captou imagens da viúva que seriam publicadas no dia seguinte. Naquela altura, tal como nos dias de hoje, a imprensa não descansava enquanto não cobrisse a notícia até à exaustão.

Os boatos continuaram a rodear a morte do Conde. Foi dito que o terreno em Beacon Hill fora tão difícil de escavar que o caixão tivera de ser sepultado na posição vertical e que o seu fiel *terrier* fora sepultado com ele. Com o passar dos anos, os boatos e o fascínio em torno da maldição dos faraós cresceu a ponto de incluir teorias perfeitamente espantosas. Muito foi dito sobre algumas coincidências que ligavam o Conde a Tutankhamon: Lorde Carnarvon sempre tivera problemas num joelho e as tomografias realizadas ao corpo de Tutankhamon indicavam que ele tinha um joelho partido. Era possível que uma picada de mosquito tivesse contribuído para a morte de ambos os homens: quando Lorde Carnarvon cortara a borbulha da picada que tinha no rosto, esta ficara infetada, o que muito provavelmente causara a sua morte por septicemia. Mais tarde, peritos descobriram que Tutankhamon havia possivelmente contraído malária, uma doença transmitida por mosquitos. Até o formato da cabeça de Lorde Carnarvon provou ser do interesse dos teóricos. Ele costumava dizer, a brincar, que nunca ninguém ficava com os seus chapéus por engano porque somente lhe serviam a ele: a sua cabeça era ligeiramente pontiaguda. Mais tarde, os peritos passaram bastante tempo a examinar o formato da cabeça de Tutankhamon, uma vez que o crânio parecia apresentar uma forma pontiaguda congénita. A ideia de que ele podia ter sido atingido na cabeça foi posta de parte — as amolgadelas na cabeça deviam ter sido provocadas por falta de cuidado durante o processo de mumificação e não por nenhum motivo obscuro.

Contudo, para a família do quinto conde, a morte dele tinha uma importância muito mais visceral, embora não fosse propriamente simples. Aubrey escreveu, a propósito da morte do irmão: «Só percebemos o quanto gostamos de alguém quando é tarde demais.» Os dois homens haviam sido sempre muito próximos, mas ainda assim aquela constatação tão elementar não saía da mente de Aubrey. Evelyn ficou de rastos sem o seu adorado pai; Almina também estava devastada. E depois havia o caso de Porchy, que de todos talvez tivesse o fardo mais pesado. Nunca fora muito próximo do pai e agora via-se obrigado a suceder-lhe. Enquanto descia a colina e perscrutava a propriedade que agora lhe pertencia, meditou sobre a grande mudança que estava a afetar a sua vida.

Almina sentia-a também, mas decidiu concentrar toda a sua atenção em dar ao marido a despedida digna de um homem cuja descoberta do túmulo do faraó o havia transformado num herói nacional. Ele tinha tido o funeral intimista que solicitara, mas agora era altura de assinalar a morte de uma celebridade. Dois dias mais tarde, Almina organizou um serviço fúnebre na igreja de Highclere, destinado a amigos pessoais, a empregados e a arrendatários. Outra cerimónia foi conduzida pelo presidente da Câmara de Newbury, na Igreja de St. Nicholas. Em seguida, Almina regressou a Londres e organizou um serviço fúnebre de maior dimensão, aberto ao público, em St. Margaret, Westminster, onde o filho havia casado um ano antes e onde ela própria havia desposado o Conde, em 1895. Centenas de pessoas assistiram à cerimónia, entre elas Elsie, a fiel madrasta de Lorde Carnarvon, e o Sr. Brograve Beauchamp, que se tornara bastante amigo de Lady Evelyn e queria oferecer-lhe todo o seu apoio.

No mesmo dia, outra cerimónia comemorativa teve lugar na All Saint's Cathedral, no Cairo. A imprensa egípcia havia noticiado todos os pormenores da doença do Conde, assim como do seu funeral em Beacon Hill. Agora havia imensos amigos e colegas que queriam prestar a sua homenagem ao generoso cavalheiro inglês que adorara o Egito e cuja descoberta proporcionara um reconhecimento e um prestígio imenso ao país. Abbas Hilmy el-Masri, um distinto poeta egípcio, fez uma bonita homenagem a Lorde Carnarvon, dizendo que ele havia contribuído para a glória do Egito de uma forma que «nem mesmo Sahban, o maior orador egípcio, alguma vez conseguira».

Lorde Carnarvon tinha apenas cinquenta e sete anos quando faleceu, mas a maneira antiga de fazer as coisas, tanto no Vale dos Reis como em Highclere, morreu com ele. Dali em diante o governo egípcio reclamaria o legado do faraó e, em Highclere, a família via-se a braços com a primeira sucessão ao título, e ao espólio, do século XX. O mundo moderno, com o fim dos privilégios para uns e o alargamento da liberdade para outros, apanhara todos de surpresa.

21

HERANÇA

Para Almina, tudo mudou com o falecimento do marido em abril de 1923. Durante toda a vida havia sido sustentada por homens que a amaram e mimaram. Primeiro por intermédio do seu adorado pai, Alfred de Rothschild, e depois por intermédio do marido, Almina teve sempre acesso às mais belas casas e às pessoas mais distintas; em suma, ao melhor estilo de vida que a Grã-Bretanha imperial tinha para oferecer. Possuía os meios financeiros para organizar festas, criar hospitais e oferecer presentes a todos os que a rodeavam, e, em troca, recebia o aconchego da comunidade, para além de uma posição conceituada no seio da mesma.

Durante a guerra, Almina empregara a sua posição e talentos pessoais de uma forma extraordinariamente positiva, tanto em Highclere como em Bryanston Square. Agora estava sozinha, viúva aos quarenta e sete anos. Às vezes sentia-se exausta e avassalada pela dor e solidão. Pela primeira vez, sentia-se insegura. Havia imensa coisa em que pensar e muito para resolver.

Almina começou pelos pormenores essenciais. Como deveria ser tratada, agora que já não era a condessa de Carnarvon? Já existia uma condessa viúva, a incansável Elsie, que, embora estivesse na casa dos sessenta, continuava a ser bastante ativa. Estava a morar na casa de Londres para se poder dedicar ao seu trabalho na Associação de Terapia Vocal e às suas inúmeras instituições de caridade. Com essa opção posta de parte, Almina anunciou no jornal *The Times* que gostaria de passar a ser conhecida como Almina, condessa de Carnarvon.

Em seguida, havia a questão de deixar Highclere. A tradição ditava que, após a sucessão de um novo proprietário, os antigos titulares e habitantes da propriedade se retirassem graciosamente de cena. Como seria de esperar, as gerações mais antigas não eram propriamente postas na rua e, fosse como fosse, Almina tinha a sua própria residência em Seamore Place, mas, ainda assim, ela via-se perante o momento definitivo da substituição. Highclere era agora o lar do novo conde e da nova condessa de Carnarvon, e não o seu.

Porchy era absolutamente dedicado ao bom funcionamento de Highclere, mas era também um jovem com vinte e quatro anos que nunca lá vivera em adulto. Tivera a oportunidade de observar o seu funcionamento ao pormenor, e a sua esposa, que crescera num ambiente muito diferente nos Estados Unidos da América, teria de aprender juntamente com ele.

Para além de todas as adaptações a fazer em casa, havia também a dimensão internacional para ter em consideração. O homem a quem Almina dedicara a vida falecera no auge da sua fama e empreendimentos. Havia inúmeras questões pendentes no Egito que necessitavam da intervenção dela para poderem prosseguir, e as repercussões em termos das negociações com o Estado egípcio, com os vários museus e também com a imprensa ainda mal haviam começado a fazer-se sentir.

Almina teve problemas substanciais. O quinto conde morrera sem ter incluído a concessão do Vale dos Reis no seu testamento. Almina sabia que queria dar continuidade aos trabalhos no túmulo de Tutankhamon, em homenagem ao marido. Na sua opinião, isso implicava reforçar o apoio financeiro a Howard Carter para ele poder continuar com o projeto. Almina disse a Carter que continuaria a financiar as escavações e que ele deveria começar a fazer planos para a época que se avizinhava. No dia 12 de julho, assinou um acordo com Monsieur Lacau, do Departamento de Antiguidades, que lhe concedeu o direito à exploração do túmulo durante mais um ano, a partir de novembro. O resto do Vale dos Reis já não fazia parte da concessão.

Howard Carter passou a maior parte do verão em Inglaterra e fez uma série de visitas a Highclere, tendo ajudado Almina a embalar cuidadosamente a coleção de antiguidades de valor inestimável do Conde. Tratava-se de uma coleção verdadeiramente única, com imensas peças de valor superior a vinte mil libras cada. Lorde Carnarvon tinha feito vários donativos ao Museu Britânico e ao Museu Metropolitano de Nova Iorque, mas tanto Carter como Almina esperavam que, caso a coleção fosse levada para um museu, a maioria das peças ficasse numa única exposição.

Carter ficou obviamente bastante aliviado pelo facto de o seu trabalho não correr perigo e estava muito agradecido a Almina, mas sentia imenso a falta da companhia e da colaboração do seu velho amigo. Não era capaz de estar parado e passou a maior parte do seu tempo a escrever um livro. *O Túmulo de Tutankhamon* foi publicado no final desse mesmo ano. Carter dedicou o livro ao seu «querido amigo e colega, Lorde Carnarvon, que faleceu por ocasião do seu sucesso. Sem a sua generosidade incansável, e o seu encorajamento constante, o nosso trabalho jamais teria sido coroado com sucesso. O seu conhecimento sobre arte é inigualável. Os seus esforços, que tanto fizeram para potenciar o nosso conhecimento em egiptologia, serão eternamente honrados pela História e, pela parte que me toca, a sua memória será estimada para todo o sempre».

O pobre Carter andava permanentemente deprimido após a morte de Lorde Carnarvon. A sua dedicação nunca vacilou e conseguiu completar a sua tarefa, mas com imenso esforço. Carter e Almina envolveram-se numa disputa com o Departamento de Antiguidades que durou até ao final do ano seguinte. Começara quando Carter retomara os trabalhos de escavação, em novembro de 1923. Não suportava as interrupções constantes e, por fim, decidiu encerrar o túmulo por completo. O governo egípcio baniu-o de imediato do local das escavações e também do laboratório de trabalho. Para uma nação que estava a explorar a independência recentemente conquistada, era a oportunidade ideal para colocar as escavações sob a supervisão egípcia. As querelas intermináveis com as autoridades egípcias, as disputas legais sobre direitos e obrigações e as imensas discussões mesquinhas levaram a que Carter mergulhasse ainda mais no estado de profunda depressão.

O resultado final do julgamento nos tribunais egípcios foi um desapontamento para Almina e Carter. Foram cometidos demasiados erros, os quais teriam provavelmente sido evitados se Lorde Carnarvon estivesse vivo. Almina conseguiu, contudo, convencer o governo egípcio a autorizar Carter a terminar a escavação e o registo do túmulo. Para um homem que apenas queria que o deixassem fazer o seu trabalho sossegado, era mais do que o suficiente.

Entretanto, havia mais papelada para resolver em casa. O quinto conde tinha deixado Highclere ao filho e respetivos herdeiros, mas praticamente tudo o resto, desde os cavalos às outras residências, havia sido deixado a Almina. Havia uma situação complicada com as Finanças, que estava a levar bastante tempo a resolver e que parecia querer levar bastante dinheiro também. Era a situação que Carnarvon tanto receara durante anos, desde que o imposto criado por Lloyd George fora aprovado em 1910 e os seus impostos anuais começaram a aumentar, passando de um valor insignificante para mais de 60% do seu rendimento em 1919. O país necessitava naturalmente de se reconstruir após a guerra, de subsidiar as pensões dos feridos e das viúvas e de construir milhares de casas «dignas de heróis» propostas por Lloyd George, mas tratava-se de uma mudança demasiado súbita no valor exigido à velha classe de proprietários rurais.

Lorde Carnarvon andara constantemente preocupado com o imposto de Lloyd e com os planos para o futuro. O Conde, tal como a maioria dos aristocratas, possuía mais bens do que propriamente dinheiro e gastava imenso dinheiro a sustentar um determinado estilo de vida, mais por uma questão de hábito que com base num rendimento cuidadosamente calculado. Escrevera a Rutherford poucos meses antes de falecer a pedir-lhe que cortasse as despesas ao máximo, mas já era demasiado tarde: agora Porchy, o seu herdeiro, e Almina, a sua viúva, viam-se a braços com um valor imenso de imposto sucessório.

A questão do imposto sucessório, obrigatório sempre que uma grande quantidade de bens passava de uma geração à seguinte, era outro imposto pavoroso que atormentava a classe dos proprietários rurais, em especial depois de 1920, altura em que os impostos subiram substancialmente. Era necessário angariar rapidamente dinheiro para pagar o imposto devido sobre esses bens imensos e muitas vezes isso implicava a venda da casa ou, pelo menos, do recheio da mesma. A situação em Highclere costumava ser resolvida com o dinheiro de Rothschild. Nesse aspeto, Almina continuava indiferente; para ela, era tudo uma questão de decidir qual pintura vender, mas a verdade era que a conta seria certamente volumosa e o processo seria bastante complicado. Significava que nenhuma das doações feitas a George Fearnside, a Albert Streatfield e a outros amigos e pessoal de longa data podia ser finalizada até o assunto ficar resolvido. Entretanto, Almina desejava manter-se ocupada. Fora sempre a sua tática quando sob grande pressão, e agora ela saía de Seamore Place para ir jantar fora, visitar Porchy e Catherine em Highclere, ficar em casa de amigos e ir às compras a Paris. Começou também a passar mais tempo com o tenente-coronel Ian Dennistoun, que ela havia conhecido através da ex-mulher dele, uma amiga sua.

Almina conheceu Dorothy Dennistoun quando um amigo comum, o general Sir John Cowans, estava a morrer, em 1921; as mulheres tornaram-se imediatamente grandes amigas e Dorothy visitava Highclere a toda a hora. Sir John era o fantástico intendente-geral que tinha tido um papel crucial durante a Primeira Guerra Mundial, mas a sua reputação fora ensombrada pela revelação de que tivera um sem-fim de casos amorosos. Um deles com Dorothy, que estava separada do marido há algum tempo. Após o divórcio dos Dennistoun, Ian começou a passar muito tempo sozinho. Usava uma cadeira de rodas devido a uma fratura extremamente grave na anca, e tinha também imensos problemas financeiros, mas era um homem bondoso, encantador e fora muito amigo de Almina após a morte do marido dela. Almina nunca tinha estado sozinha e agora sentia-se atraída por Ian. Cuidava dele e ambos começaram a passar mais tempo juntos.

Não obstante todas as dificuldades por que estava a passar, a família Carnarvon recebeu uma série de boas notícias: Eve ia casar-se. Ela e o Sr. Beauchamp andavam a encontrar-se há já algum tempo e o carinho e respeito que Eve nutria por ele haviam aumentado. Ele era bastante divertido e ambos adoravam dançar juntos. Quando o pai dela falecera, Eve ficara completamente de rastos. Brograve oferecera-lhe o seu apoio e a partir desse verão passara a ser uma presença constante em Highclere.

Brograve passara o ano anterior a tentar seguir as pisadas do pai, um membro parlamentar, mas sem sucesso. Fora candidato pelo Partido Liberal Nacional em Lowestoft, depois de o pai se ter demitido do cargo, mas perdera pesadamente. Essas eleições legislativas correram pessimamente ao Partido Liberal já de si dividido, mas Brograve dera imensa luta, não obstante o facto de preferir uma carreira no mundo empresarial. Decidira não seguir as suas próprias preferências, contudo, essencialmente para agradar à mãe, Lady Beauchamp. Brograve fora sempre bastante protetor dos pais depois de o irmão mais velho, Edward, ter sido morto em França, em 1914.

Brograve era jovial e descontraído por natureza, e dava-se lindamente tanto com Almina como com Porchy e Catherine. Jogava golfe pessimamente, jogava *bridge* mais ou menos e gostava de corridas, mas somente porque era uma das paixões de Eve. Para além de todas as qualidades pessoais, Eve gostava do facto de o pai dela ter simpatizado com ele. Partilhavam o gosto pelos automóveis e haviam saído juntos algumas vezes, para dar uma volta no *Bugatti* de Lorde Carnarvon. Brograve havia sido fantástico com Eve, animando-a e fazendo-a voltar a sorrir. Quando ela se sentia deprimida, costumava pedir-lhe para cantar o hino nacional. Ele não tinha jeito nenhum para a música e cantava de uma forma tão monótona que fazia rir toda a gente. Na verdade, era o único homem com quem Eve alguma vez se imaginara a casar, e o casamento foi marcado para o mês de outubro, para alegria de todos.

A outra notícia agradável desse verão foi o facto de Catherine, a condessa de Carnarvon, estar grávida do primeiro filho. O bebé nasceria a seguir ao Natal. Highclere seria novamente lar de crianças e havia uma sensação de renovação no ar, não obstante a tristeza sentida pela família.

O alívio proporcionado pelas boas notícias durou pouco tempo. Aubrey tinha passado a maior parte da primavera deprimido por causa do agravamento dos seus problemas de saúde, e nem sequer tinha conseguido regressar da Itália para assistir ao serviço fúnebre do irmão, no início do ano. Porém, por altura do verão sentia-se ligeiramente melhor, pelo que ele e Mary regressaram a Inglaterra e passaram o mês de julho em Highclere. Essa seria a última visita dele. Deslocou-se a Pixton para consultar vários médicos especialistas. Fora sempre magro, mas agora tinha um aspeto esquelético; estava praticamente cego e restava-lhe muito pouca energia para lutar contra os problemas de saúde de que sofrera toda a vida e para lidar com a falta de visão.

Um dos médicos, claramente um charlatão, deu-lhe um conselho incrivelmente invulgar: se arrancasse todos os dentes decerto recuperaria a visão. O pobre Aubrey devia estar desesperado, porque decidiu seguir o conselho do médico. Acabou por se descobrir que tinha uma úlcera no duodeno e o veneno espalhou-se pelo seu corpo já de si debilitado, acabando por se transformar numa septicemia, tal como havia acontecido ao irmão. Elsie correu para a cabeceira do filho, e ela e Mary revezaram-se para cuidarem dele, tentando baixar-lhe a temperatura, mas, numa era anterior à descoberta da penicilina, nem mesmo os cuidados das duas mulheres o conseguiram salvar. A sua mente brilhante perdeu-se em delírios e ele acabaria por falecer no dia 26 de setembro.

Aubrey tinha apenas quarenta e três anos; deixava quatro filhos pequenos. Os seus obituários prestaram homenagem à sua mente irreprimível e à quantidade de coisas que ele havia conseguido em tão curto espaço de tempo. Fora um linguista e um viajante incrível; combatera e levara a cabo negociações durante a Primeira Guerra Mundial; fora um membro parlamentar independente; defendera as pequenas nações, em especial a Albânia; escrevera poesia e fizera grandes amizades em todo o mundo, tudo graças à sua simpatia extraordinária. A esposa, a mãe, o irmão mais novo Mervyn, e as meias-irmãs Winifred, Margaret e Vera sepultaram-no na Brushford Church, em Exmoor. A cerimónia fúnebre realizou-se em Piccadilly e contou com a presença de imensos amigos.

A mãe dele, Elsie, já havia enterrado o marido e o filho mais velho, mas continuou em frente, corajosa e firme, durante toda a década de 1920. Vivera uma vida cheia de dignidade e propósito, pelo que encorajava toda a gente à sua volta a fazer o mesmo. Após a morte do seu adorado filho, criou hospitais, escolas e clínicas antimaláricas na Albânia, assim como uma aldeia para refugiados chamada «Herbert», em homenagem ao filho.

Tinham acontecido duas mortes no espaço de um ano e agora toda a gente queria concentrar-se no casamento de Eve. Mary, a viúva de Aubrey, e Almina combinaram forças para o organizar. A ajuda de Mary foi preciosa, uma vez que Almina se encontrava envolvida em plena compra de uma casa nova. Ela e Ian planeavam casar-se e mudar-se para a Escócia.

No dia 8 de outubro, Lady Evelyn Herbert casou com o Sr. Brograve Beauchamp em St. Margaret, Westminster. A noiva desceu a nave da igreja acompanhada de dez lindas damas de honor e foi entregue ao noivo pelo irmão, o conde de Carnarvon. Há uma fotografia lindíssima do casal a sair da igreja que transborda de energia positiva. Brograve, quase trinta centímetros mais alto que Eve, sorri diretamente para a câmara, absolutamente encantado com a sorte de desposar a mulher que ama. Eve enverga um vestido de cintura descaída bastante adornado e um véu completo, muito na moda, puxado para trás por cima da cabeça, e sorri, ligeiramente inclinada para a frente, dirigindo-se a alguém que a felicita. Faz lembrar a jovem Almina.

O final de 1923 assistiu a um pequeno comunicado no jornal *The Times*: o casamento de Almina, Lady Carnarvon, com o tenente--coronel Ian Dennistoun tinha tido lugar numa conservatória em

Londres. Eve e Brograve foram as únicas pessoas presentes. Almina e o novo marido passaram o Natal sozinhos na casa que haviam adquirido na Escócia, enquanto Eve e Brograve viajaram até Highclere para passarem a época festiva na companhia de Catherine e Porchy. O Dr. Johnnie também estava presente. Vivia-se um momento de grande expectativa por causa do nascimento do bebé, mas também iria haver uma despedida antes da chegada do novo membro da família. Era o último Natal de Streatfield com a família Carnarvon. Decidira reformar-se e George Fearnside iria ocupar o seu lugar como mordomo da casa. Streatfield tinha quase quarenta anos de serviço e, tal como ele sempre suspeitara, aguentara-se mais tempo na casa que Almina, cuja chegada ele presenciara em 1895. As condessas iam e vinham, mas um bom mordomo ficava toda a vida.

O novo Lorde Carnarvon possuía o menor número de empregados de sempre na história da casa. O major Rutherford havia sido substituído por um dos filhos dele, mas insistira no corte de despesas que o quinto conde lhe solicitara pouco antes da sua morte. Eram tempos relativamente complicados. No entanto, e apesar das inúmeras alterações no sistema social logo a seguir à guerra, Highclere continuava a ser uma comunidade mutuamente dependente de pessoas que moravam e trabalhavam juntas em harmonia. Alguns comentadores haviam previsto que o pós-guerra assistiria ao fim das grandiosas casas de campo inglesas. Na verdade, tal não sucedeu. Não obstante os tumultos económicos e políticos dos anos 20 e 30, Highclere continuou a ser palco de inúmeras festas glamorosas. Os padrões mantiveram-se e, aliás, Evelyn Waugh costumava empregar a expressão «muito Highclere» sempre que se queria referir a algo que tivesse sido «realizado com muito estilo e elegância». O romancista foi um convidado ocasional na casa: desposou primeiro a sobrinha do quinto conde, filha de Winifred, e mais tarde Laura, outra sobrinha de Carnarvon, desta feita filha de Aubrey Herbert.

Por volta de 1939, o sexto conde tinha menos pessoal doméstico em Highclere que o pai antes dele, mas o castelo continuava a funcionar da mesma maneira (vinte e três criados internos, bem como todos os trabalhadores da propriedade). Seria a Segunda Guerra Mundial, e não a Primeira, que alteraria irrevogavelmente a sociedade britânica. Mas, para já, Highclere continuava a ser como antes.

Almina foi avó no dia 17 de janeiro de 1924. Catherine deu à luz um menino saudável, o futuro herdeiro do título e da propriedade, batizado com o nome Henry George Reginald Molyneux Herbert. Deitado no berço que Almina tinha utilizado, tanto para o pai dele como também para a tia, o novo Lorde Porchester iniciou a sua vida em Highclere adorado pelos pais e por toda a família. Eve e Brograve passavam lá quase todos os fins de semana e Eve e Catherine tornaram-se muito próximas. Novas amizades começaram a encher as salas de estar e a pernoitar nos quartos de hóspedes. Agora, em vez das valsas e das polcas de antigamente, o *jazz* e o *charleston* ecoavam das janelas abertas nas noites de verão.

O novo Lorde Porchester foi batizado em abril de 1924. Chegou à igreja de Highclere no elegante faetonte puxado por um pónei que o falecido avô tinha utilizado para passear nos jardins da propriedade. Os habitantes locais de Highclere Newtown, e até de Newbury, reuniram-se para comemorar o batizado, enchendo por completo a igreja. O alegre bebé cresceu rodeado de amor e adorava a avó Almina.

Um ano depois, Eve deu à luz uma filha, Patricia Evelyn, uma prima praticamente com a mesma idade da segunda filha de Lorde e Lady Carnarvon, de seu nome Penelope.

Almina andava encantada com a crescente prole de netos e com a alegria que enchia novamente a sua adorada Highclere. Quando ela os visitava, ficava simultaneamente orgulhosa e nostálgica, mas a sua vida agora era noutro lugar. O seu marido costumava ter problemas de saúde e Almina cuidava dele. Era uma forma de dar continuidade ao grande propósito da sua vida: a enfermagem.

Desde o final da Primeira Guerra Mundial que ela havia sido distraída por um sem-fim de acontecimentos: a saúde debilitante do falecido marido; a descoberta do túmulo de Tutankhamon, que projetara a família para a ribalta; e, claro, a morte trágica e devastadora do Conde. Almina e Ian Dennistoun passariam a maior parte do ano seguinte envolvidos num processo judicial por danos morais levantado pela ex-mulher de Ian, Dorothy, mas Almina nunca colocou de parte a ideia de construir outro hospital. Tal só aconteceria em 1927 e quando ela o abriu finalmente chamou-lhe «Alfred House», em homenagem ao seu querido pai, o homem que tornara possível a sua vida extraordinária.

EPÍLOGO: O LEGADO DE ALMINA

Cem anos depois de a rapariga de dezanove anos ter chegado a Highclere com a bagagem repleta de vestidos, roupa de seda, chapéus, regalos e sapatos delicados, o Castelo de Highclere continua a ser lar dos Carnarvon. Edificado graças a um extraordinário capricho do terceiro conde, o Castelo de Highclere representava um tributo excecionalmente confiante aos tempos.

Almina assistiu aos funerais da rainha Vitória e do filho dela, Eduardo VII, assim como a duas coroações. Foi uma anfitriã generosa, organizando frequentemente festas para a família e os amigos, entre os quais se encontravam políticos, exploradores, generais, cirurgiões, egiptólogos, treinadores de cavalos de corrida, banqueiros e aviadores.

Não se coibiu de despender quantias exorbitantes de dinheiro para conseguir tudo o que queria. A maior parte de nós depara-se com a frustração de ter ideias e objetivos e não possuir recursos suficientes para os executar. Graças a um pai dedicado e incrivelmente generoso, a falta de dinheiro nunca foi um obstáculo. Ela fazia tudo «em grande» e, enquanto o primeiro marido foi vivo, foi deveras bem-sucedida.

Durante a Primeira Guerra Mundial, Almina dedicou uma quantidade absolutamente extraordinária de energia a ajudar os outros, sem se preocupar com os custos em termos de dinheiro ou tempo, concentrando-se apenas no objetivo claro e simples de fazer o que era necessário para cada pessoa. Ajudou a salvar inúmeras vidas, e nem os soldados de quem ela cuidava nem as respetivas famílias jamais o esqueceram. Atualmente, os únicos vestígios do hospital de Highclere são as histórias. Os visitantes continuam a chegar cheios de vontade de partilharem as suas recordações ou descobrir um pouco mais sobre os seus antepassados.

O apoio e os cuidados de enfermagem que Almina proporcionou ao marido salvaram-lhe a vida em inúmeras ocasiões, e o casamento longo e feliz de ambos permitiu-lhe continuar a trabalhar no Egito, levando a cabo a sua paixão e obsessão. Carnarvon e Carter formavam uma equipa única, ambos independentes, mas também ambos dedicados e persistentes. O túmulo de Tutankhamon continua a ser o único mausoléu real do antigo Egito a permanecer intacto, um santo graal que revela um tesouro incalculável. Como acontece em tantas histórias, a sua descoberta culminou numa tragédia em pleno momento de triunfo, mas desde então a história do faraó-menino tem fascinado pessoas de todo o mundo, desde crianças em idade escolar a ilustres académicos.

Ainda hoje os egiptólogos estão muito agradecidos a Almina pelo seu apoio ilimitado a Howard Carter após o falecimento do quinto conde. Ela continuou a suportar as despesas dele, da equipa e do laboratório até Carter ter terminado a minuciosa escavação e ter catalogado todos os objetos encontrados. Em reconhecimento do seu apoio, o governo egípcio fez um reembolso de trinta e seis mil libras a Almina em 1936, o que cobriu as despesas dela nesse período de tempo. E também transferiu uma parte do investimento e dos direitos sobre a descoberta para entidades egípcias.

A influência dos Rothschild ainda é visível em Highclere, nomeadamente nas paredes forradas a tecido grosso de seda verde da Sala de Estar, onde também podemos encontrar o bonito piano de Almina. O quarto Stanhope ainda tem as paredes forradas a seda vermelha, parte da redecoração feita em honra da visita do príncipe de Gales, em 1895.

O gosto de Almina pelo conforto com base nas últimas invenções tecnológicas fez com que Highclere fosse uma das primeiras habitações a possuir um sistema de canalização completo. A mesma estrutura continua a ser utilizada nos dias de hoje, embora os canos já tenham sido substituídos. Almina mandou também instalar eletricidade bastante cedo. Isso permitiu a utilização de muito menos velas e candeeiros a óleo, reduzindo assim o risco de incêndio — um perigo que destruiu algumas residências semelhantes a Highclere.

Era por demais evidente que Almina adorava uma boa festa, e foi tão ativa na organização dos grandes fins de semana em Highclere como qualquer outra anfitriã da era eduardiana. A sua paixão pelo melhor que a cozinha francesa tinha para oferecer continua presente nos pratos de hoje. O chefe de cozinha de Highclere confeciona alguns dos pratos elaborados por ela, tais como caranguejo *au gratin*, com uma porção generosa de manteiga e natas; cordeiro assado com especiarias e *mousses* de chocolate muito ricas.

O imenso dote que Alfred de Rothschild concedeu a Almina foi um ponto de mudança no destino da família Carnarvon, uma vez que as dívidas foram saldadas e o seu património se tornou bastante mais sólido. Embora muitas das propriedades do marido tivessem sido vendidas para pagar impostos sucessórios ou liquidar outras dívidas, o dinheiro e os bens móveis de Almina herdados do pai, assim como o acordo que ela acabou por fazer com o Museu Metropolitano relativamente à coleção de antiguidades egípcias de Lorde Carnarvon, podem muito bem ter salvaguardado Highclere para as futuras gerações da família.

Talvez tenha sido no campo da medicina que Almina deixou o seu maior legado. Almina percebeu que o pós-operatório e os cuidados de enfermagem eram uma parte tão importante do processo de cura como as melhores técnicas cirúrgicas e o equipamento mais avançado. Possuía um entendimento genuíno da palavra «cuidados». Compreendia que a enfermagem e o ambiente físico do seu hospital em Highclere fariam toda a diferença na vida dos pacientes que chegavam vindos dos horrores da Frente Ocidental. Almina tratava-os como hóspedes numa casa de campo; mandava servir a melhor comida e proporcionava-lhes passatempos e atividades recreativas tanto nas salas principais do castelo como também nos jardins, para os que estavam suficientemente recuperados. Era extremamente picuinhas com as questões de higiene: as fardas das enfermeiras tinham de estar sempre imaculadas e todas as superfícies da casa eram limpas diariamente, com atenção dada aos mais ínfimos pormenores. Almina sabia que as enfermeiras tinham de lidar não só com o sofrimento físico mas também com o sofrimento psicológico e a sua abordagem consistia em oferecer carinho, conforto e um ambiente tranquilo. Ela serviu-se de todas as mais-valias de Highclere para atingir esse objetivo, e as inúmeras cartas que recebeu de pacientes, e respetivas famílias, são prova da sua determinação em fazer tudo como devia ser.

Almina defendia a ideia de que as enfermeiras com pouca formação, ou mal geridas, corriam o risco de descurar os cuidados de enfermagem, o que daria origem a fracas condições de higiene e a um empobrecimento do estado de espírito dos pacientes, o que conduzia naturalmente a um aumento da taxa de mortalidade. Os pacientes dela vinham sempre em primeiro lugar. Uma forte defensora das novas técnicas cirúrgicas, Almina usufruiu da companhia de alguns dos médicos mais conceituados do seu tempo, mas, ainda assim, ela acreditava que o trabalho deles jamais deveria ter precedência sobre as boas práticas de enfermagem. As infeções bacterianas graves podiam ter sido um enorme problema nas trincheiras, mas jamais seriam toleradas em Highclere.

Almina sentia que era seu dever ajudar e cuidar dos feridos e dos enfermos da guerra. O seu espírito generoso e a sua visão cristã do mundo inspiraram-na a distribuir a sua fortuna e a partilhar os benefícios da mesma. Pequena em estatura, ela irradiava carisma, qual central elétrica de energia e força de vontade.

Viveu uma vida longa, tal como o seu filho. Consequentemente, o castelo não foi sujeito a mais impostos sucessórios; sobrevive, intacto, numa era em que se olha de maneira diferente para as antigas casas de campo. A criação oportuna do órgão público English Heritage foi um desenvolvimento importante para a preservação de muitas das casas históricas do Reino Unido e respetivos recheios.

O Castelo de Highclere, tal como o seu *alter ego*, Downton Abbey, continua a ser composto por um conjunto de personagens, como no tempo de Almina. Senti um carinho especial por personagens «reais» como Aubrey e a sua mãe Elsie, enquanto pesquisava as histórias deles. Ter conhecido os familiares do pessoal doméstico daquela época também foi uma ajuda preciosa para compreender como funcionava a vida «no piso inferior».

Atualmente, o castelo e a propriedade albergam famílias que trabalham e moram aqui há várias gerações. Elas transmitem às gerações seguintes as histórias dos seus predecessores. A reforma é possível, mas não é obrigatória. A nova geração aprende com a geração antiga. Os funcionários «mais recentes» trabalham aqui há quinze ou vinte anos e a «verdadeira gente do castelo» chega a ficar até cinquenta anos. Algumas pessoas pensam vir trabalhar durante um curto espaço de tempo e depois não querem partir.

O desafio de Highclere é garantir que o castelo e os empreendimentos da propriedade permaneçam sólidos o suficiente para preservarem o seu espólio tão rico. Trata-se da necessidade de conjugar o negócio com a conservação do espaço, a mesma situação com que Almina sempre se confrontara. Temos esperança de que, se ela continuasse connosco, reconhecesse tudo e se orgulhasse do facto de muito do que ela valorizava ter sido preservado e o espírito do seu trabalho estar a ser continuado pelo bisneto e pela família dele.

AGRADECIMENTOS

Quero agradecer, e enviar o meu amor, ao meu paciente marido Geordie, pela sua ajuda na pesquisa e na edição deste livro. Muito obrigada também às minhas irmãs pelo seu encorajamento constante; a Sarah, em particular, que clarificou consistentemente as minhas ideias e linguagem. Jamais poderei agradecer o suficiente a Patricia Leatham pelas suas histórias engraçadíssimas.

A Hodder & Stoughton tem sido um parceiro entusiasta neste projeto e também nomeou Helen Coyle para me ajudar, uma editora perfeitamente capaz de manter o sentido de humor nas horas mais difíceis.

Obrigada a Kevin Morgan e a Mike Blair, do canal televisivo ITV, por me terem apresentado à Hodder & Stoughton e assim me ajudarem a terminar o livro em tempo recorde. Uma parte da pesquisa para este projeto foi também feita para o programa da ITV *Countrywise*, que procurou partilhar visualmente Highclere, bem como toda a sua propriedade, com os telespetadores da ITV — a verdadeira *Downton Abbey*.

O pessoal de Highclere tem sido fantástico, apoiando-me das mais variadas maneiras. David Rymill, o nosso arquivista, tem sido infalivelmente pormenorizado e bem informado, Candice Bauval orientou-me e auxiliou-me na minha pesquisa e Duncan Macdougall tem sido inestimável, ajudando-me a encontrar imagens e documentação. Paul e Rob, os chefes de cozinha, certificaram-se de que eu me alimentava, e o pessoal doméstico, Diana Moyse e Luís Coelho, tem levado a cabo as suas tarefas sem fazer um único barulho, tentando limpar à minha volta e oferecendo-me intermináveis chávenas de chá. Obrigada a tantos outros que me perdoaram por me ter esquecido de fazer algumas coisas e a John Gundill, que encorajou o meu progresso com as suas interrupções, sempre mais do que bem-vindas.

Fora do castelo, o pessoal dos arquivos bodleanos foi extremamente útil e permitiu-me acelerar o trabalho de pesquisa; obrigada à Dr.ª Verena Lepper (do Staatliche Museen zu Berlin), que me apresentou primeiro ao Dr. Malek, conservador dos arquivos (Oriental Institute, Oxford), que me autorizou a examinar os diários de Howard Carter, e depois ao Museu Metropolitano de Nova Iorque, que me deu autorização para passar algum tempo a vasculhar os seus arquivos. Peter Starling, do Museu do Corpo Médico da Armada Real, foi uma tremenda ajuda ao sugerir-me a literatura mais indicada e ao ajudar-me a pesquisar os registos da Primeira Guerra Mundial.

Estou também grata pelo facto de Julian Fellowes se ter inspirado no Castelo de Highclere para escrever a série *Downton Abbey*, que a Carnival Films produziu e Peter Fincham (o diretor da ITV) tomou a decisão ousada de apoiar. Tem sido um percurso extraordinário. Tantas pessoas passaram a adorar Highclere, deixando-se encantar com o seu *alter ego* televisivo.

TRANSCRIÇÃO DAS CARTAS

Página 167 — Carta de Charles Clout endereçada a Lady Almina, escrita na sua noite de núpcias, em 1918, na Lake House da propriedade Highclere, onde ele e Mary Weekes, a secretária de Almina, estavam a passar a lua de mel:

Lake House
2 de julho

Minha querida Lady Carnarvon:

Devia tratá-la por Minha querida fada madrinha, pois é dessa forma que sempre a verei. Com esta pequena missiva gostaria de exprimir o meu agradecimento por tudo o que a senhora fez, e continua a fazer, por mim e pela Mary. É-me impossível expressar tudo o que sinto numa carta, mas tentarei estar sempre à altura da confiança que depositou na minha pessoa e tudo farei para a compensar, de todas as formas possíveis, pela ajuda imensa que me proporcionou neste meu início de vida.

Obrigado pelos presentes fantásticos que me ofereceu. Os botões de punho são absolutamente deslumbrantes, obrigado pela oferta da louça, que é tão maravilhosa que julgo nunca mais querer jantar fora de casa, e obrigado também pelo carinho e trabalho a que se deu para organizar todos os pormenores do meu casamento, assim como pelo generoso empréstimo desta casa.

Pelas poucas coisas que referi, as quais devo inteiramente a si, poderá constatar o quão impossível seria conseguir agradecer-lhe por tudo com esta simples carta, mas espero que acredite em mim quando lhe digo que toda a minha vida tentarei provar ser merecedor da sua ajuda e confiança.

Com votos de felicidade e amor.

Atenciosamente,

Charles Clout

Página 168 — Carta de Mary Weekes endereçada a Lady Almina, escrita no dia a seguir ao seu casamento com Charles Clout:

3 de julho
Lake House
Quarta-feira

(Nota no canto superior esquerdo: «Peço desculpa por escrever-lhe neste papel estranho, mas o papel branco ainda não chegou.»)

Minha querida senhorinha:

Muito obrigada pela carta tão simpática que tive o prazer de receber esta manhã.

Nem sei por onde começar a agradecer-lhe tudo o que fez por mim. Anseio poder dizer-lhe o que sinto em relação ao seu amor e carinho maravilhosos, mas a verdade é que não tenho palavras para expressar adequadamente o que sinto de facto. Nem mesmo se eu fosse a sua filha Eve seria possível fazer mais por mim. Fico com uma recordação fantástica para o futuro e se eu conseguir ter metade da sua bondade e generosidade já me darei por muito satisfeita. Espero ser sempre motivo de orgulho da senhora mais generosa que conheço, que na verdade tem sido uma mãe para mim nestes últimos sete anos e sei que continuará a sê-lo.

Penso que o Charles lhe escreveu ontem à noite, depois do lanche. Eu estava um pouco cansada, por isso tomei um banho e fui deitar-me.

Isto aqui é fantástico, é tudo o que alguém poderia desejar. A comida, o carinho e a atenção; é tudo perfeito.

Tenciono escrever a Lorde Carnarvon, ele foi muito simpático comigo na terça-feira; fiquei a conhecê-lo um pouco melhor. Que pai e mãe maravilhosos têm a Eve e o Porchy; na terça-feira interroguei-me se eles teriam consciência disso.

Bom, minha querida senhorinha, mil agradecimentos por tudo o que fez, e continua a fazer, por mim.

Com muito amor de nós dois.

Carinhosamente,

Mary (C)

AGRADECIMENTOS PELAS FOTOGRAFIAS

A maioria das fotografias: ©Arquivos do Castelo de Highclere.

Fontes adicionais:
© Alamy: 4 (canto superior direito), 26 (canto inferior esquerdo). Com especial autorização da Família Clout: 20. © Corbis: 29 (cimo). © Country Life Picture Library: 14. Com um agradecimento especial à Country Life Magazine, que doou generosamente estas fotografias aos Arquivos do Castelo de Highclere: 16 (fundo), 30 (canto superior direito), 32 (cimo). © Getty Images: 7 (cimo), 27, 28. © Mary Evans Picture Library: 2 (cimo), 5 (canto superior esquerdo), 29 (canto inferior esquerdo e direito), 31 (cimo). © National Portrait Gallery, Londres: 4 (esquerda), 7 (fundo). © TopFoto.co.uk: 5 (canto superior direito), 26 (cimo), 30 (canto superior esquerdo e canto inferior esquerdo), 31 (fundo), 32 (fundo). © V&A Images: 1/photo LaFayette.

Foram levados a cabo todos os esforços possíveis para tentar contactar os donos dos direitos de autor do material reproduzido neste livro. Caso haja algum erro ou omissão, a Hodder & Stoughton terá todo o gosto em incluir o devido agradecimento nas subsequentes reedições desta publicação.

BIBLIOGRAFIA

Esta não é uma lista exclusiva, mas o que se segue poderá interessar a quem quiser aprofundar as questões de interesse histórico:

ASHER, Michael — *Lawrence: The Uncrowned King of Arabia*, Viking: Londres, 1998
BLUNDEN, Edmund — *Undertones of War*, Penguin: Londres, 1972
BORDEN, Mary — *Forbidden Zone: A Nurse's Impression of the First World War*, Hesperus: Londres, 2008
BUDGE, Wallis — *Tutankhamen: Amenism, Atenism and Egyptian Montheism*, Edição corrigida, Dover: Egito, 2003
CAMPBELL, Capitão David, M. C. — *Forward the Rifles: The War Diary of an Irish Soldier, 1914-1918*, The History Press: Gloucestershire, 2009
CARTER, Howard — *Tutankhamen: The Politics of Discovery*, Edição corrigida, Libri: Oxford, 2001
CARTER, Howard, e MACE, Arthur — *The Discovery of the Tomb of Tutankhamen*, Edição corrigida, Dover: Egito, 1985
CUSHIN, Harvey — *From a Surgeon's Journal*, Little, Brown: Londres, 1936
DAVENPORT-HINES, Richard — *Ettie: The Intimate Life and Dauntless Spirit of Lady Desborough*, Weidenfeld & Nicolson: Londres, 2008
EDWARDS, Amelia — *A Thousand Miles Up the Nile*, Routledge: Londres, 1889
EKSTEINS, Modris — *Rites of Spring: The Great War and the Birth of the Modern Age*, Houghton Mifflin: Chicago, 1999

FITZHERBERT, Margaret — *The Man Who Was Greenmantle: Biography of Aubrey Herbert*, John Murray: Londres, 1983

HATTERSLEY, Roy — *Borrowed Time: The Story of Britain Between the Wars*, Little, Brown: Londres, 2007

HAVILLAND, Geoffrey, de — *Sky Fever: The Autobiography of Sir Geoffrey de Havilland*, Airlife Publications: Shrewsbury, 1979

JAMES, T. G. H. — *Howard Carter: The Path to the Discovery*, Edição corrigida, Tauris Parke: Londres, 2003

JARRETT, Derek — *Pirton, A Village in Anguish: The Story of the 30 Men from a Hertfordshire Village in World War One*, Pirton Local History Group: Pirton, 2009

LEATHAM, Patricia E. — *The Short Story of a Long Life*, Wilton: Connecticut, 2009

LEWIS, Bernard — *The Middle East: 2000 Years of History from the Rise of Christianity to the Present Day*, Edição corrigida, Phoenix: Londres, 2001

MACDONALD, Lyn — *They Called it Passchendaele: Story of the Third Battle of Ypres and of the Men Who Fought in it*, Penguin: Londres, 1993

MACLAUGHLIN, Redmond — *The Royal Army Medical Corps*, Leo Cooper: Yorkshire, 1972

MANSFIELD, Peter — *A History of the Middle East*, Viking: Londres, 1991

MELOTTE, Edward, editado originalmente por um membro parlamentar anónimo, *Mons Anzac and Kut: By an MP*, Pen & Sword Books: Chicago, Edição corrigida, 2009

MESSENGER, Charles — *A Call to Arms: The British Army 1914-1918*, Weidenfeld & Nicolson, 2005

MORTON, Frederic — *The Rothschilds: A Family Portrait*, Readers Union: Londres, 1963

OWEN, H., e BELL, John — *Wilfred Owen: Collected Letters*, Oxford University Press: Oxford, 1967

REEVES, John — *The Rothschilds: The Financial Rulers of Nations*, Gordon Press: Surrey, 1975

REEVES, Nicholas — *The Complete Tutankhamun: The King, The Tomb, The Royal Treasure*, Thames & Hudson: Londres, 1995

ROBERTS, Sydney C. — *Adventures with Authors*, Cambridge University Press: Cambridge, 1966

SHEPHARD, Ben — *A War of Nerves: Soldiers and Psychiatrists, 1914--1994*, Jonathan Cape: Londres 2000

STONE, Norman — *World War One: A Short Story*, Penguin: Londres, 2008

TAYLOR, A. J. P. — *The Struggle for Mastery in Europe: 1848-1918*, Oxford University Press: Oxford, 1973

WEINTRAUB, Stanley — *Edward the Caresser: The Playboy Prince who Became Edward VII*, Simon & Schuster: Londres, 2001

WHITEHEAD, Ian — *Doctors in the Great War*, Pen & Sword Books: Chicago, 1999

WINSTONE, H. V. F. — *Howard Carter and the Discovery of the Tomb of Tutankhamun*, Constable: Londres, 1991

Tive a sorte de ter a ajuda de generosos peritos nos seguintes arquivos:

The British Museum Archives
The Bodleian Archives
The Metropolitan Museum Archives
Griffiths Institute
Winchester Archives
Rothschild Archives
The Times Archives
Highclere Castle Archives

Foram levados a cabo todos os esforços possíveis para tentar reconhecer os donos dos direitos de autor dos excertos reproduzidos neste livro, mas o reconhecimento devido será feito de bom grado nas edições subsequentes.

GRANDES NARRATIVAS

Outros títulos da coleção

A Coroa   A Cidade Impura

Pode consultar estes e outros títulos em
www.presenca.pt